区域文化与文学研究集刊

Studies of Regional Culture and Literature

周晓风　杨宗红　杨华丽◎主编

第11辑

中国当代文学研究会区域文学委员会
重庆师范大学区域文化与文学研究中心
重庆师范大学文学院
主办

中国社会科学出版社

图书在版编目（CIP）数据

区域文化与文学研究集刊. 第 11 辑／周晓风，杨宗红，杨华丽主编.
—北京：中国社会科学出版社，2022.12
ISBN 978 - 7 - 5227 - 1143 - 0

Ⅰ.①区…　Ⅱ.①周…②杨…③杨…　Ⅲ.①区域文化—中国—文集
②中国文学—文学研究—文集　Ⅳ.①G122 - 53②I206 - 53

中国版本图书馆 CIP 数据核字(2022)第 238440 号

出 版 人	赵剑英
责任编辑	慈明亮
责任校对	王　龙
责任印制	戴　宽

出　　版	中国社会科学出版社
社　　址	北京鼓楼西大街甲 158 号
邮　　编	100720
网　　址	http://www.csspw.cn
发 行 部	010 - 84083685
门 市 部	010 - 84029450
经　　销	新华书店及其他书店

印　　刷	北京明恒达印务有限公司
装　　订	廊坊市广阳区广增装订厂
版　　次	2022 年 12 月第 1 版
印　　次	2022 年 12 月第 1 次印刷

开　　本	710×1000　1/16
印　　张	22.5
插　　页	2
字　　数	337 千字
定　　价	119.00 元

本刊学术委员会名单

本刊编委会人员名单

主　编

周晓风　杨宗红　杨华丽

本辑执行主编

杨宗红

编委会成员（以姓氏拼音为序）

李文平　李祖德　凌孟华　王昌忠

熊飞宇　杨华丽　杨　姿　周晓风

编　务

范国富　付冬生

目　　录

南方文化与古代文学研究

区域文化与抗战文学研究

区域文化与比较文学研究

区域文化与现代中国文艺

巴渝学人

书　评

稿 约

南方文化与古代文学研究

主持人：胡海义

主持人语

杜甫《严中丞枉驾见过》云："川合东西瞻使节，地分南北任流萍。"宋代姜仲谦《赏心亭》亦云："地分南北开天险，江泛东西几客程。"文学家对南北地理区域的感受是非常敏感的，南北问题也一直是中国文学研究领域的一个重要问题。从《左传》记载吴公子季札点评《诗经·国风》中的地域文化与审美差异，南朝刘勰《文心雕龙·物色》论及楚辞的风格与楚地文化的密切关系并提出"江山之助"的命题，到唐代魏征《隋书·文学传序》比较江左文学与河朔文学的鲜明特征，南宋朱熹《诗集传》大量"以地证诗"，再到近代刘师培《南北文学不同论》系统论述南北文学的差异等，都论及中国古代南方文学的特点。一般认为，相对于中国古代北方文学，南方文学在总体上显得清绮、柔婉、纤丽、细腻，更有情韵。其实，在这些标签化的笼统认识背后，南方文学的实际面貌要丰富、鲜活得多。

本栏目的五篇论文都是关于古代南方文化与文学的。周甲辰《舜帝南行与舜歌〈南风〉》辨析了舜帝南行所至的苍梧地区在古史传说时期的真实面貌，分析了舜帝来此的目的、行为与意义，并结合《南风》探讨舜帝宣传与践行"以民为本"的理念，促进当地民众丰衣足食、安居乐业的重要意义。何亮、彭淑慧《〈荆楚岁时记〉中的楚地节气与节日文化》认为《荆楚岁时记》作为古荆楚地区民俗文化的重要载体，书写的节日节气与植桑养蚕、水稻耕种等关系密切，仪式感强烈，"娱戏"特征鲜明，展现了"以人为本"的岁令节俗观念。如果说这两篇论文展现了上古和中古时期楚地的文学与民俗文化的丰富内涵，那么另外三篇论文则讨论了近古时期江南、岭南地区的小说与地域经济文化的复杂关系。胡海义、陈熙雨《杭州的科举盛况与明清西湖小说的功名书写》探讨了杭州作为科举考试中心，是如何通过身份困境、心理补偿、地域意识与梦华怀旧情结来影响明清西湖小说的功名书写的。张雨顺《论清代"扬州梦"小说兴衰的地域因素》分析了清代扬州的盐业盛况、风月繁华等地域经济文化因素，对"扬州梦"小说兴起与衰落的具体影响机制与过程。梁冬丽《论岭南报刊小说的署名问题——兼论岭南报人小说家研究的思路》分析了岭南报刊小说署名的基本方式，以及翻译小说的署名及存在的问题，深入探讨了考察其署名问题的重要意义，尤其是对岭南报刊小说家研究思路的启示意义。明清时期，通俗小说主要兴起于南方，这与南方城市的商业更加繁荣，底层文人相对集中，书坊刊刻比较发达，市民阶层更为庞大，晚清南方报刊业崛起等因素不无关系。从这些视角来考察，能深化我们对南北方文学尤其是通俗文学的比较研究。当然，这组论文还存在一些不足之处，如应立足文本加强地域文学与文化的空间分析，进一步探究地域文学与文化的深层联系等，抛砖引玉，期待学界进一步深入南方文化与古代文学研究。

舜帝南行与舜歌《南风》

周甲辰[*]

内容提要： 舜帝南行的事迹在古代典籍中多有记载，但是与此相关的质疑与误解一直存在。从相关学科研究和考古挖掘新近成果来看，舜帝所到的苍梧地区当年并非不毛之地，而是一方开发很早的古老而神奇的土地。舜帝不远千里深入这片土地，其实并非主动选择，更不是彰显至高权力的巡狩，而是出于被迫与无奈。舜帝南行也不是一个偶然的、孤立的事件，而是以部族大迁徙，大融合为背景的一次具有特殊意义的迁居。舜帝在南行过程中抚慰民众，推行教化，创新治理，做了大量卓有成效的工作，促进了南方经济文化发展，加速了南北不同部族的多元融合与文化整合。

关键词： 舜帝事迹；舜帝南行；舜化南国；《南风》

舜帝南行苍梧的史迹在古代典籍中多有记载。《史记·五帝本纪》说："（舜）践帝位三十九年，南巡狩，崩于苍梧之野。葬于江南九疑，是为零陵。"《孔子家语·五帝德》说："（舜）陟方岳，死于苍梧之野而葬焉。"但是，对此事持怀疑态度的人也不少。刘知几《史通·疑古篇》提出："（苍梧）地总百越，山连五岭，人风娱娬，地气歊瘴。虽使百金之子，犹惮经履其途；况以万乘之君，而堪巡幸其国，且舜必以精华既

　＊［作者简介］周甲辰（1964—　　），男，湖南科技学院文法学院教授，研究方向为文艺美学和舜文化。

竭，形神告劳，舍兹宝位，如释重负。何得以垂殁之年，更践不毛之地？"司马光也说："虞帝老倦勤，荐禹为天子，岂有复南巡，迢迢渡湘水。"（《虞帝》)[1] 今天，随着苍梧之野及南方多地考古遗址的不断挖掘和学界研究的逐步深入，舜帝南行的史实已被越来越多的人所接受，几成学界公识。但是，其中仍有一些关键的环节与因素容易引发误解，需要认真清理。

一　古史传说时期苍梧地区的文明开发

清人梁玉绳质疑道："苍梧非五服，在虞、夏乃无人之境，岂巡狩所至耶？"（《〈史记〉志疑》)[2] 他认为舜帝时期苍梧尚属不毛之地，没有巡狩价值，舜帝不可能翻山渡水，跋涉数千公里赶赴那里。这一观点看似有理，实则有违苍梧地区文明萌发演进的实情。"苍梧"又作"仓吾"，具有多重意指。一是作为部族名，仓吾族是南方的一个古老部族，在帝高阳、颛顼时期就已存在，周初建立诸侯国。二是作为行政区域名，自战国至秦汉，南岭地区曾设苍梧郡（县），其管辖范围前后并不一致，大致包括今湖南永州南部及郴州部分区域、广东西北部和广西东北部，汉时治所在广信，即今广西梧州市。三是作为地名。苍梧一词常用来指苍梧族活动的地区，范围较为宽泛。古时的苍梧究竟是现在什么地方，学者的理解各有不同，曾有洞庭、粤西、东海、鸣条等多种说法，这大致是与仓吾族不断迁徙有关。四是作为山名。在古代典籍中，苍梧山常等同于九嶷山。郭璞在《山海经·海内南经》注释中明确指出，苍梧山"即九疑山也"。宋王定《新定九域志》也说："九嶷山，一曰苍梧山。舜陵在九嶷山女英峰下。"在古代典籍中，苍梧山有时也指南岭山脉中萌渚岭、都庞岭和越城岭一带连绵的山岭，九嶷山为其中一段。《山海经·海内经》指出："南方苍梧之丘，苍梧之渊，其中有九嶷山，舜之所葬，在长沙

---

[1]　（宋）司马光：《传家集》卷三，万里、刘范弟点校《虞舜大典》（古文献卷），岳麓书社 2009 年版，第 1590 页。

[2]　（清）梁玉绳：《史记志疑》（一），中华书局 1981 年版，第 24 页。

零陵界中。"综合苍梧的多重意指,我们大致可以说,舜帝南行到达的苍梧之野,大致包括今湖南省永州市大部及永州周边全州、桂林、梧州、贺州、韶关、郴州等地市的部分地区,其核心是在九嶷山地区。

从考古挖掘新近成果和相关学者研究来看,苍梧地区文明开发早,对人类文明进步贡献大,是一方古老而神奇的土地。福岩洞遗址位于永州市道县乐福堂乡塘碑村,中科院古脊椎动物与古人类研究所联合西班牙国家人类演化中心、美国明尼苏达大学等机构自 2011 年到 2013 年连续三年在此进行考古挖掘,在洞内共发现 47 颗人类牙齿化石。这些牙齿呈现现代智人的典型特征,经测定,其年代距今达 8 万年至 12 万年,是目前已知的世界上最古老的现代智人牙齿。[1] 这一考古发掘表明道州盆地是人类文明曙光最早照耀到的地区之一;福岩洞人是现代亚洲人种的重要来源之一,他们进化为现代人要早于欧洲和西亚 3.5 万年至 7.5 万年。[2] 永州市零陵区黄田铺镇学校内的石棚遗址发现于 1954 年,该石棚建造于旧石器晚期,距今时间约为两万年。石棚的顶石重量超过两万斤,稳稳立在三块大小不等的墙石上,彰显永州先民在建筑方面非凡的智慧与才能。玉蟾岩遗址位于道县寿雁镇,距离福岩洞遗址约 6 千米,湖南省文物考古研究所等机构于 1993 年、1995 年和 2004 年在此联合进行考古挖掘,共发现 9 粒炭化稻谷,粒长与普通野生稻相近,粒宽介于粳稻与籼稻之间,是一种兼有野、籼、粳等特征的演化早期的原始栽培稻,被命名为"玉蟾岩古栽培稻"。经测定,这些碳化稻谷距今时间在 1.2 万年至 1.4 万年,为目前世界上发现的最早人工栽培稻标本。专家们在考古现场还发现一堆烧制粗糙的陶器碎片,可以拼合成釜型原始陶器。经测定,这些陶片距今时间约在 17000—18000 年,比世界上其他任何地方发现的陶片都要早出几千年。[3] 因而玉蟾岩遗址被视为人类稻作文明和陶器文明

---

[1] 蒋政平、张泽槐、杨金砖:《永州历史文化述略》,《船山学刊》2019 年第 3 期。
[2] 张泽槐:《永州历史文化的重大突破——从道县福岩洞的考古发现说起》,《永州日报》2018 年 5 月 10 日第 5 版。
[3] 吴小红等:《湖南道县玉蟾岩遗址早期陶器及其地层堆积的碳十四年代研究》,《南方文物》2012 年第 3 期。

的发祥地，享有"天下谷源"与"人间陶本"的美誉。

关于古史传说时期，苍梧地区虽然还没有特别重要的考古发现，但是相关考古发现却证实这一时期长江流域及广大南方地区经济文化发展远比我们原先所想象的要好很多。6000多年前，澧县城头山古城是我国已知年代最早的古城。屈家岭文化、石家河文化时期的湖北石家河古城是当时中国最大的古城。据此，大致可以推断这一时期苍梧之野的文明应该不落后于中原地区。2008年10月，湖南省文物考古研究所等机构对永州市东安县大庙口镇的坐果山遗址进行考古挖掘，遗址总面积超过2万平方米，发掘面积约1000平方米，出土了大量商周时期的文化遗物，包括石斧，石锛、石凿等石器数百件，釜、罐、鼎、鬲、豆等大量陶器，以及少量的青铜矛、锹和玉块、玉环等。还清理出了制作石器的完整生产线，显示出较高的制作水平。这就清楚表明，先民们在这里的聚居已形成较大规模的"聚落"形态，而且他们的生产技术就当时而言还是很先进的。据此，有文物工作者推断，尧舜时期这里的经济文化发展应该具有较高水平，这一遗址的考古挖掘为揭开"舜帝南巡这一千古疑案提供了有力的实物佐征"①。

古史传说时期苍梧之野的文明对中原及北方地区的影响已非常明显。肇始于玉蟾岩的水稻种植技术逐步得到推广，根据《史记·夏本纪》的记载，舜统领天下时，禹"令益予众庶稻，可种卑湿"。陶寺遗址发现的稻作物遗存也清楚表明，这一时期稻作农业已经影响到中原地区的农业种植结构。肇始于苍梧之野的制陶工艺，更是在古史传说时期的多个遗址中都有发现。由于文明开发早，苍梧之野的古城零陵是中国最古老的地名之一。北京大学《中国古代史教学参考地图集》中列举我国夏代以前的古地名34个，其中就包括零陵。从南北经济与军事实力对比来看，当时长江之南的各个部族基本上可以和中原地区的华夏等部族相抗衡。炎黄时期，蚩尤率九黎众部族角逐中原，击溃炎帝族。"炎帝大慑"，率

① 李先志等：《东安发现湘南地区最大商周遗址》，《永州日报》2008年12月6日第1版。

部投奔黄帝并说服黄帝，炎黄两族联合对抗蚩尤。炎黄两族联合后，在与蚩尤的作战中仍然"九战九不胜""三年城不下"，黄帝因此而曾"仰天而叹"①。在九黎众部族之后，散布在长江与淮河流域的"三苗"逐渐成为中原华夏诸部族的主要威胁，彼此间时战时和，此消彼长，一直纠缠不清。因此，我们研究舜帝南行史迹时，必须改变"尊夏卑夷"的传统观念，要充分认识到苍梧地区在人类文明萌发过程中的特殊地位与巨大贡献，认识到舜帝关注与重视这一地区的必然性。

二　古史传说时期苍梧地区部族的迁徙与融合

与刘知几、梁玉绳等人所想象的截然不同，古史传说时期苍梧群山及其紧临的道州盆地和零祁盆地并非"地气歊瘴"的"无人之境"。由于土壤肥沃，气候温润，降雨丰沛，适合人类繁衍发展，加之文明开发早，到古史传说时期这里部族众多，文化繁荣，充满生机与活力。根据史料推断，当时这片土地上应该生活有苗蛮族，他们是苗族与瑶族的先祖；这里也生活有祝融族，舜帝的火正之官祝融就来自这一部族；这里还生活有苍梧人，这正是其被称为苍梧之野的原因。这里的土著民还有越人，永州零陵区邮底乡的望子岗遗址，城区的鹞子岭遗址，蓝山竹管寺镇横江砠遗址都曾发现新石器时代晚期至商周时代的越人墓葬，出土了大量釜、罐、甑等陶器，石斧、石凿、石箭等石器，还有部分青铜器。据此推断，越人的先祖在尧舜时期就已生活在这片区域，所以到夏商时期才发展成较大规模。苗蛮与苍梧、祝融、越人等在不同时期总体上均应归属九黎与三苗之列，"九"与"三"所指均为多数，表明他们不是单一的某个氏族或部落，而是一个拥有多个氏族部落的联盟。范文澜先生指出："九黎当是九个联盟，每个部落又各包含九个兄弟氏族，共八十一个兄弟氏族。蚩尤是九黎族的首领，兄弟八十一人，即八十一个氏族酋长。"②

①　［日］安居香山、中村璋八辑：《纬书集成》，河北人民出版社 1994 年版，第 1149—1151 页。

②　范文澜：《中国通史》（第一编），人民出版社 1965 年版，第 89 页。

这里的"九"与"九"的九倍"八十一"应该都不是实指，其所指称的都是"多"。所谓"八十一个兄弟氏族"与"兄弟八十一人"，既彰显部族数量之多，同时也说明部族之间的联系与互动非常紧密。

苍梧之野在古史传说时期不仅生活着大量土著民，还生活有大量外来移民。这里地处沿海进入内地、江南进入华南的交通要道，纵横数百公里奇峰挺立，千沟万壑，河溪密布，不仅适宜生存，也方便避难，还相对容易到达，因而极易成为部族迁徙的目的地和难民流浪的落脚点。炎帝在与黄帝的争战中失败后，被迫向南迁徙，散落在长江以南广大地区，部分后裔远退到苍梧之野休养生息。尧舜的族人与后裔也都有人迁移到这里繁衍发展。《山海经·大荒南经》记载说："赤水之东有苍梧之野，舜与叔均之所葬也。"郭璞注："叔均，商均也，舜巡狩，死于苍梧而葬之，商均因留，死亦葬焉，墓在今九疑之中。"[①]《山海经·海内南经》记载说："苍梧之山，帝舜葬于阳，帝丹朱葬于阴。"《水经注·湘水》也记载说："九嶷山，大舜窆其阳，商均葬其阴。"[②] 现永州、全州、桂林、梧州等地都有关于尧舜及其后裔迁居的记载和传说，永州市双牌县江村镇现有一古村，就名为访尧村。

进一步看，由于氏族社会快速发展，自炎黄到尧舜部族的迁徙流动其实是很频繁的。根据史料记载，炎帝部族起源与活动地区涉及陕西、山西、河南、湖北以至湖南炎陵等地；黄帝部族起源与活动地区涉及陕西黄陵、河南新郑以至浙江缙宁等地；尧帝部族起源与活动地区涉及山西、河北、陕西以至湖南株洲、广西桂林等地。舜及其所在部族也历经多次迁徙。《孟子·离娄下》记载说："舜生于诸冯，迁于负夏，卒于鸣条，东夷之人也。"《史记·五帝本纪》也说："舜耕历山，渔雷泽，陶河滨，作什器于寿丘，就时于负夏。"有研究者指出：总体来看，舜部族的发展轨迹是一个"自东而西，由北向南的动

①　（晋）郭璞著，王招明、王暄译注：《山海经图赞译注》，岳麓书社 2016 年版，第 317 页。

②　（北魏）郦道元著，陈桥驿、叶光庭、叶扬译注：《水经注全译》，贵州人民出版社 1996 年版，第 1302 页。

态发展迁徙过程"。① 在迁徙过程中，舜的部族不断壮大，"一徙成邑，二徙成都，三徙成国"（《管子·治国》）。部族的大规模迁徙流动促使部族间交流往来增多，矛盾与冲突加剧，部族集团与部族联盟逐步形成，国家形态开始出现。舜作为部落联盟的首领，所统领的地域是很广阔的，《尚书·舜典》提出，"舜肇十有二州"。舜在登临帝位之初，就制定了五年一巡狩的制度，在位期间，他的足迹遍及冀、兖、青、徐、荆等各个州的广大地区。可以说，舜帝晚年南游苍梧并不是一个偶然的、孤立的事件，而是一次以部族大迁徙、大融合为背景的具有特殊意义的迁居。

三　舜帝南行苍梧的原因

根据史料记载，舜南巡时已在百岁左右。《帝王世纪》记载说："有苗氏叛，舜南征，崩于鸣条，年百岁，殡以瓦棺，葬苍梧九嶷山之阳，是为零陵。下有群象为之耕。"②《尚书·尧典》记载说："舜生三十征，庸三十，在位五十载，陟方乃死。"关于舜帝南巡时百岁之龄的记载虽难排除误记与夸饰的可能，但那时舜已过耄耋之年确是不争的事实。这也就引发了不少人质疑。南宋史学家罗泌指出："舜已耄期倦剧，释负而传禹，巡狩之事禹为之矣，复躬巡狩于要、荒之外哉！"（罗泌《路史·发挥·辨帝舜冢》）③ 舜帝已让位于禹，而且年老体衰，为何仍要南巡？答案或许是舜远赴苍梧并非主动选择，更不是彰显至高权力的巡狩，而是出于被迫与无奈。众所周知，囚禁与杀死退位的耄君，是不同民族在氏族社会阶段都曾有过的风俗。人类社会早期社会巫风盛行，部落的国王或祭司年老德衰，被迫交权时，其场景往往是残酷血腥的。尧舜禹之间的禅让其实并不像儒家所渲染的那样无私而高尚。古本《竹书纪年》记载说："昔尧德衰，为舜所囚。舜囚尧，复偃塞丹朱，使不与父相见

① 孟祥才等：《大舜文化与夏商西周历史》（上册），山东人民出版社 2013 年版，第 54 页。
② （宋）李昉等：《太平御览》，中华书局 1985 年版，第 376 页。
③ （南宋）罗泌：《路史》（第 5 册），清光绪二十年（1894）石印本，第 111 页。

也。"①《韩非子·说疑》记载说:"舜逼尧,禹逼舜,汤放桀,武王伐纣,此四王者,人臣弑其君者也,而天下誉之。"广西桂林地区至今仍流传尧被舜流放,带着小儿子一起南来桂林尧山定居的传说。尧曾特意选拔、培养身份低贱,以孝著称的舜,还让自己的两个女儿娥皇、女英下嫁于舜,但退位之后,依然难保自身地位与安全。舜因鲧治水不力,曾殛鲧于羽山,与大禹结有杀父之仇,因而他退位之后的境遇就更加难以估摸。而且大禹在治水成功,威望日增,势力渐长之后,言辞中已流露出对舜的轻慢与不恭,他要求舜"慎乃在位"(《尚书·皋陶谟》),警告其不得"惟慢游是好,傲虐是作";也不得"朋淫于家,用殄厥世"(《尚书·益稷》)。因此,舜在年老体衰,"视不明,听不聪"的情况下,欲避免尧当年被囚的命运,让禹摄政,自己出走远避应是最好选择,或许还是唯一选择。从相关史料推断,舜离开都城蒲坂应该是非常匆忙的,以致娥皇、女英等都没能随行。《礼记·檀弓》记载说:"舜葬于苍梧之野,盖三妃未从也。"这也从一个侧面反映出当时情势的紧迫。

舜之所以选择苍梧地区作为自己远避的目的地与最终归宿,原因是多方面的。首先,舜帝被迫远避时能去的地方其实是有限的。舜摄政期间曾"流共工于幽州,放驩兜于崇山,窜三苗于三危,殛鲧于羽山"(《尚书·舜典》),这虽有效解决了中原政权的团结与稳定问题,但"四凶"分居四方,也极大限制了舜退位之后对避居之地的选择。

其次,舜帝了解苍梧之野这片土地。舜登临帝位之前就曾到过南方,孟子记载说:"尧崩,三年之丧毕,舜让避丹朱于南河之南。"(《孟子·万章章句上》)赵岐对此的注解是:"南河之南,远地,南夷也,故言。"②舜登临帝位之后,五年一巡狩,也曾多次深入过南方的土地。我们虽然不能说舜帝每次南巡都抵达了苍梧之野,但显然他是有机会接近并了解这一地区的。舜治理天下明确要求各地官员定期呈报境内情况,这也有助他深入了解苍梧之野。

---

① (唐)李泰等著,贺次君辑校:《括地志辑校》,中华书局2005年版,第146页。
② (汉)赵岐注,(宋)孙奭疏:《孟子注疏》,北京大学出版社2000年版,第302页。

再次，舜选择苍梧之野远避有一个很重要的原因，那就是象的封地在那里。舜帝曾封自己的弟弟象为诸侯，其封地在古道州境内，今双牌县江村一带，距离九嶷山腹地不远。对此，前人有明确的记载。《水经注·湘水》记载说："应阳县本泉陵之北部，东五里有鼻墟，言象所封也。山下有象庙，言甚灵，能兴风雨。"① 《史记·五帝本纪》正义引《括地志》说："鼻亭神在营道县北六十里，故老传云，舜葬九疑，象至此，后人立祠，名为鼻亭神。"② 王隐《晋书·荆州零陵郡地道记》记载说："应阳县本泉陵之北部，东五里有鼻墟，象所封也。"③ 王孙《谋玮》记载说："象封有鼻，实在苍梧、九疑之间。"④ 象受封以后，忠于职守，为百姓做了不少善事，深受百姓拥戴。舜在逃避危险时，靠近与自己血缘关系最近，得到自己恩惠最多的人，应该是人之常情。值得一说的是，象年轻时并没有建立任何功德，而且品行还有问题，但是舜却超越常规分封了他，这在历史上曾引发不少争论，比如"象至不仁，封之有廪。有廪之人奚罪焉"（《孟子·万章上》)⑤；"象傲，终受有鼻之封"（《后汉书·袁绍传》)⑥；"昔象之为虐至甚，而大舜犹侯之有鼻"（《三国志·魏志·乐陵王茂传》)⑦。通观这些记载，我们有理由猜测，舜对象的安排或许是在提前为自己留一条后路吧。

最后，特殊的地理位置与地形地貌或许也是舜帝选择苍梧之野避居的原因之一。苍梧之野地处南岭山脉，不仅远离当时政治、经济、文化中心，而且这里山峰耸立，河谷幽深，道路复杂，既方便驻留，也方便逃逸，舜避居这里相对安全。而从当时族群的南北迁徙与南北族群间的

① （北魏）郦道元著，陈桥驿、叶光庭、叶扬译注：《水经注全译》，贵州人民出版社1996年版，第1304页。
② （汉）司马迁撰，（宋）裴骃集解，（唐）司马贞索隐，（唐）张守节正义：《史记》，中华书局2014年版，第53页。
③ （北魏）郦道元著，陈桥驿、叶光庭、叶扬译注：《水经注全译》，贵州人民出版社1996年版，第1304页。
④ （明）朱国祯：《涌幢小品》卷六，江苏广陵古籍刻印社1983年版，第175页。
⑤ 杨伯峻译注：《孟子译注》，中华书局2005年版，第212页。
⑥ （南朝）范晔：《后汉书》，中华书局2007年版，第705页。
⑦ 赵幼文遗稿，赵振铎等整理：《三国志校笺》，巴蜀书社2001年版，第770页。

大规模的战争来看，当时的交通条件也远非后来人们所想象的那么原始，舜帝跋山涉水奔赴苍梧之野可能远没有现在某些研究者所想象的那么艰难，而且舜还具有丰富的远行经验。因此，舜晚年南赴苍梧既有可能性，也具可行性。

四　舜帝南行苍梧的主要工作与历史贡献

"中原地区与南方部族的文化交融，是尧舜时期部族关系的核心。"[①]舜帝晚年虽然失去权势，以百岁高龄，衰朽之躯匆匆奔赴遥远的苍梧之野，但在到达那里以后，他却并没有一味远身避祸，逍遥度日，而是胸怀大爱，心系黎民，尽可能地利用自己的经验与影响力为当地百姓服务，从而促进了南方经济文化发展，加速了南北不同部族的多元融合与文化整合。所谓帝舜"勤于民事而野死"（《国语·鲁语》）；"舜南治水，死于苍梧"（《论衡·书虚篇》）等，都从不同侧面反映了这一史实。

从总体上看，舜帝晚年避居南方主要推进了四方面工作。一是宣传与践行和谐平等的治理理念，促进各部族友好相处。古史传说时期，中国北方地区的华夏族、东夷族与南方地区的九黎、三苗诸族多次暴发大规模战争。黄帝与蚩尤战于涿鹿之野，尧与有苗战于丹水之浦等都是历史上有名的战争。在舜帝深入苍梧以前，中原地区部落联盟对九黎、三苗等曾采取放逐迁徙，区别分化，武力镇压，招抚安置，隔离压制等多种政策，但是都没能从根本上解决问题，南北之间大小冲突不断。舜帝深入南方，身体力行对当地各部族示之以德，全力修好，同时伴随着礼乐熏陶，最终使得三苗等部族心悦诚服。《韩非子·五蠹》记载说："当舜之时，有苗不服，禹将攻之，舜曰：'不可。上德不厚而行武。非道也。'乃修教三年，执干戚舞，有苗乃服。"[②]《淮南子·齐俗训》也说：

---

①　柴春椿、段友文：《舜族三迁：舜帝传说中的部族融合及其文化意蕴》，《西北民族研究》2021 年第 2 期。

②　（清）王先慎撰，钟哲点校：《韩非子集解》，中华书局 2003 年重印，第 445 页。

"故当舜之时，有苗不服，于是舜修政偃兵，执干戚而舞之。"① 可见，正因为虞舜的南行，南蛮才开始和华夏、东夷和谐相处；而若没有这种和谐相处，中国大一统国家的形成则是很难想象的。

二是宣传与践行以民为本的治理理念，促进当地民众丰衣足食、安居乐业。舜歌《南风》的史实广泛见诸各种典籍。《史记·乐书》记载说："昔者舜作五弦之琴，以歌《南风》。"② 《孔子家语·辩乐解》记载说："昔者舜弹五弦之琴，造南风之诗，其诗曰：南风之薰兮，可以解吾民之愠兮；南风之时兮，可以阜吾民之财兮。"③ 《淮南子·泰族训》也记载说："舜为天子，弹五弦之琴，歌南风之诗，而天下治。"④ 南风温暖柔和，在无声无息中化育万物。因而《南风歌》的所代表的核心理念是和谐与富足。舜帝以民众为中心，急民众之所急的民本观念，他与民众心心相通、平等相待的平民情怀，以及他既重视民众的精神需求，更重视民众财富的丰裕的治理理念等都蕴含在《南风歌》优美的旋律中。⑤ 所以，《孔子家语》指出："《南风》，育养民之诗也。"《史记·乐书》也说："南风之诗者，生长之音也。"舜歌《南风》在苍梧之野影响十分深刻。章太炎《诂经札记·舜歌南风解》指出："舜南巡苍梧（今湖南宁远九疑山），地本属楚，其歌风，盖即在南巡时，阙后楚之《九歌》《九章》，当即南风遗音，故有《湘君》《湘夫人》等篇，既用舜律，而又咏舜事也。且夷乐亦惟南音最合。"⑥

三是传播与推行礼乐教化，促使三苗等部族移风易俗。舜处在一个"蛮夷猾夏，寇贼奸宄"的时代（《尚书·尧典》），氏族和部落数量众多，而且各个氏族与部落都有自己的文化，"三苗髽首，羌人括领，中国

---

① 何宁：《淮南子集释》，中华书局1998年版，第793页。
② （汉）司马迁撰，（宋）裴骃集解：《史记》，中华书局1982年版，第1197页。
③ 杨朝明、宋立林编：《〈孔子家语〉通解》，齐鲁书社2013年版，第400页。
④ 刘文典著，冯逸、乔华点校：《淮南鸿烈集解》，中华书局1989年版，第825页。
⑤ 陈仲庚：《舜歌〈南风〉与中国民本思想之源流——中国民本思想发展演变的三个节点》，《中国文学研究》2011年第2期。
⑥ 章太炎：《章太炎全集》（一），上海人民出版社2018年版，第306页。

冠异，越人剪发"。以三苗为代表的南方部族与以华夏、东夷为代表的北方部族在图腾、生产、礼仪、法制、服饰、饮食、民风等方面都存在不同。在华夏与东夷部族看来，三苗等部族"昏迷不恭，侮慢自贤，反道败德，君子在野，小人在位"（《尚书·大禹谟》），"为人饕餮，淫逸无礼""民神杂糅""家为巫史""民匮于祀"等，存在严重民风不淳、德行不正等问题。由于文化形态迥异，九黎与三苗在战场上虽然被多次击败，但却从未屈服，更没有真正与华夏等部族融为一体。舜帝深入苍梧之野对三苗等部族宣传孝悌的道德观念、忍让的为人品德、中庸的处世之道等，推行礼制与法治，旨在达到文化熏染与文化改造的目的。所谓"舜却苗民，更易其俗"（《吕氏春秋·召类篇》）；"舜西教乎七戎，道死，葬南巳之市"（《墨子·节葬》）；"久喻教而苗民请服"（《韩诗外传》卷三）等，所描述的也都是这一史实。

四是交流与传播先进技艺，促进南方农业与手工业发展。舜年轻时"耕历山，渔雷泽，陶河滨，作什器于寿丘，就时于负夏"（《史记·五帝本纪》），曾从事多方面的劳动生产，积累了丰富的经验，他执政之后，还曾指导大禹疏浚洪水，治理水患，他南行的团队中可能也不乏农业与手工业方面的高手，因此，他在南行途中，尤其是在进入苍梧之野以后，曾将"布时百谷""食载维时"等先进的生产理念和耕地种粮、制陶捕鱼，建房筑城等相对先进的生产技艺传授给当地百姓，有效提升了当地的生产力水平。现今在以九嶷山为核心的古苍梧地区，仍广泛流传着舜帝南巡驱虎熊，斗恶龙，除蛇妖，治理洪水，教民制茶，为民稼穑，兴办学堂等传说。有研究者指出："可以推想，虞舜在南国的行德喻教，给南国苗民带来了中原华夏族先进的生产技术和文化观念，使得南国苗民的生产大有发展、生活大加改善、部族大为和睦、社会大显进步，南国苗民岂会不感戴、不诚服、不亲附、不变俗？"[①]

进一步看，舜帝在苍梧地区处理与当地及周边各部族的关系有其独

---

① 蔡靖泉：《舜歌〈南风〉与舜化南国》，《零陵师范高等专科学校学报》2001 年第 1 期。

特的优势。他不仅拥有显赫的政治身份，曾登临帝位，统领天下；也拥有丰富的治理经验与非凡的治理成效，曾享有"天下咸服""四海之内咸戴帝舜之功"的声望；他还拥有不可战胜的威严，曾多次统帅军队击溃三苗的武力骚扰。不仅如此，因为他的弟弟象早就分封在那里，曾带去大量族人与随从，在那里已经营数十年，势力强劲。那里还生活着不少中原地区的移民，他们同样是舜的有力倚靠。可以说，舜帝的教化与服务工作是以象和北方移民强大的实力作支撑的，是借助于强大的威势推进的。所谓"执干戚而舞"虽然不是直接诉诸武力，但确实蕴含有显示乃至炫耀武力的意味。这也正是舜帝的工作能够取得巨大成效的主要原因之所在。

舜帝南行苍梧之野抚慰民众，推行教化，创新治理，做了大量卓有成效的工作，由此获得了广大民众的爱戴与尊奉。在古老的苍梧之野，民众心目中的舜帝一直兼具四种身份：一是俯瞰人间、福佑百姓的宗教神祇；二是伏兽降魔、除暴抗洪的传奇英雄；三是坚持天下为公、勤苦为民、开创理想治理的先古帝王；四是以孝为先、重德尚和、教化百姓的道德先祖。几千年来，苍梧之野的民众一直在纪念与祭祀舜帝。九嶷山祭舜现已列为国家级非物质文化遗产，每年都要举办一次大型活动。在舜帝曾驻跸的舜皇山，每年农历八月十三日舜帝生日的纪念活动一直是当地最盛大的节日之一。在九嶷山及其周边地区，与舜帝南巡有关的山岭名多达数十处，包括舜皇山、九嶷山、天子岭、白云山、南风岭、韶石山、虞山、嵛山等。

《荆楚岁时记》中楚地的节气与节日文化*

何　亮　彭淑慧**

内容提要：气候湿润、地理环境优越的荆楚古国，物产富饶，农业、手工业极为兴盛。这些生产活动的展开，与节气、节日息息相关。《荆楚岁时记》作为古荆楚地区民俗文化的重要载体，书写的节日、节气就与植桑养蚕、水稻耕种等关系密切。受巫风，以及佛道、迷信等影响，《荆楚岁时记》中的节气、节令仪式感强烈。仪式的详细叙写，根本目的在于祈福禳灾，驱邪治病。伴随仪式衍生的民众庆典，突出节日、节令本身的"娱戏"特征。《荆楚岁时记》中的节令、节日文化，展现了"以人为本"的岁令节俗观念。

关键词：荆楚岁时记；节气；节日；文化

《荆楚岁时记》是古荆楚国民俗文化的重要载体，涉及立春、春分、清明、谷雨、立夏、小满、夏至、大雪、冬至等节气，三元日、人日、正月十五、社日、寒食、上巳节、端午节、伏日、七夕、盂兰盆节、重阳节、朔日、腊日、新年等节日。在节气的表述上，立春、春分、夏至直接标注，清明、谷雨、小满、大雪、冬至等则以四月、五月、仲冬之

　*［基金项目］国家社科基金一般项目"礼俗与汉唐小说文体演进研究"（编号：19BZW059）。

　**［作者简介］何亮（1980—　），女，湖南益阳人，博士，重庆师范大学副教授，巴渝青年学者，主要从事中国古代小说与中国古代文体学研究。彭淑慧（1997—　），女，山东淄博人，硕士研究生，主要从事汉魏六朝诗学研究。

月等月份指代①；大多数节日，以节日本身名称出现，上巳节、端午节、重阳节等则以节日所在月份、具体日期隐喻。《荆楚岁时记》是否完整载录了古荆楚国所有节气与节日，已难考究。因《荆楚岁时记》原书佚失，今通行本系明人从类书辑出。据史志目录，此书卷数存在较大争议，有一卷、二卷、四卷、六卷、十卷等多种说法。《新唐书·艺文志》《宋史·艺文志》作一卷；郑樵《通志略·艺文略》称"《荆楚岁时记》二卷（梁宗懔撰，杜公赡注）"②；宋晁公武《郡斋读书志》作四卷，并收录宗懔自序："傅玄之《朝会》，杜笃之《上巳》，安仁《秋兴》之叙，君道《娱蜡》之述，其属辞则已洽，其比事则未弘，某率为小记，以录荆楚岁时。自元日至除夕，凡二十余事。"③《文献通考》亦作四卷；宋陈振孙《直斋书录解题》作六卷，称"梁吏部尚书宗懔撰。记荆楚风物故事"④；《旧唐书·经籍志》作十卷。《四库全书总目》称"岂原书一卷，公赡所注分二卷，后人又合之欤"⑤，不少研究者认为此说较符合该书面貌。目前，学界对《荆楚岁时记》的研究，涉及内容广泛，如版本校勘、整理、辑佚，岁时节令与宗教、祭祀、巫术等之间的关系，以及文化特征等。但是，《荆楚岁时记》所体现的节令、节俗观念，节令、节俗仪式特点及蕴涵的文化意义，节令、节俗的娱乐性与古荆楚国文化的内在关联等，尚有一定空间。本文在对《荆楚岁时记》所有节令、节俗进行统计的基础上，对相关问题进行探究。

一 节气、节日观念：以人为本

中国古代节日、节气的产生，虽与农业生产活动密不可分，追根溯

---

① 《荆楚岁时记》以月份指代节气的节令观念，与节气时间、物候等因素相关。蔡清《易经蒙引》云："一年十二月、二十四气，一月二气也。如十一月则大雪、冬至，十二月则小寒、大寒，正月则立春、雨水。……正月，立春节，雨水中……十月，立冬节，小雪中；十一月，大雪节，冬至中；十二月，小寒节，大寒中。"［（明）蔡清：《易经蒙引》卷七上，四库全书本。］

② （宋）郑樵：《通志略》，上海古籍出版社1990年版，第578页。

③ （宋）晁公武撰，孙猛校证：《郡斋读书志校证》，上海古籍出版社1990年版，第530页。

④ （宋）陈振孙撰，徐小蛮、顾美华点校：《直斋书录解题》，上海古籍出版社1987年版，第190页。

⑤ （清）永瑢等撰：《四库全书总目》，中华书局1965年版，第623页。

源，真正用意为让人们更好地栖居于世间。如农历正月初七，传统上称为"人日"。人日，即人的诞辰日。在神话传说中，女娲依次造出鸡、狗、猪等动物，于第七天抟土造人。故农历正月初七为人日。"小寒""大寒""处暑"等节令，由其名称即能感知气候冷热变化。"人日"等节日的设定，相关节令的命名，显然体现了"以人为本"的观念。"以人为本"思想，最早可上溯至西周。殷周之际，古人逐渐脱离宗教神学束缚，认识到民众在政治、社会生活中的重要性，提出"皇天无亲，惟德是辅。民心无常，惟惠之怀"①"克明德慎罚，不敢侮鳏寡，庸庸，祇祇，威威，显民"②。在天命与民心之间，形成"敬天保民"的政治思想，"以人为本"初具雏形。而"以人为本"的明确提出，则出自《管子·霸言》篇："夫霸王之所始也，以人为本。本理则国固，本乱则国危。"③《管子》托名春秋时期齐国宰相管仲所写，其成书主要在战国至秦汉。两汉之际，儒学盛行，人本思想成为共识。如汉和帝永元十三年颁布的《缘边举孝廉诏》，有"抚接夷狄，以人为本"④，《三国志·蜀书·先主传》中，刘备曾说"夫济大事必以人为本"⑤。此后，以人为本思想一直延续，历代王朝以之为基本施政理念。受此影响，应时举行的节令、节日活动，重视养生、健康，"人"已作为重要因素加以考虑。

身体不受疾病侵扰，是养生、健康的前提。从有文字记载开始，为抵抗疾病，古人做出了不懈探索。神农尝百草，为民治病。在跟病魔做斗争的过程中，不断总结经验，《黄帝内经》《难经》《神农本草经》等医学典籍相继问世。秉持"以补史阙"目的撰写而成的小说，亦关注百姓身体康健。《荆楚岁时记》载录了荆楚古国预防、治疗疾病，保养身体

---

① （汉）孔安国传，（唐）孔颖达疏，廖明春、陈明整理，吕绍纲审定：《尚书正义》，北京大学出版社 1999 年版，第 453 页。

② （汉）孔安国传，（唐）孔颖达疏，廖明春、陈明整理，吕绍纲审定：《尚书正义》，北京大学出版社 1999 年版，第 359 页。

③ 黎翔凤撰，梁运华整理：《管子校注》，中华书局 2004 年版，第 521 页。

④ （汉）范晔撰，（唐）李贤等注：《后汉书》，中华书局 1965 年版，第 189 页。

⑤ （晋）陈寿撰，（宋）裴松之注，陈乃乾校点：《三国志》，中华书局 1964 年版，第 877 页。

的内容。这些方法，关联特定的节令、节日。

古荆楚地广人稀，植被繁茂，水域星罗棋布，气候湿热，尤其是雨水充沛的五月，易于传播疾疫，民间流传着"端午节，天气热；五毒醒，不安宁"①的谣谚。楚人强调"五月初五"对祛毒、治病的意义：

> 五月五日……采艾以为人，悬门户上，以禳毒气。 按：宗测字文度，尝以五月五日鸡未鸣时采艾，见似人处，揽而取之，用灸有验。《师旷占》曰："岁多病则艾先生。"②

端午节这天，将艾叶悬挂于门户，可避毒。如要以艾灸疗疾，需在鸡未鸣时采集。五月初五凌晨，药材药性足，祛毒效果事半功倍。除了艾灸，还可天灸。"八月十四日，民并以朱水点儿头额，名为天灸，以厌疾。"③据现今所能查找到的文献，"天灸厌疾"最早见于《荆楚岁时记》。至于其所用药材及治病原理、过程，宋王执中《针灸资生经》曰："用旱莲草捶碎，置手掌上一夫，当两筋中（间使穴）以古文钱压之，系之以故帛，未久即起小泡，谓之天灸，尚能愈症。"④捣碎旱莲草敷于间使穴，起泡后能疗疾。旱莲草有诸多异称，寇宗爽《图经衍义本草》名之为鳢肠、莲子草，"生下湿地。唐本注云：苗似旋复，一名莲子草，所在坑渠间有之"⑤，喜生长于沟渠之间，南方随处可见。宋沈括《梦溪笔谈》对天灸术及适用物也有细致说明："石龙芮今有两种，水生者叶光而末圆，陆生者叶毛而末锐，入药用水生者。陆生亦谓之'天灸'，取少叶揉系臂上，一夜作大泡如火烧者是也。"⑥不论是旱莲草，还是石龙芮，

---

① 王其如：《中华谚语》，吉林文史出版社 2019 年版，第 455 页。
② （梁）宗懔撰，（隋）杜公赡注，黄益元校点：《荆楚岁时记》，上海古籍出版社 1999 年版，第 1057 页。
③ （梁）宗懔撰，（隋）杜公赡注，黄益元校点：《荆楚岁时记》，上海古籍出版社 1999 年版，第 1059 页。
④ （宋）王执中：《针灸资生经》，中国书店 1987 年影印，第 100 页。
⑤ （宋）寇宗爽：《图经衍义本草》，上海涵芬楼影印正统道藏本。
⑥ （北宋）沈括：《梦溪笔谈》，上海书店出版社 2009 年版，第 229 页。

共通点就是喜欢生长在湿润环境。地处水泽的古楚国，对天灸所需材料有得天独厚的条件。楚人对天灸术极为热衷，并在此方面所取得了很高成就。身体健康，对人生会有更高追求，祈求"长寿"是不少人心中所愿，由此而诞生的重阳节就寄寓了对生命久远的美好祝福。"九月九日，四民并籍野饮宴。……佩茱萸，食饵，饮菊花酒，云令人长寿。"① 楚人以节俗的形式，将辟毒养生、保健长寿的经验昭示后人。

楚人嗜酒。比较典型的，当属李白《庐山谣寄卢侍御虚舟》诗中提及的楚国著名隐士接舆，"我本楚狂人，凤歌笑孔丘"②。王维《辋川闲居赠裴秀才迪》中亦有"复值接舆醉，狂歌五柳前"③ 的名句。接舆虽借指裴迪，实际上反映了楚人爱好喝酒的风尚。喜好是一回事，饮酒伤身确是事实。《荆楚岁时记》从保养身体出发，透露古荆楚国人解酒之法：

> 仲冬之月，采撷霜燕、菁、葵等杂菜干之，并为咸菹。有得其和者，并作金钗色。今南人作咸菹，以糯米熬捣为末，并研胡麻汁和酿之，石窄令熟。菹既甜脆，汁亦酸美，其茎为金钗股，醒酒所宜也。④

仲冬时节，将糯米熬熟，捣成粉末，与芝麻汁、咸菜、酢菜和到一起，再经挤压，做出来的食物甜脆、酸美，最适合解酒。

远古、殷周的很长一段时间，神权至高无上，以人为祭、生人殉葬等现象时有发生。人的生命相较于神灵，微乎其微。西周时期，随着礼治兴起、神权式微⑤，以人为本思想逐渐抬头，并成为共识。与之相应，

---

① （梁）宗懔撰，（隋）杜公瞻注，黄益元校点：《荆楚岁时记》，上海古籍出版社 1999 年版，第 1059 页。

② （清）彭定求等编：《全唐诗》，中华书局 1960 年版，第 1773 页。

③ （清）彭定求等编：《全唐诗》，中华书局 1960 年版，第 1266 页。

④ （梁）宗懔撰，（隋）杜公瞻注，黄益元校点：《荆楚岁时记》，上海古籍出版社第 1059 页。

⑤ 上古很长一段时间，神权在政治生活中占有极为重要的地位，甚至超过王权。这一情况，在商朝得以逐渐转变。商王盘庚，不顾贞人（宗教代言人）反对，力排众议迁都，削弱了神权对政治的影响。到后来，商王自称为"帝"，意味着"天帝"地位的急剧下降。周朝时期，"以德敬天""敬天受命"思想盛行。皇帝以天子自居，神权已经式微，成为协助统治的手段。参见李向平《王权与神权 周代政治与宗教研究》，辽宁教育出版社 1991 年版，第 49—57 页。

人们开始意识到生命的宝贵。"天覆地载，万物悉备，莫贵于人。"① "人命至重，有贵千金，一方济之，德逾于此。"② 古荆楚所处的地理环境，并不利于人们生存，"江南卑湿，丈夫早夭"③。阴雨连绵的梅雨季节，更是疾疢易生。智慧的楚民，不断总结采集药草、治疗疾病的经验，将之以节令、节日的形式传承给后世。《荆楚岁时记》把人的价值置于至关重要的位置，关爱生命，提倡养生，书写节令、节日与防治疾病、养身保健等方面的内容，彰显出"以人为本"的节俗观念。

二 节气、节日的仪式感：驱邪、禳灾

分裂动乱的魏晋，经过"八王之乱""永嘉之乱"等权力斗争，整个中原大地战祸延绵。外加自然灾害频发，百姓生存受到严重挑战。面对诸军阀因争权夺利而酿成丧乱的社会惨状，傅玄发出"旷野何萧条，顾望无生人。但见狐狸迹，虎豹自成群"④ 的感喟，梁武帝萧衍写下了"人神乏主，宗稷阽危，海内沸腾，岷庶板荡。百姓懔懔，如崩觉角，苍生喁喁，投足无地"⑤ 这样痛斥生灵涂炭的檄文。阮籍、嵇康、王融等社会上层人士尚有朝不保夕之感，何况普通民众。社会环境的险恶，黎民极度缺乏安全感。他们采取了另类的生活态度，有些沉浸于饮酒、清谈、服药，逃避现世纷争的困扰；另外，倾向于寻找能够寄托希望的宗教神秘力量，自发形成并践行某些仪式，"张皇鬼神，称道灵异"⑥ 在六朝蔚然成风。自楚汉以来，中原政治强势辐射至偏远的荆楚一带，加之官方有意识推崇，中原文化渗入百姓日常。本就重淫祀、巫风盛行的荆楚，

---

① （唐）杨上善撰注，（清）萧延平校正，王洪图、李云重校：《黄帝内经太素》（修订版），科学技术文献出版社 2005 年版，第 620 页。

② （唐）孙思邈著，李景荣等校释：《备急千金要方校释》，人民卫生出版社 1998 年版，"序言"第 14 页。

③ （汉）司马迁撰，（宋）裴骃集解，（唐）司马贞索隐，（唐）张守杰正义：《史记》，中华书局 1963 年版，第 3268 页。

④ 张溥辑：《汉魏六朝百三名家集》，江苏古籍出版社 2015 年版，第 399 页。

⑤ 张溥辑：《汉魏六朝百三名家集》，江苏古籍出版社 2015 年版，第 88 页。

⑥ 鲁迅：《中国小说史略》（修订本），人民文学出版社 2007 年版，第 43 页。

尚鬼神的风气愈炽，并趋于多元。《荆楚岁时记》以节气、节日的方式，记录了这一史实。

从民俗发展史来看，人类世界与鬼神世界的交织一直是民俗活动的重要领域。"万物有灵""物我一体"的上古时代，人们在无法解释的神秘力量面前往往生出"卑弱"心理，通过祭祀取悦天人来襄助人事。进入中古时代，经过长时间角逐，政权以绝对性优势取得胜利，不再附属于神权。在人神观念上，人类与鬼神显得更为"平等"，或者说鬼神屈从、服务于人类，招魂、驱鬼、禳灾等仪式渐成为节时的民俗事项。《荆楚岁时记》中的节日仪式，在年末岁初表现得较为集中。

古人的时间意识，很大程度上是通过岁时节点建立起来的。他们将宇宙时间与人生命运等同视之，度年节如度厄。新年是度厄关键节点，节日、节气习俗颇具仪式感。荆楚的元日民俗，从爆竹声开始：

> 正月一日是三元之日也。《春秋》谓之端月。鸡鸣而起，先于庭前爆竹，以辟山臊恶鬼。 按：《神异经》云：西方山中有人焉，其长尺馀，一足，性不畏人，犯之则令人寒热，名曰山臊；以竹著火中，烞烨有声，而山臊惊惮。《玄黄经》所谓山獠鬼也。①

正元初一鸡鸣时，千家万户皆在庭前燃放爆竹，以躲避山臊恶鬼。山臊是神话传说中人脸猴身的怪兽，生活于深山，喜食虾蟹。湖泊环绕、丛林茂密的楚地，是山臊绝佳生活场所。燃放爆竹避山臊恶鬼的习俗，长盛不衰。直到今天，荆楚地区还能听到"过年不放炮，妖魔鬼怪到"②的民谚。夜间仪式同样不可或缺：

---

① （梁）宗懔撰，（隋）杜公赡注，黄益元校点：《荆楚岁时记》，上海古籍出版社 1999 年版，第 1051 页。
② 中国民间文学集成湖北卷编辑委员会编：《中国谚语集成·湖北卷》，中央民族大学出版社 1994 年版，第 488 页。

正月夜多鬼鸟度，家家槌床打户，挨狗耳，灭灯烛以禳之。　按：《玄中记》云："此鸟名姑获。一名天地女，一名隐飞鸟，一名夜行游女，好取人女子养之。有小儿之家，即以血点其衣以为志。故世人名为鬼鸟。"荆州弥多。①

正月气候寒冷，夜晚小儿衣服不宜外露，人们便联想到鬼鸟之说，继而发展出相应的攘除仪式。此外，荆楚人将一些带有神秘色彩的日常生活设施联想为鬼怪的藏身之所，如幽深黑暗的井与厕。楚人流传下来的拜火传统之所以依然存在，是因为人们已经形成火可以镇鬼驱邪的文化心理，《岁时记》中就有"正月未日夜，芦苣火照井厕中，则百鬼走"②的记载。这些仪式与散落在大地上的民俗遗产，演变为后来春节燃放烟花爆竹、贴门神、挂桃符等营造热闹气氛以度厄的民俗活动。

立春为"四时之始"，居于二十四节气之首。此日，楚民用五色绸剪成燕子展翅高飞的形象戴在头上，并于门户帖"宜春"两字以祈福，表达对春天的美好祝愿："悉剪彩为燕戴之，帖'宜春'二字。　按：'宜春二字，傅咸《燕赋》有其言矣。赋曰：'四时代至，敬逆其始。彼应运于东方，乃设燕以迎至。鞾轻翼之歧歧，若将飞而未起。何夫人之功巧，式仪形之有似。御青书以赞时，著宜春之嘉祉。'"③燕子是春天的使者，以剪纸仿效她轻巧若飞的身姿迎接春天，印证了荆楚古民崇信巫术的心理。弗雷泽在《金枝》中就说道，巫术赖以生存的一个重要原则为"相似律"。由这个原则引申出，巫师仅仅通过模仿就能实现任何他想做的事。④立春之日的另一节令习俗"贴宜春"，颇具楚地特色。明张岱

① （梁）宗懔撰，（隋）杜公赡注，黄益元校点：《荆楚岁时记》，上海古籍出版社 1999 年版，第 1054 页。

② （梁）宗懔撰，（隋）杜公赡注，黄益元校点：《荆楚岁时记》，上海古籍出版社 1999 年版，第 1054 页。

③ （梁）宗懔撰，（隋）杜公赡注，黄益元校点：《荆楚岁时记》，上海古籍出版社 1999 年版，第 1053 页。

④ （英）J. G. 弗雷泽：《金枝》，汪培基、徐育新、张泽石译，商务印书馆 2013 年版，第 26 页。

《夜航船》卷一"天文部"曰："楚俗立春日，门贴宜春字。"① 贴"宜春"以祈福，得到了其他不少民族地区的认同和传承，"立春贴宜春"屡现于各诗词文献中，如明袁宏道《除夕同王百谷皇甫仲璋方子公衙斋守岁》"懒贴宜春字，聊为卒岁歌"（《锦帆集》卷一），清许昂霄《东风第一枝》"粘鸡贴雁。翦采为雁以戴之，贴宜春二字"（《词综偶评》）。

腊日，在古代是与正旦齐名的盛大节日，"根据王朝的运行规定，盛日为祖，衰日为腊，如汉朝火德，火衰于戌，故以十二月戌日为腊。南朝时腊日以定在十二月初八"②。腊节起源于上古岁终大祭，《礼记·郊特牲》称"天子大蜡八，伊耆氏始为蜡。蜡也者，索也，岁十二月，合聚万物而索飨之也"③。蜡祭祝词为："土反其宅，水归其壑，昆虫毋作，草木归其泽。"④ 人们在岁末期待着自然万物的秩序。由于催生新时的独特意义，驱疫行傩便成为整个腊月的主题。在腊日逐疫仪式中，鼓与面具是必不可少的法器。"动万物者莫疾乎雷"⑤，雷声是上天传达到人间的信号，鼓声如雷，最适醒物唤春。"腊鼓鸣，春草生。"⑥ 腊日这天，村人纷纷敲响细腰鼓，头戴变形面具，"作金刚力士以逐疫"⑦。戴面具播鼓的驱傩仪式，中原亦得到传承。

中国的节令体系在战国后虽已成型，其仪式主要传承自上古的祭祀活动。如果说商周的宗教祭祀文化温和、节制，符合阿波罗的日神型文

---

① （明）张岱撰，李小龙整理：《夜航船》，中华书局2012年版，第20页。

② 萧放：《岁时——传统中国民众的时间生活》，中华书局2002年版，第115页。

③ （汉）郑玄注，（唐）孔颖达疏，龚抗云、王文锦审定：《礼记正义》，北京大学出版社1999年版，第802页。

④ （汉）郑玄注，（唐）孔颖达疏，龚抗云、王文锦审定：《礼记正义》，北京大学出版社1999年版，第802页。

⑤ （魏）王弼注，（唐）孔颖达疏，李申、卢光明整理，吕绍纲审定：《周易正义》，北京大学出版社1999年版，第89页。

⑥ （梁）宗懔撰，（隋）杜公瞻注，黄益元校点：《荆楚岁时记》上海古籍出版社1999年版，第1060页。

⑦ （梁）宗懔撰，（隋）杜公瞻注，黄益元校点：《荆楚岁时记》，上海古籍出版社1999年版，第1060页。

化精神，六朝荆楚节俗中人们自发形成的度厄禳除仪式、祈福活动，更多充斥着狄俄尼索斯般狂热的酒神精神。《荆楚岁时记》见证节日民俗从上古向中古发展阶段，随着人们主体意识不断觉醒，对鬼神的态度从恐惧、敬畏发展为积极挑战、对抗的新变状态，带有宗教性、政治规定性的节日仪式，日趋平民化、世俗化。

三　节日、节气的实用性：关联农耕、手工业

齐梁时期，楚国地理范围主要在荆州。荆州为九州之一。《尚书·禹贡》云："荆及衡阳惟荆州。"[1] 楚又可以荆州指称。旧石器时代，楚地赖以生存的食物主要来自渔猎、植物采集。后炎帝在此区域教民稼穑、耕种，为楚国农业积淀了深厚的历史文化底蕴。但是，商、周至春秋初期，楚国的主要粮食为粟，采用的仍然是比较落后的刀耕火种方式。至楚武王、楚文王，楚国面积开始扩大，占据江汉流域后，向当地居民学习，掌握了种植水稻所需的"火耕水耨"技术，以水稻为主的耕作水平显著提高。据《史记·货值列传》记载，"楚越之地，地广人希，饭稻羹鱼，或火耕而水耨"[2]。火耕，顾名思义，以火烧荒，开辟新的土地，为作物提供肥料；"水耨"即将杂草沤于水中，使之成为保证水稻生长的养分。至魏晋南北朝，北方战乱，人口向南流失。虽不一定全部流向楚国，耕种意识、技术等的南传给楚地农业带来了助力。《宋书》描述了六朝时期荆楚农业的盛况："江南之为国盛矣，虽南包象浦，西括邛山，至于外奉贡赋，内充府实，止于荆、扬二州……荆楚四战之地……至余粮栖亩，户不夜局，盖东西之极盛也。……自晋氏迁流……地广野丰，民勤本业，一岁或稔，则数郡忘饥。"[3] 楚国土地广阔，百姓勤劳，长时间耕种经验的积累，粮食产量大幅增加，可供给多个郡县。手工业，尤其是纺织业

---

① （汉）孔安国传，（唐）孔颖达疏，廖明春、陈明整理，吕绍纲审定：《尚书正义》，北京大学出版社1999年版，第147页。

② （汉）司马迁撰，（宋）裴骃集解，（唐）司马贞索隐，（唐）张守节正义：《史记》，中华书局1963年版，第3270页。

③ （梁）沈约：《宋书》，中华书局1974年版，第1540页。

突飞猛进，成为当时中心之一。早在战国、秦汉，荆楚就极为重视种桑养蚕，丝织业处于比较领先的工艺。如《国语·楚语》有关于"玉帛"之类的记载，《史记·滑稽列传》说楚庄王曾"衣以文绣"，《史记·楚世家》记楚、吴边境，两小童争桑引发两国交兵的历史事件，皆说明当时楚国丝织业的发达。齐梁时期，楚国丝绵布帛丰饶，"覆衣天下"①。《荆楚岁时记》载录的节日、节令，直接关涉楚国传统的农业种植、手工纺织，折射出此时期商业经济的繁荣，以及农业、手工业在楚国生产、生活中地位的举足轻重。农业、手工业讲究"适时""应季"，《荆楚岁时记》以生动的风俗故事，将节令、节日与之勾连。

《荆楚岁时记》凸显了农人种植水稻的节令依据。四月谷雨时节，"有鸟名获谷，其名自呼。农人候此鸟，则犁耙上岸"②。听到姑获鸟鸣叫，农民将犁耙拿上岸，开始准备插秧。布谷鸟在长江以东，称之为获谷："郭璞云：'今布谷也，江东呼获谷。'"③ 还可以叫夏扈："夏扈趋耕锄。即窃脂玄鸟鸣。"④ 布谷鸟是候鸟，对气候变化敏感。古人利用候鸟应时飞回鸣叫的特点，以之为稻田耕种的时刻表。另外一种鸟类，对农人下田也很重要。春分这一天，"有鸟如乌，先鸡而鸣，架架格格。民候此鸟则入田，以为候"⑤。像乌鸦、发出架架格格叫声的鸟，明李时珍《本草纲目》称之为驾犁，"今俗谓之驾犁，农人以为候。五更辄鸣，曰架架格格，至曙乃止"⑥。节令的自然使者"禽鸟"，让农人掌握耕种农田的最佳时间。节令还提醒农人注意防治农作物病虫灾害。夏至，"取菊

① （梁）沈约：《宋书》，中华书局 1974 年版，第 1540 页。

② （梁）宗懔撰，（隋）杜公赡注，黄益元校点：《荆楚岁时记》，上海古籍出版社 1999 年版，第 1056 页。

③ （梁）宗懔撰，（隋）杜公赡注，黄益元校点：《荆楚岁时记》，上海古籍出版社 1999 年版，第 1056—1057 页。

④ （梁）宗懔撰，（隋）杜公赡注，黄益元校点：《荆楚岁时记》，上海古籍出版社 1999 年版，第 1057 页。

⑤ （梁）宗懔撰，（隋）杜公赡注，黄益元校点：《荆楚岁时记》，上海古籍出版社 1999 年版，第 1054 页。

⑥ （明）李时珍编纂，刘衡如、刘山水校注，杨淑华协助：《新校注本本草纲目》，华夏出版社 2011 年版，第 1750 页。

为灰，以止小麦蠹"①，取菊花研成粉末，用来防治小麦虫害。不论此法是否有效，农人对农业丰收的期待与看重不言而喻。

不少民俗神话传说中，有关于蚕神的动人故事。在纺织业为地方经济支柱的荆楚地区，也信奉蚕神。《荆楚岁时记》载，正月十五，家人以肉覆粥，登屋食用，并念咒，驱逐老鼠，保护蚕茧："登高糜，挟鼠脑，欲来不来？待我三蚕老。"② 到了晚上，迎接紫姑神，占卜蚕桑，"其夕，迎紫姑，以卜将来蚕桑"。紫姑出自南朝刘宋时期刘敬叔《异苑》："世有紫姑神，古来相传云是人家妾，为大妇所嫉（一作妒），每以秽事相次役，正月十五日感激而死。故世人以其日作其形，夜于厕间或猪栏边迎之。"③ 紫姑生前常做秽事，不堪虐待自尽后，成为厕神。日本学者中村乔认为，如同中国民间其他祈愿风俗，人们相信怨愤而死，其灵必强。紫姑作为厕神，某种程度上影响农桑收成。因在古代，厕所是农桑肥料的重要来源。人们很自然地将其奉为神灵，向她祷祝蚕桑丰收。蚕桑只是原料，需巧手、技艺将之织成布匹。与之相应，七夕节有穿七孔针、乞巧的习俗，"七月七日，为牵牛织女聚会之夜。……是夕，人家妇女结彩缕，穿七孔针。或以金银输石为针，陈瓜果于庭中以乞巧，有喜子网于瓜上，则以为符应"④。据《诗经》记载，七夕节历史悠长，可回溯至西周。而最早记录其风俗的，则是汉代刘歆《西京杂记》。在光线不如白昼的夜晚，将细线从七个孔眼极小的针穿过，本就不易。能穿过者，无疑离成为一名优良绣工就近了一步。乞巧的另一种习俗为，将各种材质的针与瓜果陈于庭前，向织女祈祷。织好的布匹，还得染成适合各类人群喜欢的颜色。仲夏时节，蚕茧始出，女性

---

① （梁）宗懔撰，（隋）杜公瞻注，黄益元校点：《荆楚岁时记》，上海古籍出版社 1999 年版，第 1058 页。

② （梁）宗懔撰，（隋）杜公瞻注，黄益元校点：《荆楚岁时记》，上海古籍出版社 1999 年版，第 1054 页。

③ （南朝宋）刘敬叔撰，范宁校点：《异苑》，中华书局 1996 年版，第 44—45 页。

④ （梁）宗懔撰，（隋）杜公瞻注，黄益元校点：《荆楚岁时记》，上海古籍出版社 1999 年版，第 1058 页。

都开始忙碌起来，其中一项重要事务就是给布匹染色，"仲夏茧始出，妇人染练，咸有作务"①。《荆楚岁时记》比较完整地呈现了荆楚地区纺织产业的过程。正月十五祈祷蚕神、厕神，确保蚕桑丰产；春、夏季节，采桑养蚕；仲夏时节，蚕出茧，织布、染色；七夕则以祷祝的方式传达祈求获得织布技艺的夙愿。在整个产业链中，女性主导最为重要的织布、染色工作，充分展现了荆楚地区女性对经济发展做出的贡献。

农业、手工业在具体节日、节令展开。谷雨插秧，夏至防虫害，仲夏织布、染色。农业、手工业在社会生活中的不可替代，以及受巫术、宗教、迷信等影响，人们以宗教色彩浓郁的神话传说、光怪陆奇的鬼怪故事解说相关节令、节日，使之形成了特定的风俗。如正月十五祈蚕神、厕神、七夕乞巧等。《荆楚岁时记》有意识地从节日、节令出发，叙述农业、手工业活动，保存了古荆楚地区农俗、手工行业习俗的资料。

四　节日、节气的娱乐性：丰富的游戏活动

常年被水雾云泽缭绕的楚人，积极、乐观而浪漫。这种思想情怀，让他们喜爱歌舞等各类娱乐活动，并以极大热情投身其中。楚人好巫风、巫术，"信巫鬼，重淫祀"②"楚越之间，其风尤盛"③。他们喜好歌舞等娱乐，亦受巫术、巫风影响。"歌舞之兴，其始于古之巫乎？"④ 巫术与祭祀往往交织难分，伴随着诗歌、音乐及舞蹈。王逸《楚辞章句》谓："昔楚国南郢之邑，沅、湘之间，其俗信鬼而好祠，其祠必作歌乐鼓舞，以乐诸神。"⑤ 巫术祭祀仪式的举行，虽并不单纯为了娱乐，却具有娱乐的元素，"乐诸神"的同时"自娱""娱人"。在楚地巫风浸染下写成的

---

① （梁）宗懔撰，（隋）杜公瞻注，黄益元校点：《荆楚岁时记》，上海古籍出版社 1999 年版，第 1057 页。
② （汉）班固撰，（唐）颜师古注：《汉书》，中华书局 1964 年版，第 1666 页。
③ 王国维：《宋元戏曲史》，中华书局 2015 年版，第 2 页。
④ 王国维：《宋元戏曲史》，中华书局 2015 年版，第 1 页。
⑤ 黄灵庚疏证：《楚辞章句疏证》（增订本），上海古籍出版社 2018 年版，第 818—820 页。

《楚辞》，也是歌乐舞一体。独特的地理环境，巫术大昌、祭神娱神等宗教活动的经常举行，即使已受到传统儒家传统思想"守礼""克制"思想教化的楚人，仍然保持着奔放热情、豪放爽朗的民族个性，如火如荼地开展节日、节令等娱乐活动。

"岁前"① 适合各年龄段，且需多人加入才能完成的为藏彄游戏，通常又称为藏钩。"岁前，又为藏彄之戏。"② 这一游戏的由来，有多种说法。一说，与汉代钩弋夫人相关。另一种说法为，腊月祭祖时，为表对祖先恭敬，献祭得将手上所戴首饰藏起来，"藏彄之戏"由此诞生。周处《风土记》对此玩法有具体描述："腊日饮祭之后，叟妪儿童为藏彄之戏，分二曹以较胜负。"③ 参与游戏的人分成两组，一组负责藏，另一组负责猜，以是否能猜对决出胜负。农历正月初一至月末，亲朋好友聚在一起，享受美食，或泛舟，或在水边宴乐，"元日至于月晦，并为酺聚饮食。士女泛舟，或临水宴乐"④。元日为正月初一，月晦是每月的最后一天。而正月涵盖立春、雨水两个节气，此月开展的娱乐活动寄寓了庆祝节气、节日的双重含义。正月的娱乐活动，以休闲为主，意在让劳累一年的人们放松。娱乐活动种类众多，让人眼花缭乱的是寒食节，有"斗鸡，镂鸡子，斗鸡子。……打球、秋千、施钩之戏"⑤。"斗鸡"，典籍中常见，简而言之，让鸡相斗；"镂鸡子"即在鸡蛋上雕刻花纹；"施钩之戏"尚有争议，有些认为是秋千，有些认为是拔河。根据《荆楚岁时记》前文内容所记，当属拔河更为合理。民众同出游，都能感受到节日喜庆的为在端午节开展的踏百草、斗草游戏。"五月五日，四民并蹋百草，又有斗

---

① 《荆楚岁时记》并未指出岁前的具体时间。据下文"藏彄游戏"可能源自腊日祭祀推断，《荆楚岁时记》所说的岁前应涵盖小寒、大寒两个节气（南北朝时，十二月初八为腊日，与小寒恰好为同一天）。

② （梁）宗懔撰，（隋）杜公赡注，黄益元校点：《荆楚岁时记》，上海古籍出版社1999年版，第1060页。

③ （晋）周处：《阳羡风土记》，广陵书社2003年版，第213页。

④ （梁）宗懔撰，（隋）杜公赡注，黄益元校点：《荆楚岁时记》，上海古籍出版社1999年版，第1054页。

⑤ （梁）宗懔撰，（隋）杜公赡注，黄益元校点：《荆楚岁时记》，上海古籍出版社1999年版，第1055页。

百草之戏。"① 斗草在古代是一项人尽皆知的娱乐活动，分武斗、文斗两种方式。文斗性质相对温和，适应人群更广；武斗多见于儿童之间。

《荆楚岁时记》载录了楚国百姓从元日开始至年前的各种娱乐活动，形式多样，内容精彩纷呈。不论哪种娱乐活动，有共同特点：第一，节日、节令没有身份、等级、地位、性别的限制，男女老少皆可参与。于女子而言，意义更是非比寻常。古代对女子外出有诸多限定，节日、节令的出现，对她们来说是一种身心的解放，借此机会可以接触外面世界，感受真正的生活。小说诗歌戏曲中不少旖旎感人的爱情故事，就以某一节日为背景。第二，规则简单，老妪能解，重在娱乐。斗草、藏钩、秋千等游戏，只要行动自如，都可参加。第三，游戏能容纳的人数众多，鼓励所有人加入。踏草、打球、泛舟、斗鸡等，讲究氛围，独自一人很难有节日的归属感。节日在制定的时候，就要求"热闹""喜庆""同乐"。《荆楚岁时记》围绕节日、节令描写的娱乐活动，将众人同乐的欢乐场景形象展现，赋予了节日、节令更深刻的文化内涵。

结　语

荆楚文化源远流长、博大精深，是中华民族文化的重要组成部分，具有鲜明的地域特色。历史上荆、楚不分，荆、楚或荆楚、楚荆作为特定称谓，已沿袭 3000 多年。东汉时期，许慎《说文解字》释"楚"，把荆山、荆楚、荆、荆州、木、楚国统一，形成系统完整的概念："丛木，一名荆也。……上文丛木泛词，则一曰为别一义矣。艸部荆下曰：'楚木也'，此云'荆也'，是则异名同实。楚国或呼楚，或呼荆，或累呼荆楚。"② 楚文化、荆楚文化旨意相同，均指楚人、楚民族、楚国创造的文化实体和形态。其中，节日、节气文化是荆楚整个文化系统中的构成要

---

① （梁）宗懔撰，（隋）杜公赡注，黄益元校点：《荆楚岁时记》，上海古籍出版社 1999 年版，第 1057 页。
② （汉）许慎撰，（清）段玉裁注：《说文解字注》，上海古籍出版社 1981 年版，第 271—272 页。

素。各民族文化历经长时间交融,有些节日、节气源自中原,比如寒食节、春节、正月等,有些则出自楚民族,比如端午节。各节日、节令形式并非一成不变,但节令、节俗的根本内涵是稳定的。《荆楚岁时记》有意识地突出荆楚地区有助于农业、手工业发展的地域、地理优势,书写节日、节令与植桑养蚕、水稻耕种等之间的关联,展示了楚国由以前的偏远之国,逐步成长为实力强胜大国的趋势;受巫风、巫术,以及宗教迷信思想影响,《荆楚岁时记》中的节气、节令有很强的仪式感。相关仪式,根本目的在于祈福禳灾,驱邪治病。因巫术、巫风而产生的歌舞娱神活动,激发了楚民爱好娱乐活动的热情。《荆楚岁时记》以生动的语言摹绘种类繁多的节日、节俗活动,即使历经千载,仍能感受到众人参与、万民愉悦的节日气氛。《荆楚岁时记》中的节令、节日文化,展现了"以人为本"的岁令节俗观念。

杭州的科举盛况与明清西湖
小说的功名书写[*]

胡海义　陈熙雨^{**}

内容提要：杭州曾是南宋的行都与科举考试的中心，明清时期的科举成绩同样斐然。与之形成强烈反差的是明清西湖小说作家大多屡试不第、功名蹭蹬。他们身陷功名困境，于是借小说创作来寻求一种心理补偿与安慰，展现出强烈的功名书写意识。明清西湖小说青睐与西湖有关的状元，热情书写"西湖状元谱"，把状元情结与于谦崇拜结合起来，以高尚品德来彰显状元的显赫功名，具有强烈的西湖情结与地域意识。明清西湖小说出现宋代与明清科举的剪接组合现象，这是杭州人浓厚的梦华怀旧情结使然，也是明清西湖小说家对南宋杭州科举盛景的一种怀念与致敬。

关键词：杭州；西湖小说；科举；功名

西湖小说是指以杭州为重要的故事发生地，以西湖为重要故事场景的小说，如《西湖三塔记》《邢凤遇西湖水仙》《西湖女子》《西湖二集》《西湖佳话》《西湖拾遗》《西湖遗事》《新西湖佳话》等诸多明确标示

---

　* ［基金项目］国家社会科学基金一般项目"古代小说'西湖'书写研究"（18BZW079）。
　** ［作者简介］胡海义（1980—　），男，湖南师范大学文学院教授、博士生导师，主要从事中国古代小说研究；陈熙雨（1998—　），女，湖南师范大学文学院硕士研究生，主要从事古代叙事文学研究。

"西湖"的小说，另如《剪灯新话》、"三言二拍"、《无声戏》中也收有一些西湖小说作品。西湖小说以浓郁的地域空间特色在中国小说史上独树一帜，令人瞩目。科举制度在中国实行了1300年，对中国古代政治、经济、教育与文化等产生了极为深远的影响。杭州曾是著名的科举中心之一，举子们在此狂热地博取功名，对西湖小说产生了深刻影响。本文拟探讨杭州的科举盛况对明清西湖小说的功名书写的影响，以展现地域文化影响文学书写的一个面相。

一　杭州的科举盛况与明清西湖小说家的功名困境

杭州曾是南宋的行都与科举考试的中心，礼部主持的省试与皇帝主持的殿试在此举行。根据贾志扬所著《宋代科举》附录《历年省试及格者和授予的学衔》统计，从绍兴八年（1138）到咸淳七年（1271），南宋朝廷在杭州取了43榜约20083名进士[1]，其中包括约43名状元在西子湖畔金榜题名，书写了杭州乃至江南科举史上最辉煌的篇章[2]。撇开作为省试与殿试之地汇聚全国考生的外部条件，杭州本籍考生的科举成绩也非常优秀。南宋时期，杭州所在的两浙西路（辖有七个州府）诞生了2202名进士，约占南宋进士总数的11.8%[3]。杭州诞生了493名进士，约占两浙西路进士总数的22.4%[4]。

明清时期的杭州科举同样成绩斐然。以江浙为中心的江南地区是明清时期的科举胜地。明代耿橘称"今代科目之设，惟吴越为最盛"[5]。据范金民先生统计，明清共录取进士51681人，"江南共考取进士7877人，

---

① ［美］贾志扬：《宋代科举》附录二《历年省试及格者和授予的学衔》，台北：东大图书股份有限公司1995年版，第284—288页。

② 本文所指的江南地区包括江宁、镇江、常州、苏州、松江、杭州、嘉兴、湖州八府，还有清代雍正二年升为直隶州的太仓州，共为八府一州。

③ ［美］贾志扬：《宋代科举》附录二《历年省试及格者和授予的学衔》，台北：东大图书股份有限公司1995年版，第289—298页。

④ ［美］贾志扬：《宋代科举》附录二《历年省试及格者和授予的学衔》，台北：东大图书股份有限公司1995年版，第289—298页。

⑤ （明）耿橘：《皇明常熟文献志序》，《皇明常熟文献志》卷首，《北京师范大学图书馆藏稀见方志丛刊》第六册，北京图书馆出版社2007年版，第10页。

占全国15.24%，其中明代为3864人，占全国的15.54%，清代为4013人，占全国14.95%，总体而言，明清两代每七个进士中就有一个出自江南。这么高的比例，毫无疑问在全国独居鳌头"①。在科举繁盛的江南地区，又形成了几个非常集中的科举中心，杭州就是其中的佼佼者。据朱保炯、谢沛霖《明清进士题名碑录索引》（上海古籍出版社1980年版），明清江南地区各府（州）进士分布情况统计列表如下：

明清江南地区各府（州）进士分布情况统计一览表

府州	明代		清代		明清合计	
	人数	占江南的百分比	人数	占江南的百分比	人数	占江南的百分比
杭州	409	12.31%	892	22.23%	1301	17.73%
苏州	870	26.18%	657	16.37%	1527	20.82%
常州	598	18.0%	645	16.07%	1243	16.94%
松江	408	12.28%	249	6.2%	657	8.96%
嘉兴	346	10.41%	491	12.24%	837	11.41%
湖州	275	8.28%	378	9.42%	653	8.9%
镇江	162	4.88%	211	5.26%	373	5.08%
江宁	255	7.67%	311	7.75%	566	7.72%
太仓	—	—	179	4.46%	179	2.44%
合计	3323	100%	4013	100%	7336	100%

　　杭州进士数量在明代江南地区位列第三，在清代升至首位，超过江南地区总额的五分之一。另据多洛肯《清代浙江进士群体研究》统计，清代浙江共录取进士2808名，占全国进士总数的10.48%②，仅次于拥有2920名进士的江苏。在浙江，杭州的进士数量遥遥领先，约占全省总数的31.77%。以杭州为中心的杭（州）、嘉（兴）、湖（州）、绍（兴）、宁（波）地区，共产出2553名进士，占整个浙江的91%，"这一区域成

---

　　① 范金民：《明清江南进士数量、地域分布及其特色分析》，《南京大学学报》（哲学社会科学版）1997年第2期。
　　② 多洛肯：《清代浙江进士群体研究》，中国社会科学出版社2010年版，第44页。

为全国科举最为兴盛的地区，也是学者、文学家聚集的地区"①。据沈登苗《明清全国进士与人才的时空分布及其相互关系》统计，在清代进士最多的 32 个城市中，杭州以 718 人高居榜首；在明清进士最多的 46 个城市中，杭州以 1039 人同样位居第一。② 由于对主要文献的甄别筛选与统计口径的差异，上述研究的统计数据有所出入，但都显示出杭州在明清科举考试中的辉煌战果与显赫地位。

　　杭州科举在南宋及明清时期非常繁盛，与之形成强烈反差的是明清西湖小说作家大多屡试不第、功名蹭蹬。作为一种精英选拔机制，科举考试存在着有限的名额与无限的考生之间的尖锐矛盾。绝大部分落第士子年复一年，徒劳地一次次搏杀冲击。随着时间的推移，累积效应造成各级考试的录取率逐步降低，总体的中式机会也愈来愈渺茫。郭培贵先生经过统计分析，认为：

　　　　明代会试平均录取率为 8.6%，其中达到和超过 10% 录取率的仅有 16 科，录取率在 10% 以下者则有 47 科……平均录取率还体现出逐步下降的趋势：成化五年至万历三十二年共 43 科下降到 8%；嘉靖五年至万历三十二年共 24 科又下降到 7.6%；万历二年至三十二年共 8 科复下降为 7%。……乡试录取率，明初一般在 10% 上下；成、弘间定为 5.9%；嘉靖末年又降为 3.3%；而实际录取率又低于此。③

　　这种情况即使到了清初也不会因为朝代鼎革而得到长久的缓解，因为整个中国科举考试的录取率在整体上还表现出因时间推移而不断下降，恶性循环，日趋严重。

---

　　① 多洛肯：《清代浙江进士群体研究》，中国社会科学出版社 2010 年版，第 115 页。
　　② 沈登苗：《明清全国进士与人才的时空分布及其相互关系》，《中国文化研究》1999 年冬之卷。
　　③ 郭培贵：《明代科举各级考试的规模及其录取率》，《史学月刊》2006 年第 12 期。

江南地区人文繁盛，科举风气十分浓厚，所谓"吴为人才渊薮，文字之盛，甲于天下。其人耻为他业，自髫龄以上，皆能诵习举子，应主司之试。居庠校中，有白首不自已者。江以南，其俗尽然"①。《万历杭州府志》称"自（明）世宗御宇以迄于今，科第日增，人文益盛，里巷诗书，户不绝声"②，读书应举之风非常浓厚。杭州及江浙是科举考试竞争异常激烈的地区。绝大部分西湖小说作家久困场屋，功名蹭蹬。如李渔，浙江金华府兰溪人，崇祯八年（1635）应童子试以五经见拔，崇祯十年为金华府学庠生，曾数次赴杭州参加乡试，未果，遂弃举业。陆云龙、陆人龙兄弟，万历至崇祯时杭州府钱塘县人，幼年丧父，家境贫寒，屡试不第而从事编选刊刻行业。王晫，杭州府钱塘县人，顺治四年（1647）中秀才，曾病危，医者认为读书所致，其父令弃举业。陆次云，杭州府钱塘县人，屡试不第，康熙初由拔贡生选任知县，康熙十八年（1679）与试博学鸿儒，不第。周清原，生平事迹失考，但从湖海士《西湖二集序》可知，其为"怀才不遇，蹭蹬厄穷"之人。另如冯梦龙、凌濛初等人也是久困场屋。至于西子湖伏雌教主、西湖墨浪子、湖上憨翁、烟水散人等真实姓名失考或难以确证的小说家也多是科举繁华之地的寂寞失意者。

生活在科举繁盛之地的江南，西湖小说作者热心功名，但得意者少，失意者多，"大才见屈，多困名场……屡战必北，每为惋惜"③。科举功名失利导致经济窘迫与家庭困厄，他们不仅身处"败壁颓垣，星月穿漏，雪霰纷飞，几案为湿"的物质窘境，而且饱受世态炎凉、屈辱绝望的精神折磨，于是"不得已而借他人之酒杯，浇自己之磊块"④，借小说创作

---

① （明）归有光：《震川先生集》卷九《送王汝康会试序》，上海古籍出版社1981年版，第191页。

② （明）陈善等：《万历杭州府志》卷十九，台北：成文出版有限公司1983年版，第1360页。

③ （清）李荔云：《西湖小史序》，丁锡根辑《中国历代小说序跋集》第三册，人民文学出版社1996年版，第1310页。

④ （明）湖海士：《西湖二集序》，（明）周清原《西湖二集》，人民文学出版社1999年版，第567页。

来抒发内心的怨愤与苦痛。周清原在《西湖二集》第一卷《吴越王再世索江山》开篇充满了对世道不公、功名不遂的愤懑之情，随后讲述杭州著名小说家瞿佑怀才不遇的痛苦遭遇。瞿佑高才博学，十四岁应声口占《咏鸡诗》，深得名士张彦复的赏识，赞其"天上麒麟元有种，定应高折广寒枝"，预言瞿佑能金榜题名。但他一生坎坷、饱受打击，不得已创作小说《剪灯新话》"以劝百而讽一，借来发抒胸中意气"①。此言与湖海士《西湖二集序》称周清原身处"败壁颓垣穷困潦倒的"那种环境，"不得已而借他人之酒杯，浇自己之磊块"之句呼应②，极为痛切。可见周清原的同病相怜之意十分明显。

　　西湖小说家身陷功名困境，于是借小说创作来寻求一种心理补偿与安慰。烟水散人慨叹："回念当时，激昂青云，一种迈往之志，恍在春风一梦中耳。"③ 他创作的诸多小说，如《女才子书》就是在"春风一梦"中聊以自慰与功名补偿的精神产物。天花藏主人亦是如此，在"欲人致其身而既不能，欲自短其气而又不忍，计无所之"的困境中，"不得已而借乌有先生以发泄其黄粱事业。有时色香援引儿女相怜，有时针芥关投友朋爱敬……凡纸上之可喜可惊，皆胸中之欲歌欲哭"④。万般无奈之下，作者只好借助纸上惊喜来补偿现实生活中苦求不得的功名富贵。为了获得精神慰藉和心理平衡，小说家们针对自己在现实生活中功名不遂、婚姻不谐、穷困潦倒的窘境，塑造一群才高八斗、科场得意的才子形象，封他们为"风月主人，烟花总管"，虚构故事来"检点金钗，品题罗袖"，从而在创作中寻求一种"飘飘然若置身于凌云台榭，亦可以变涕为笑，破恨成欢"的心理补偿⑤。李渔对这种补偿心理的体验非常深刻，所谓

---

① （明）湖海士：《西湖二集序》，（明）周清原《西湖二集》，人民文学出版社1999年版，第2页。

② （明）湖海士：《西湖二集序》，（明）周清原《西湖二集》，人民文学出版社1999年版，第566页。

③ （清）烟水散人：《女才子书·叙》，上海古籍出版社1994年版，"古本小说集成"，第1—2页。

④ （清）天花藏主人：《平山冷燕·序》，春风文艺出版社1982年版，第2页。

⑤ （清）烟水散人：《女才子书·叙》，上海古籍出版社1994年版，"古本小说集成"，第6页。

"我欲做官，则顷刻之间便臻荣贵；我欲致仕，则转盼之际又入山林；我欲作人间才子，即为杜甫、李白之后身；我欲娶绝代佳人，即作王嫱、西施之元配"①。周清原亦是如此，他在《西湖二集》第三卷《巧书生金銮失对》中刚发泄完"浑身是艺难遮冷，满腹文章不疗饥"的满腹牢骚之后，曲终奏雅，不禁赞叹一番，"从此天恩隆重，年升月转，不上十年，直做到礼部尚书，夫荣妻贵而终"，艳羡之情溢于言表。《鸳鸯配》第九回《绿林寨中逢故友　龙虎榜上两同登》也着力渲染"羡尔春风得意时，今朝看花马蹄疾"，充满炫耀显摆之态。又如《喻世明言》第三十卷《明悟禅师赶五戒》连连惊叹："子瞻一举成名，御笔除翰林学士，锦衣玉食，前呼后拥，富贵非常!"《警世通言》第二十三卷《乐小舍弃生觅偶》讲述商贩子弟乐和的完美爱情，最终还是要拖着一条"连科及第"的尾巴。尤其是《警世通言》第六卷《俞仲举题诗遇上皇》末尾慨叹："使文章皆遇主，功名迟早又何妨。"诸如此类的自我安慰与鼓励，多是西湖小说家功名补偿心理的无奈体现。

二　明清西湖小说的状元情结与"西湖状元谱"

状元是中国古代科举进士科殿试所取一甲第一名的俗称，还有榜元、榜首、状头、殿元等多种称呼。作为科举考试金字塔尖的明珠，状元历来倍受瞩目，在民间文化与通俗文学中影响甚巨。在明清时期的江浙地区，状元辈出。明代共产生了89位状元，其中浙江人有20位，高居各省榜首，所占比例高达22.5%。其中杭州人2位，即成化二十年（1484）状元李旻与嘉靖十七年（1538）状元茅瓒，都为西湖畔的钱塘人。而整个明代，山东状元3位，河南、陕西、河北、湖北各2位，顺天、四川、湖南各1位，云南与贵州则没有出过状元。清代共有114位状元，浙江状元有21位，仅次于江苏。其中杭州就有5位状元②，而直隶、江西、福

---

①　（清）李渔：《闲情偶寄·词曲部》，《中国古典戏曲论著集成（七）》，中国戏剧出版社1959年版，第53—54页。

②　余起声：《浙江省教育志》，浙江大学出版社2004年版，第1089—1091页。

建、广东、湖北各3位，湖南、贵州各2位，顺天、河南、陕西、四川等各1位。可见，杭州及浙江盛产状元，优势非常突出。受此影响，明清西湖小说具有浓厚的状元情结，集中为一批状元树碑立传，谱写状元传奇。

首先，青睐与西湖有关的状元，热情书写"西湖状元谱"，具有强烈的西湖情结与地域意识。明清西湖小说中的不少状元与西湖结下不解之缘。《鸳鸯配》第九回《绿林寨中逢故友　龙虎榜上两同登》开篇宣扬"羡尔春风得意时，今朝看花马蹄疾"，南宋士子申起龙赴试临安，高中状元，苟绮若也夺得探花。金榜题名之后，小说马上叙道："一日，二生泛舟湖上，置酒方饮。申生微叹一声，忽然下泪。苟生愕在惊讶道：'年兄忝中状元，不日锦衣荣归故里，正在极欢之际，为何悲惨异常？'"[①] 申状元解释说是因为当年在西湖崔公园里读书，与玉英小姐有鸳鸯之盟，而今音信杳无，极为思念，不禁落泪。回溯到第一回《开贤馆二俊下帷　小戏谑一言成隙》中，崔公在西湖畔置有别墅，"一年倒有八个月住在湖上"。崔公与申、苟二生相识后，留他们在此读书，"二生因以园傍西湖，欣然应允"。崔公不仅在西湖畔为他们提供了优越的读书条件，还在精神上鼓励二生道："二位贤侄有了这大才，真是干将莫邪，所向无敌。更望着意用功，以图高捷，不可因家事凋零，挫了迈往之志。"[②] 于是，二生在湖畔潜心苦读，正式踏上了冲击状元的征程。西湖繁华，装扮了状元的锦绣前程，为他们的传奇人生提供了最为重要的故事场景。

《西湖二集》第十八卷《商文毅决胜擒满四》可谓一部"状元谱"，叙及王曾、冯京、宋庠三名宋代状元，商辂、黄观、李旻、王华、彭时五名明代状元，巨星荟萃，光彩夺目。其中李旻是杭州钱塘人，生长在西子湖畔。主人公商辂则是浙江淳安人，曾在科举考试中夺得"三元"，即解元、会元与状元的至高功名。《明史·商辂传》《光绪淳安志》《西湖志》等史志并没有记载他与西湖有何关系，但《商文毅决胜擒满四》

---

① （清）烟水散人：《鸳鸯配》，上海古籍出版社1994年版，"古本小说集成"，第127页。

② （清）烟水散人：《鸳鸯配》，上海古籍出版社1994年版，"古本小说集成"，第8页。

叙其在"夺门之变"后遭石亨的陷害，被削职为民，归隐西湖：

> 正统爷方才解了怒气，止削商辂官爵，原籍为民。商辂免得作无头之鬼，归来道："今日之余生，皆天之所赐也，怎敢干涉世事？"因此纵游于西湖两山之间，终日杯酒赋诗，逍遥畅适。后来正统爷在官中每每道："商辂是朕所取三元，可惜置之闲地。"屡欲起用，怎当得左右排挤之人甚多，竟不起复，在林下十年。①

西湖接纳了这位被冤屈的忠良贤达，以秀丽的湖光山色慰藉商辂的失意困顿，让他在达观怡乐中等待东山再起，后来又回京入阁任首辅。别有意味的是小说叙及商辂归隐西湖时，又马上讲述英宗经常挂念自己所取的这位"三元"。如此渲染商辂归隐西湖显然缺乏史实依据，查阅《明史》《商文毅公集》《四友斋丛说》《复斋日记》《明良记》《列朝盛事》等，并无此事，显然是西湖小说出于浓厚的状元情结而敷演虚构的。但英宗挂念商辂则是有本所依，《明史·商辂传》载："帝意渐释，乃斥为民。然帝每独念：'辂，朕所取士，尝与姚夔侍东宫。'不忍弃之。以忌者，竟不复用。"② 正史仅载"辂，朕所取士"之言，而小说特意突出"三元"字眼，变成了"商辂是朕所取三元"。其实，状元固然是皇帝钦点，但会元和解元则是由考官们录取的，并非皇帝的职责。《西湖二集》做如此改动与敷演，突出了"三元"商辂的特殊尊荣，显示出小说家非常浓厚的状元情结。

不仅如此，《西湖二集》还进一步彰显"三元"商辂的科举史地位，颂扬他在科举史上具有里程碑式的意义："国初科甲之盛，无过于江西，所以当初有个口号道：'翰林多吉水，朝内半江西。'自商辂中三元之后，浙江科名遂盛于天下，江西也便不及。此是浙江山川气运使然，非通小

---

① （明）周清原：《西湖二集》，人民文学出版社 1999 年版，第 301 页。
② （清）张廷玉等撰：《明史》卷一百九十二《商辂传》，中华书局 1974 年版，第 4688 页。

可之事。"① 小说认为从商辂中"三元"开始，进士的地理分布格局发生了重大变化，科举中心由江西移至浙江。小说作者周清原作为杭州人，自豪之情溢于言表。但他的这一论断并不确切。明代中前期的科举中心其实还在江西。从洪武四年开科取士到天顺元年丁丑科，江西的进士数量多达 981 人，为全国第一，遥遥领先于其他地区②。从建文至成化朝的38 个宰辅中，江西籍的有 12 人，其中属吉安府的 10 人，故有"翰林多吉水，朝士半江西"之说。商辂是在宣德十年（1435）中乡试解元，正统十年（1445）中会试会元，继而中殿试状元。江西的科举地位被江浙取代的时间并不在商辂中"三元"的宣德至正统时期。据《明实录》记载，即使到了景泰七年（1456），大学士陈循奏称："江西及浙江、福建等处，自昔四民之中，其为士者有人，而臣江西颇多，江西各府而臣吉安府又独盛。"③ 可见此时江西的科举依旧繁荣，与浙江等地相比尚有优势。据笔者统计，明代历科浙江籍进士累积数量首次超过江西籍的时间是在嘉靖二年（1523）癸未科，距离商辂进士及第已有 78 年之久。周清原博学多才，《西湖二集》中的说法并非孤陋寡闻与妄自尊大，而是强烈的西湖情结与地域意识使然。

其次，状元情结与于谦崇拜。明代名臣于谦是杭州钱塘人，在"土木堡之变"后力挽狂澜，固守北京，但在英宗复辟后被怨杀，归葬西湖，被誉为"西湖三杰"之一。他并非状元，只是永乐十九年（1421）辛丑科三甲第九十二名进士，排名非常靠后。但作为西湖小说着力标榜"禀西湖之正气而生"的正人，再加上后世流行举子于祠祈梦的科举习俗，西湖小说用心良苦，虚构人物关系，让于谦与状元结下不解之缘。

1. 于谦与状元李旻的爷孙关系问题。《西湖二集》第十八卷《商文毅决胜擒满四》在夸耀浙江科举超过江西而称雄天下之后，讲了浙江两

---

① （明）周清原：《西湖二集》，人民文学出版社 1999 年版，第 296 页。

② 吴宣德：《中国教育制度通史·明代》，山东教育出版社 2000 年版，第 493—495 页。

③ （明）胡广等撰：《明实录·英宗实录》卷二六八，"中研院"历史语言研究所 1962 年版，第 5890 页。

个争状元的举子都中了状元的故事。当事人之一就是杭州钱塘人李旻（1445—1509），字子阳，号东崖，成化二十年（1484）状元。小说叙说他的身世道："话说杭州钱塘县一人，姓李名旻，字子阳，号东崖，他原不是李家的子孙，他是于忠肃公之孙，于冕之子。于冕侍妾怀孕，正当忠肃公受难之时，举家惊惶逃窜，于冕侍妾怀孕出逃，后来遂嫁于李家，生出李旻。"① 小说称状元李旻为于谦之孙、于冕之子。但据《明史·于谦传》所附《于冕传》明确记载，于谦的独子于冕"无子，以族子允忠为后，世袭杭州卫副千户，奉祠"②。查《明实录》《弇山堂别集》《双槐岁钞》《明良记》《玉芝堂谈荟》《明史考证》等有关于谦、于冕与李旻的记载，都无于谦与李旻有血缘关系的记载。而且，于谦被杀于景泰八年（1457）正月，于冕的侍妾怀孕出逃，孩子当出生于稍后。但李旻生于英宗正统十年（1445），相差十余年，因此李旻不可能是于谦之孙、于冕之子。显然，这是《西湖二集》受状元情结和于谦崇拜的影响而敷演虚构的。

《西湖二集》把忠肃公于谦与状元李旻拉配成祖孙关系，一是因为他们都是钱塘人，有乡谊乡情，便于敷演故事；二是为尊者讳，于谦无后，实在遗憾，小说于是虚构出他有一个流落民间、高中状元的孙子，后继有人，为英雄扬眉吐气；三是于谦作为科举进士，功名显赫，好以梦示人，神助广大举子金榜题名，所谓"近水楼台先得月"，于家也应该是满门科第的簪缨世家，这才符合进士辈出、科举家族众多的江南地区的特色。如杭州人江澜为成化十四年（1478）进士，其父江玭，子江晓、江晖，孙江圻，曾孙江铎均为进士出身，一门五世进士。但于谦的家族黯然失色，其子于冕并非科举正途出身，而是因门荫被授副千户，在科举功名上似有虎父犬子之憾。科举社会极重正途出身，唐五代王定保云："缙绅虽位极人臣，不由进士者，终不为美。"③ 明清时期更是如此，"无

---

① （明）周清原：《西湖二集》，人民文学出版社 1999 年版，第 296 页。
② （清）张廷玉等撰：《明史》卷一百七十，中华书局 1974 年版，第 4551 页。
③ （唐五代）王定保：《唐摭言》卷一"散序进士"，中华书局 1959 年版，第 4 页。

论文武，总以科甲为重，谓之正途；否则胸藏韬略，学贯天人，皆目为异路"①，科举成为士子唯一的入仕正途，其他都被视为"异路"与旁门左道。于是，西湖小说不惜牵强附会，为科举神于谦找了个状元孙子，浓厚的状元情结与于谦崇拜在此出现了奇妙的结合。

2. 于谦与"三元"商辂的战友关系问题。《西湖二集》第十八卷《商文毅决胜擒满四》在叙说商辂"为朝廷柱石，千载增光"的辉煌功绩时，也不忘拉于谦来站台予以证明：

> 不期己巳年，正统爷幼冲之年，误听王振之言，御驾亲征虏虏也先，失陷于土木地方。败报到来，满朝文武惊惶失措。幸得兵部尚书于谦力主群议，请景泰爷监国，以安反侧，商辂竭力辅佐于谦，共成此议。有个不知利害的徐铿，创为南迁之计。商辂与于谦并内臣全英、兴安共为唾斥，方才人心宁定。商辂因于谦在山西、河南做了十九年巡抚，熟于兵机将略，凡事有老成见识，故事事听他说话，遂协同于谦文武等臣，经略战守……商辂遂于奏疏上增二语道："陛下为宣宗章皇帝之子，当立宣宗皇帝之孙。"正要明日奏进，不意石亨、徐有贞一干人，矻进南城，迎接正统爷复登宝位，遂将兵部尚书于谦诬致死地，深可痛惜。②

小说所叙商辂在"土木之变"后与于谦密切配合守卫北京，还有上书请立英宗之子为太子以避免政变，并希望以此帮助于谦免除杀身之祸，这些既不见于史载，也不见于《于少保萃忠全传》《于少保萃忠传》与《西湖佳话·三台梦迹》等小说。《明史·商辂传》仅载："徐珵倡南迁议，辂力沮之。"③ 而《西湖二集》在叙说状元功业时，为商辂和于谦虚

① （清）李东沅：《论考试》，葛士浚编《皇朝经世文续编》卷一百二十，光绪辛丑年上海久敬斋铸印本。
② （明）周清原：《西湖二集》，人民文学出版社 1999 年版，第 300—301 页。
③ （明）周清原：《西湖二集》，人民文学出版社 1999 年版，第 300—301 页。

构了如此密切的交集与战友关系，同样是出于状元情结与于谦崇拜的深度结合。

最后，以高尚品德来彰显状元的显赫功名。科举考试"一切以程文为去留"①，已无汉代察举与魏晋品评对人物的道德考量。明清殿试主要考策论，在此前的各级考试主要考试八股文。钦点状元可能会有相貌、姓名等非考试因素的干扰②，但并非评选道德模范。因此，明清状元既有黄观、商辂、谢迁等品德高尚者，也有周延儒、韩敬、魏藻德等节操卑劣者。但明清西湖中，状元形象普遍是道德楷模，以高尚品德来彰显状元的显赫功名。其具体表现为以下几点。

1. 多情重义，不畏强权。宋元时期有一类负心题材小说戏曲，状元形象大多是薄情寡义、追求权势的负心汉，如《王魁负心》《张协状元》等。明末清初西湖小说就以他们作为反面教材来告诫世人。如《西湖二集》第十一卷《寄梅花鬼闹西阁》中，朱廷之希望舅舅以王魁中状元后负了桂英，导致她自缢而死并化为冤魂来日夜纠缠，王魁最后也被索命的故事来劝说妻子接纳马琼琼，说服力强，效果不错。到了明清时期，这些负心状元被改造成了多情重义之人，赋予了状元新的人格内涵。尤其是在小说当中，状元焕发出强大的人格魅力。他们在及第后没有喜新厌旧，而是惦记着与恋人重逢成婚。如《鸳鸯配》第九回中，申起龙高中状元后与探花荀绮若在西湖泛舟，欢欣时刻却凄然泪下，荀生惊问其故，申状元解释说：

> 小弟有一腔心事，自来未曾与仁兄细话。只因曩岁假馆在崔公园里，崔公有女名唤玉英，曾把玉鸳鸯一枚，与小弟订成伉俪。不料崔公战败襄阳，存亡未卜。夫人与小姐避难，远窜他乡，信息全无。今日玉鸳鸯虽存，斯人何处？每一念及，不觉五

---

① （清）张廷玉等撰：《明史》卷一百七十六，中华书局 1974 年版，第 4687 页。
② 胡海义：《逆反与顺应：明清通俗小说中的科举状元书写》，《明清小说研究》2012 年第 3 期。

内如剪。①

　　高居金榜的荣耀掩不住对遭难恋人的深切思念和担忧，可见申起龙是一位多情重义的状元。《西湖二集》第十八卷《商文毅决胜擒满四》塑造了一批坚守道义、不畏强权的状元形象。如开篇称赞三位宋代状元王曾、冯京、宋庠都是"忠孝廉节，光明正大，建功立业，道高德重，学问渊博，真正不愧科名之人"②。随后歌颂洪武二十四年辛未科状元许观"是个赤胆忠心之人"，他在明成祖的血腥屠杀目前毫不畏惧，一家十余口尽忠尽节。小说赞其"经天日月姓名垂"，"赢得声名到处香"。至于主人公商辂更是如此，面对于谦等人被杀的血腥恐怖，商辂严词拒绝石亨擅改赦文之制，也差点被处死。小说称其"是个铁铮铮不怕死的好汉……道德闻望，一时并着，岂不是一代伟人！"最后又以史官之诗作为论赞结尾："大节纯忠是许观，三元端不负三元。三元更有商文毅，一代芳名万古刊。"③热情歌颂了这些状元的崇高品质。

　　2. 洁身自好、坐怀不乱。明清西湖小说善于撷取一些生活小事与言行细节，来表现状元及其家人的美好品德，最终善人好报，本人或儿孙高中状元。尽管小说宣扬了"阴德昭昭报不差，三元儿子实堪夸"的因果报应思想，但他们洁身自好、正直善良的品质是值得称颂的。如《欢喜冤家》续第六回《王有道疑心弃妻子》中，王华拒绝富翁美妾的色诱，表现出超常的自制能力与慎独功夫，由此获得皇帝的赞赏而高中状元。《西湖二集》第十八卷《商文毅决胜擒满四》中，商提控"一味广积阴德，力行善事"，妻子也是个善良忠厚、甘守清贫之人。商提控曾经义救被仇家诬陷的吉二，他感恩不尽却无力回报，让漂亮的妻子孙氏献身报答，但被商提控谢绝。于是上天决定赐其贵子，就是"三元"商辂。

　　① （清）烟水散人：《鸳鸯配》，上海古籍出版社 1994 年版，"古本小说集成"，第 127—128 页。
　　② （明）周清原：《西湖二集》，人民文学出版社 1999 年版，第 294 页。
　　③ （明）周清原：《西湖二集》，人民文学出版社 1999 年版，第 311 页。

三   宋代与明清科举的剪接组合

冯梦龙、凌濛初和李渔等人创作了大量西湖小说，他们不仅是小说家，而且是著名学者，熟悉宋明科举的制度与掌故。但他们所作西湖小说出现宋代与明清科举的剪接组合现象，以下试举几例。

1. 宋代科举多途与明清集《四书》成句活动。《西湖二集》第三卷《巧书生金銮失对》讲述了甄龙友在南宋隆兴年间参加科举考试的故事。隆兴是南宋孝宗的年号之一，历时两年，即公元 1163—1164 年。小说讲述："还有科举之外，另行拔擢，或是德行孝廉，或是诗词歌赋，或是应对得好，或是荐举，或是一材一艺之长，不拘一格。加官进爵，功名之路宽广，因此人人指望"①，确实也是宋代的情况。据《宋史·选举志》记载，宋代科目十分丰富，定期举行的常科考试主要有进士、九经、五经、开元礼、三史、三礼、三传、学究、明法、说书等科。临时设置以录取特殊人才的制科也很发达，著名者有博学鸿词、"景德六科""天圣十科""天圣九科"等，而且待遇超过常科。此外，宋代还设有恩科、荫补、童子科、八行取士、十科取士等入仕之途②。这些科目或居于常科中的特例，或介于常科与特科之间，不拘一格，形式多样，构成了一个选拔不同类型人才的庞大系统，给士子提供了多种选择，即小说所称"功名之路宽广"。但到了明清时期，宋代的多科考试变为进士一科，制科也极少举行。

《西湖二集》第三卷《巧书生金銮失对》又讲述了甄龙友在西湖上集《四书》成句来题词的故事："甄龙友来到此寺，一进山门，看见四大金刚立于门首，提起笔来集《四书》数句，写于壁上道：'立不中门，行不履阈，俨然人望而畏之，斯亦不足畏也已。'"③ 但依《四书》集句的活动不可能出现在南宋隆兴年间。《四书》即《论语》《孟子》两部书和

---

①   （明）周清原：《西湖二集》，人民文学出版社 1999 年版，第 51 页。
②   （元）脱脱等撰：《宋史·选举志》，中华书局 1977 年版，第 3620 页。
③   （明）周清原：《西湖二集》，人民文学出版社 1999 年版，第 48 页。

《大学》《中庸》两篇文章合辑的统称，是南宋大儒朱熹于光宗绍熙元年（1190）在福建漳州汇集刊刻而成的。因此，甄龙友在隆兴年间（1163—1164）不可能有"集《四书》数句"言行。另如《拂云楼》第一回《洗脂粉娇女增娇　弄娉婷丑妻出丑》讲述的是宋朝元祐年间的故事，元祐是宋哲宗赵煦的第一个年号，从公元 1086 年至 1094 年。而小说叙及裴七郎和几个文人在西湖品题佳丽时，"大家叹息几声，各念《四书》一句道：'才难，不其然乎！'"① 北宋元祐年间就更加不可能出现集《四书》成句的活动了。

　　文人喜好集《四书》成句的活动流行于明清时期。明清实行八股取士，八股文题目主要出自《四书》。但《四书》文字有限，经过多年多次命题，文题重复在所难免。为了避免考生轻易拟题与死记范文剿袭，考官不断变换命题方式，刻意割裂、组合经文，以避免与往次考试撞题。如此一来，考场上出现了大量语意不全、题意难明的怪题和偏题，如截上题、截下题、截上下题、承上题、冒下题、单句截下题等。这类题目被统称为小题，与多用于乡会试的单句题、一节题、数节题、全章题、连章题、扇题等大题区别开来。清代戴名世感叹道："制义之有大题小题也，自明之盛时已有之，而小题犹号为难工。"② 最莫名其妙者是小题中的截搭题，即割裂截取《四书》中的词句，再重新组合搭配成题，其中又分长搭、短搭、有情搭、无情搭等多种，可谓五花八门、光怪陆离。面对这些怪题、偏题，考生必须首先记准它们的精确出处，否则无法破题，作文无从下手，或者破题不准，造成立意偏题。于是，举子常常集《四书》成句来属对，以加深记忆，应对八股文小题考试。这类活动在明清科举题材小说比较常见，如《莹窗清玩》第一卷《连理枝》中，多位科举出身的官员与李公子集《四书》词句属对，以彰显李公子的八股文禀赋③。所以，上述

　　① （清）李渔：《十二楼》，人民文学出版社 1986 年版，第 128 页。

　　② （清）戴名世：《戴名世集》卷四《甲戌房书序》，中华书局 1986 年版，第 88 页。

　　③ （明）佚名：《莹窗清玩》第一卷《连理枝》，上海古籍出版社 1991 年版，"古本小说集成"，第 10 页。

《西湖二集》《拂云楼》中的科目设置和《四书》集句活动是剪接组合宋代与明清科举现象的结果。

2. 宋代科举考诗、四川类省试与元明两朝的乡试。《警世通言》第六卷《俞仲举题诗遇上皇》取材于《武林旧事》卷三《西湖游幸》所载南宋俞国宝题词遇太上皇赵构的故事。但在冯梦龙笔下新增了许多科举考试内容，剪接了宋代与明清时期的科举状况。小说叙道："这秀才日夜勤攻诗史，满腹文章。时当春榜动，选场开，广招天下人才，赴临安应举……"① 俞仲举在应试前"勤攻诗史"，据《宋史·选举志》载："凡进士，试诗、赋、论各一首……"② 这确实是宋代的情况。但其讲述俞仲举千里迢迢从成都赶往杭州参加礼部省试，则不符合南宋时期的情况。

宋代科举考试分为州府或者国子监主持的发解试、礼部主持的省试和皇帝主持的殿试三级。建炎元年（1127）十二月初一，高宗下诏开科取士："缘巡幸非久居，盗贼未息灭，道路梗阻，士人赴试非便，可将省试合取分数下诸路，令提刑司差官转运司所在州类试。"③ 省试本应在京城由礼部组织，但在兵荒马乱、路途阻隔的特殊时期，只得由各路在当地组织开考，这就是南宋的类省试。由于各地缺乏监督，类省试弊端丛生，徇私舞弊现象严重。在抗金形势好转后，"盗贼屏息，道路已通"，作为战时特殊政策和权宜之计的类省试在绍兴三年（1133）被取消。但考虑到"川陕道远，恐举人不能如期"，类省试在川陕地区保留了下来④。绍兴二十七年（1157），有人针对四川类省试的弊端再次建议废除，但兵部侍郎兼国子监祭酒杨椿认为："蜀士多贫，而使之经三峡，冒重湖，狼狈万里，可乎？欲去此弊，一监试得人足矣。"⑤ 于是请求选派清正廉明、干练得力的官员担任监试之职。川陕地区的类省试从此成为一项制度。为了拉拢人心，类省试在诸多方面优待川陕举子。首先，取士比例优于

---

① （明）冯梦龙：《警世通言》，人民文学出版社 1956 年版，第 66—68 页。

② （元）脱脱等撰：《宋史·选举志一》，中华书局 1977 年版，第 3604 页。

③ （清）徐松：《宋会要辑稿·选举》四之一七至一八，中华书局 1957 年版，第 4299 页。

④ （宋）李心传：《建炎以来系年要录》卷七十七，中华书局 1988 年版，第 1263 页。

⑤ （宋）李心传：《建炎以来系年要录》卷七十七，中华书局 1988 年版，第 2918 页。

礼部省试，在录取解额上照顾川陕地区。孝宗隆兴元年（1163），考虑到参加礼部省试的举子逐年增多，"率一十七人取一名，自后遂为定例。惟四川类试仍旧"①，即四川类省试录取继续维持十四人取一名，予以优待。其次，在名位和授官上优于常规。对于不能参加临安殿试的四川举子，绍兴五年（1135）十一月下诏："过省第一人，特赐进士及第，与依行在殿试第三人恩例，余并赐同进士出身。"② 四川类省试的第一名等同于殿试第三名，其余被录取者赐同进士出身，这些优待尽管后来受秦桧的干预有所降低，但四川举子还是大受其利。再次，在考试时间的安排上照顾四川举子。为了使路途遥远的四川举子早日参加类省试，所取奏名进士能赶上殿试，朝廷将发解试的时间提早到三月，川陕类省试则提前到殿试前一年的八月。高宗朝以后，为等候路途遥远的川陕类省试所取举子，殿试时间常常大幅推迟③。

综上所述，《警世通言》第六卷《俞仲举题诗遇上皇》中，俞仲举在孝宗初期参加省试，根本不需要长途跋涉远赴杭州，只需在成都府参加类省试即可，当然也不会经历那么多的沿途艰险。至于该小说又道："是日孝宗御驾，亲往德寿宫朝见上皇，谢其贤人之赐。上皇又对孝宗说过：传旨遍行天下，下次秀才应举，须要乡试得中，然后赴京殿试。今时乡试之例，皆因此起，流传至今，永远为例矣。"④ 所谓乡试并非起于南宋孝宗时期，据《元史·选举志一》和《明史·选举志二》，乡试始于元代，到了明初才步入制度正轨。作者冯梦龙博学多才、著述等身，曾多次参加乡试，应该知晓此类常识。因此，这也是剪接组合宋代与明清科举现象的结果。

3. 宋代纳上舍与明清考童生。《西湖二集》第四卷《愚郡守玉殿生春》讲述了南宋宋孝宗淳熙年间，生性愚钝的赵雄因敬惜字纸而连获高

---

① （清）徐松：《宋会要辑稿·选举》五之五，中华书局 1957 年版，第 4315 页。
② （清）徐松：《宋会要辑稿·选举》五之五，中华书局 1957 年版，第 4253 页。
③ 何忠礼：《论南宋高宗朝的科举制度》，《探索与争鸣》2007 年第 5 期。
④ （明）冯梦龙：《警世通言》，人民文学出版社 1956 年版，第 77—78 页。

第，最后官至宰相的故事。小说讲述赵雄科举及第后，家乡民众"没一个不起个功名之念，都思量去考童生，做秀才，纳上舍，做举子，中进士……"① 历数从"考童生"到"中进士"，小说想要展示宋代科举考试逐级向上的流程。但宋代科举并无"考童生"之说。童生是明清科举考试才有的一个概念。《明史·选举志一》云："士子未入学者，通谓之童生。"② 明清时期，凡是参与科举的读书人在没有通过考试取得生员（秀才）资格以前，不论老少均称童生。但童生也不完全等同于未考上秀才的学子。只有通过了县试、府试两场考核的学子才能称作童生。成为童生才有资格参加院试，通过院试者才能成为秀才。宋代并无这样的制度。但其中的"纳上舍"就属于宋代独有的教育考试制度。据《宋史·选举志三》，北宋王安石变法，于熙宁四年（1071）创立太学三舍法，欲用学校教育取代科举考试。元丰二年（1079）订三舍法一百四十条，颁布一系列考试方法，三舍取士与科举考试并行。哲宗元符二年（1099）后，三舍法逐步推广至各类学校。徽宗宣和三年（1121），罢州、县学校三舍法，仅太学依旧。宋代以三舍法完全取代科举考试约二十年。南宋时，太学继续实行三舍法并不断完善。三舍就是把太学分为外舍、内舍、上舍三等。初入学为外舍；经过考试，成绩合格者由外舍升入内舍；内舍生成绩合格者升入上舍。上舍生成绩优良者可以参加省试与殿试，所以《西湖二集》说："纳上舍，做举子，中进士。"上舍生甚至可以直接授官，即"戴纱帽，穿朝靴"。上舍生在北宋多补承事郎、太学正录，在南宋多为承务郎、文林郎、太学学录或学正。所以该小说又讲道："那宋时进士唱名规矩：第一名承事郎。第二、第三名并文林郎。第一甲赐进士及第。第二甲同进士及第。第三、第四甲赐进士出身。第五甲同进士出身。"③ 这些确实是宋代科举的大致状况。《宋史·选举志二》载："（乾道）二年，御试，始推登极恩……第一甲赐进士及第并文林郎，第二甲

---

①　（明）周清原：《西湖二集》，人民文学出版社 1999 年版，第 66 页。

②　（清）张廷玉等撰：《明史·选举志一》，中华书局 1974 年版，第 1687 页。

③　（明）周清原：《西湖二集》，人民文学出版社 1999 年版，第 68 页。

赐进士及第并从事郎，第三、第四甲进士出身，第五甲同进士出身。"①
明清时期已改为三甲，即第一甲赐进士及第，第二甲赐进士出身，第三
赐同进士出身。所以，《西湖二集》所讲"考童生，做秀才，纳上舍，做
举子，中进士"，实际上是将宋代科举与明清科举做了剪接组合。

　　显然，这种剪接组合并非小说家不懂基本的科举常识，而是浓厚的
梦华怀旧情结使然。杭州在吴越国与南宋时期曾作为都城，这是杭州的
"黄金时代"。即使到了明清时期，杭州人依然怀有浓厚的梦华怀旧情结，
喜谈南宋时期的帝都荣光。正如《西湖二集序》云："况重以吴越王之雄
霸百年，宋朝之南渡百五十载，流风遗韵，古迹奇闻，史不胜书。"② 这
深刻影响了西湖小说的创作，尤其是科举题材，不可避免地掺杂了宋代
与明清不同时期的历史景象。这也是明清西湖小说家对南宋杭州科举盛
景的一种怀念与致敬吧。

---

　　① （元）脱脱等撰：《宋史·选举志二》，中华书局 1977 年版，第 3632 页。
　　② （明）湖海士：《西湖二集序》，（明）周清原《西湖二集》，人民文学出版社 1999 年版，
第 566 页。

论清代"扬州梦"小说兴衰的地域因素

张雨顺*

内容提要：清代"扬州梦"小说以扬州为重要的故事发生地与叙事场景，具有较强的地域性与空间性，它们的兴起与清代扬州的盐业盛况、风月繁华息息相关。清代中期，两淮盐业繁荣，扬州城市发展步入历史的黄金时期，这是"扬州梦"小说在清代中期以后兴起的原因之一。清代扬州的风月繁华，构成了"扬州梦"小说产生的重要文化氛围，催生了几部专写狭邪故事的"扬州梦"小说。盐业与风月的繁荣不仅构成了"扬州梦"小说产生的历史文化语境，还参与了小说的文本建构。清代道、咸以来，扬州为人所称道的盐业盛况与风月繁华逐渐走向涣散消散，城市发展也陷入了窘境。小说作者难以从当下的城市生活中采撷鲜活的素材，小说的地域色彩也日益淡化，"扬州梦"小说最终在晚清走向了衰落。

关键词：清代；"扬州梦"小说；盐业；风月；地域因素

清代"扬州梦"小说指的是产生于清代中晚期，以扬州为重要的故事发生地和叙事场景，以"梦"为主题的小说，包括佚名《扬州梦》、邗上蒙人《风月梦》、周伯义《扬州梦》、项翱《扬州梦》与九华山人《扬

---

* ［基金项目］：湖南省教育厅科学研究重点项目"文学地理视域中的明清西湖小说研究"。
［作者简介］张雨顺（1996— ），男，湖南师范大学文学院博士研究生，主要从事中国古代小说研究。

州梦》等。最早的"扬州梦"小说可以追溯至托名为唐代于邺的《扬州梦记》，但是在它产生后的较长时间内并无类似的作品问世。到了清代则产生了五部"扬州梦"小说。这些小说形塑了富有扬州地域色彩的叙事空间，展现了作者对扬州城市生活独到的体会，显示了城市与文学之间的亲密关系。"成也萧何，败也萧何"，它们的兴衰与清代扬州盐业、风月等地域因素的变化息息相关。

一 盐业重镇与"扬州梦"小说兴起的经济基础

清人黄钧宰《金壶浪墨》曰："扬州繁华以盐盛。"[①] 可谓十分中肯。清代扬州城市的繁华很大程度上得益于盐业，这种影响"尤以清前中期为最"[②]。我们不难发现，在"扬州梦"小说中的相关文字中，"繁华"与"盐商"往往同时出现。佚名《扬州梦》第一回云："近来盐商聚会，互相赌胜，真乃说不尽的繁华，描不尽的情态。"[③] 邗上蒙人《风月梦》第三回曰："盐商之飞轿纷纷……真是十省通衢人辏集，两江名地俗繁华。"[④] 九华山人《扬州梦》第一回也说："扬州是淮盐出产之区，盐贾侨居之地。……这扬州聚集了许多的豪商，变成了一个烟花世界，锦绣乾坤。"[⑤] 依托于盐业的扬州城市繁华，正是"扬州梦"小说产生的一大经济基础。因此，我们不得不简要梳理一下两淮盐业与城市发展之简史。

扬州具有得天独存的地理区位条件，"北界淮，南临江，东濒东海，西北滨湖，柂以漕渠，轴以昆冈"[⑥]。由于隋炀帝开凿大运河，疏通古邗沟，扬州成为淮河与长江水系交汇的枢纽要冲，逐步发展为"重江复关之隩，四会五达之庄"[⑦] 的运河之城。考虑到扬州交通运输的有利条件，

---

① （清）黄均宰：《金壶浪墨》，民国十八年上海扫叶山房石印本，第4页。
② 王乃祥、薛长顺：《扬州繁华以盐盛——兼议扬州盐业发展的历史作用》，《商业研究》1994年第9期。
③ （清）佚名：《扬州梦》，山西人民出版社1987年版，第370页。
④ （清）邗上蒙人：《风月梦》，上海古籍出版社1994年版，"古本小说集成"，第28页。
⑤ （清）九华山人：《扬州梦》，《南洋商报》1910年第7期，第68页。
⑥ 徐谦芳：《扬州风土记略》，江苏古籍出版社2002年版，第3页。
⑦ 徐谦芳：《扬州风土记略》，江苏古籍出版社2002年版，第3页。

自唐宋至明清的各朝各代都选择在扬州设置盐署，委任盐官，以处理两淮盐区的相关事务。唐代乾元元年（758），第五琦赴任江淮，创立"民制、官收、官运、官销"的榷盐法。乾元三年（760），刘晏任盐铁使并改革榷盐法，确立部分商运商销的模式，大大促进了扬州盐业的发展。至唐代中晚期，扬州逐步发展为名贯东南的富庶之地，史有"扬一益二"的美称。时至宋代，政府先后设置折中法与盐引制度，又置折博务，以扬州为中心的两淮盐业一度繁盛。然而，由于宋金长期对峙，"扬州盐业经济因此逐渐萧条"①，扬州也成了词人笔下"荠麦青青"的空城。元代在扬州境内设置两淮都转运盐使司与盐引批验所，扬州盐业复兴，城市恢复了往日的生机，马可波罗赞叹曰："城甚广大，所属二十七城，皆良城也。"② 元明易代之际，扬州遭受兵燹，城市衰颓，盐业凋敝。明代先后施行开中制度与纲盐制度，秦商、晋商和徽商齐聚扬州，两淮盐商群体开始崛起，扬州城市与盐业逐渐复苏，却又在明末的"扬州十日"中走向绝境。

在近千年来的历史进程中，以扬州为中心的两淮盐业时而繁荣昌盛，时而颓败至冰点，城市经济也随之浮沉转变。直到清代康、雍、乾三朝，两淮盐业极度繁荣③，扬州城市发展也步入了历史的黄金时期。清代初期，政府沿用明代的纲盐制，于扬州设置负责盐课的两淮巡盐御史与负责生产、运销的两淮盐运使等职能部门，一系列的整顿与治理极大地促进了两淮盐业的发展与繁荣。到了清代康熙至乾隆年间，扬州盐商财聚力厚，富可敌国。何炳棣先生这样描述他们："早在十九世纪前半叶广州公行商人举足轻重之前，扬州商人就夸称个人财富与累积资本之雄大，超越在帝国内任何个别的工商群体。"④ 盐商从两淮盐业中获取的大量资本，在一定程度上促进了消费的发生与商品的流通，盐商聚集的扬州小东门外的新城一带十分热闹，陈霆发《张印宣柘园记》曰："吾扬新、旧

---

① 王自立撰：《扬州盐业史话》，广陵书社 2014 年版，第 89 页。

② ［意大利］马可·波罗：《马可波罗行记》，上海书店出版社 1999 年版，第 333 页。

③ 朱宗宙：《扬州盐商与十八世纪的中国社会》，《扬州文化研究论丛》2012 年第 2 期。

④ ［美］何炳棣：《扬州盐商：十八世纪中国商业资本的研究》，《中国社会经济史研究》1999 年第 2 期。

两城，四方所称繁华地，而小东门外市肆稠密，居奇百货之所出，繁华又甲两城，寸土拟于金云。"① 此外，盐商们将"巨额财富用于城市建设、赈灾济困、社会福利等公益事业，用于兴建公学、资助文人、刊刻书籍等文化活动"②，有力地推动了城市的发展。据统计，清代嘉庆十三年（1808），扬州府的人口数达到了 3469133 人，远超唐至明的任何一个朝代③，可见清代前期、中期扬州城市之鼎盛。可以这样说，正是盐业高度发达，扬州城市发展才如日中天，这也是"扬州梦"小说没有集中产生于清代之前，而在清代中期姗姗来迟的一个重要原因。"扬州梦"小说的作者，对这种因盐而盛的城市繁华或有沉浸式的体验，或有所耳闻而为其所化，其小说创作也受到了盐业活动的影响。

小说讲述了许多关于盐商、盐官的情节。盐业发展繁荣，吸引了不少盐商齐聚扬州。盐商群体崛起，尤以江、汪、许、程、黄、洪、方、郑八大徽商为代表。两淮盐业是国家经济的一大支柱，清政府尤其重视，特于扬州设立盐署，委派盐官管理两淮盐务。盐商、盐官丰富了城市居民的构成，"扬州梦"小说中不少人物的身份与盐务息息相关，存在大量关于盐官、盐商的情节与故事。

清代"扬州梦"小说中的盐官、盐商形象

作品	盐官、盐商形象			
	姓名	朝代	籍贯	身份与相关情节
佚名《扬州梦》（十六回）	鲁雅雨	清代	山东德州	两淮盐运使，主持红桥修禊，重修三贤祠。
	黄履暹	清代	安徽歙县	盐商，为医者叶天士刊刻医书。
	黄晟	清代	安徽歙县	盐商，雕刻《太平广记》与《三才图会》。
	黄履昂	清代	安徽歙县	盐商，邀请陈晚桥家中小叙。
	汪棣	清代	江苏仪征	盐商，被卢见曾邀请参与红桥修禊。
	不详	清代	不详	盐商，性爱蓄马至百匹。

① （清）陈霆发：《张印宣柘园记》，转引自焦循《扬州足征录》，广陵书社 2004 年版，第 444 页。

② 王自立撰：《扬州盐业史话》，广陵书社 2014 年版，第 136 页。

③ 朱福烓撰：《扬州发展史话》，广陵书社 2014 年版，第 275—276 页。

续表

作品	盐官、盐商形象			
	姓名	朝代	籍贯	身份与相关情节
佚名《扬州梦》（十六回）	不详	清代	不详	盐商，将木头做成赤身妇女，戏弄金兆燕。
	不详	清代	不详	盐商，金山塔上迎风扬金箔。
	不详	清代	不详	盐商，建造水牢，私自囚禁欠债人。
邗上蒙人《风月梦》（三十二回）	贾铭	清代	扬州	盐运司衙门清书，贯穿小说的主要人物之一。
	魏璧	清代	不详	两淮盐务候补之子，贯穿小说的主要人物之一。
	郑焕	清代	扬州	盐运司收支房书办，从主角袁猷手中借了高利贷。
	熊大经	清代	扬州	务商家司帐，主要人物陆书之姑舅。
九华山人《扬州梦》（七回）	洪翁	清代	新安	盐商，设宴洪府，习性奢靡。
	洪有	清代	新安	盐商，洪翁之子，贯穿小说的主要人物。

　　佚名《扬州梦》共十六回，与盐商、盐官有关的回目就占全书的四分之一。第一、二、三回主要叙写"虹桥修禊"与"重修三贤祠"，这些情节与两淮盐运使鲁雅雨有关；第三回的主要人物是黄氏三兄弟，小说叙写他们热心公益、刊刻图书、资助文士的义举；第四回叙写盐商的各种轶事传闻，重点揭示了盐商奢靡浮华的生活习性。在邗上蒙人《风月梦》中，两位贯穿小说的人物与盐务有关，他们每日流连于烟花巷陌，夜夜笙歌，日日纵酒，其挥霍的钱财大多来自盐业。九华山人《扬州梦》虽然未完，但从残章来看，小说所写内容是大盐商洪有的传奇人生。

　　小说对盐商形象的塑造打上了盐业的深刻烙印。第一，盐商财力雄厚，小说家对此十分艳羡。清代乾隆时期，以扬州为中心的两淮盐课在全国赋税之中占据了巨大的比重，"损益盈虚，动关国计"①，体现了盐业经济的重要地位，也从侧面揭示了盐商累积的财富之盛。九华山人《扬州梦》的主角洪有便是乾隆时期坐拥巨富的扬州大盐商。小说第一回花

---

① （清）王安定等撰：《两淮盐法志》卷一百五十九，清光绪三十一年刻本，第25页。

了大量的笔墨展现了洪府的宏阔：进门后便是五开间的门房，门房外半里之长的甬道连接着十丈多高的假山；假山后有山坞、亭台，回环曲折，花木葱茏；越过假山，五层高的楼阁、三层高的画舫映入眼帘；大理石修葺的道路，厚玻璃做成的地面，通向画舫游船。第五回叙写了正月初五，洪府名下商铺的执事前来汇报。叙事者借此揭露了洪家产业之大："洪府虽是以盐为业，但除了盐厂盐行以外，还有典铺八处，钱庄五处，又有什么绸缎铺呀，杂货铺呀，金珠铺呀，统共不下三四十处。"① 洪府的富盛正是扬州繁华的一个缩影，故而九华山人饱含热情地夸耀乾隆时期扬州盐商的财力，语含艳羡："那时这扬州，须不比上海，不但盐商八大家，家家是积玉堆金，个个是席丰履厚……可见那时扬州的盐商，富盛达于极点，繁华直到万分，真非虚语了。"②

第二，盐商热心公益，为扬州文化建设添砖加瓦，小说对此赞誉颇多。在佚名《扬州梦》第三回中，盐商黄氏兄弟雕刻了《太平广记》《三才图绘》等书，还资助医士叶天士出版《临证指南》。尽管作者对黄氏兄弟山珍海错、纷然杂陈的生活习性十分不满，但褒大于贬。黄氏兄弟雅而好儒，他们将财富、资本用于文化、公益事业，或许有提振名声的意图，却在客观上促进了乾隆时期扬州文化的发展。小说在一定程度上揭示了扬州何以繁华的原因之一，展现了盐业、盐商与城市的良性关系，从而呈现了作者心目中完美的盛世图景。

第三，盐商奢靡无度，小说家对此大多持以否定态度。佚名《扬州梦》第四回集中展现了盐商的奢靡：有一对盐商夫妇日食万钱，一日三餐需要备上十余桌的菜，如有不满便撤下改换；有一个盐商养马至百匹，每匹马每日耗费数十金；更有盐商为了显示自己财力之雄厚，竟将一万两银子换成金箔迎风挥洒。作者虽然未对其作出明确的评价，但通过展现鲁雅雨对盐商的厌恶委婉地表明自己的道德立场。盐商的奢靡习气对他们的灵魂与尊严造成了严重的腐蚀。周伯义《扬州梦》卷三曰："此辈

---

① （清）九华山人：《扬州梦》，《南洋商报》1910 年第 7 期。
② （清）九华山人：《扬州梦》，《南洋商报》1910 年第 7 期。

受祖父余荫，有一名目，日得例规，辄酣歌艳舞，妇女亦逸乐嬉笑，惟知妆饰。骄堕既久，一旦失据，衣食无着，又不能事事，且习苦未惯，无可如何。"①　大部分盐商受祖辈余荫，骄奢淫逸，坐吃山空，无一技之长。盐务改票以后，盐商子弟不愿踏实劳作，于是怂恿妻子倚门卖笑，竟是因为"惟此事较便，遂忍心为之"。②　盐业带来的财富已然使他们麻木不仁，丧失了个体的自尊，作者对此可谓是哀其不幸，怒其不争。

二　风月胜地与"扬州梦"小说兴起的文化氛围

在清代以前，扬州风月曾出现短暂的几次繁荣，然而专写狭邪故事的"扬州梦"小说还未出现，绝大部分与扬州相关的小说对妓家故事的书写是蜻蜓点水式的。时至清代，扬州风月一度畸形繁荣，成为"扬州梦"小说兴起的文化氛围，孕育了几部专写狭邪故事的"扬州梦"小说。

清代扬州私娼盛兴，妓女队伍庞大，这是"扬州梦"小说兴起的重要文化语境。清代以前是中国的官娼时代，清代初年沿用前代官妓制度，设教坊司女乐。但由于顺治、康熙间严禁娼妓，官妓制度逐渐废弛③，娼业一度被遏。李斗《扬州画舫录》曰："官妓既革，土娼潜出，如私窠子、半开门之属，有司禁之。"④　尽管清政府发布了严格的法令，但由于种种原因，推行的效果并不显著。扬州的私娼暗中滋长，在法律的缝隙里得以生存。邗上蒙人《风月梦》第一回中的叙述或许可以解释这种现象："虽是禁令森严，亦有贤明府县颁示禁止，无如俗语说得好：'龟通海底。'任凭官府如何严办，这些开清浑堂名的人，他们有这手段可以将衙门内幕友、官亲、门印、外面书差打通关键，破费些差钱使费，也不过算是纸上谈兵，虚演故事而已。"⑤　官商勾结使得禁娼政令形同虚设，再加上城市商业经济的带动作用，清代中期以来的扬州风月并未如清初

---

① （清）周伯义：《扬州梦》，世界书局1933年版，第39页。
② （清）周伯义：《扬州梦》，世界书局1993年版，第39页。
③ 王书奴撰：《中国娼妓史》，湖南大学出版社2014年版，第193页。
④ （清）李斗：《扬州画舫录》，广陵书社2014年版，第105页。
⑤ （清）邗上蒙人：《风月梦》，上海古籍出版社1994年版，"古本小说集成"，第2页。

一般萎靡不振，反而"大放异彩"。

清代中期的扬州是全国闻名的经济中心与文化重镇，同时也是东面临海、南濒长江、桅以运河的交通枢纽，因此具有较强的城市辐射力，车船辐辏，人口集聚。扬州人口构成十分复杂，作为商业重镇，聚集了不少大贾小贩；作为文化中心，寄寓着许多文人士子。商贾、文士大部分为男性，为楚馆青楼的潜在客户，其猎艳心理与生理需求，能在出卖色相、技艺的曲中诸妓身上得到满足，进而滋养了风月产业。部分商人，尤其是盐商，他们生活较为富足，不免染有浮荡习气，倚翠偎红，贪恋美色。据宗元鼎《游康山草堂记》所载，扬州新城东南隅，城内为"殷商巨族、高楼宅第、通衢夹道，阛阓市桥之处"，城外则为"竹西歌馆、青楼红粉之地"①。商贾需求对扬州风月产业的导向作用可见一斑。

扬州风月市场蕴藏着巨大的经济利益，大量的女性或被迫或主动前往扬州淘金。李斗《扬州画舫录》曰："泰州有渔网船，如广东高桅艇之例，郡城呼之为网船浜，遂相沿呼苏妓为苏浜，土娼为扬浜。"② 扬州妓女的籍贯构成十分复杂，除了扬州籍的妓女，不少来自苏州、泰州与盐城等地的妓女也齐聚邗上。在佚名《扬州梦》中，梁桂林、杨小宝、钱二官等为扬州人，徐二官为江阴人，曹三娘为金陵人，小兴化为兴化人，杨高三则为仪征人。项翱《扬州梦》中的妓女金如意是苏州人，其软糯的吴音迷倒了众多狎客。邗上蒙人《风月梦》中的凤林为扬州人，其他妓女如双林、桂林、巧云和秀红等为盐城人。正如李斗所说："自龙头关至天宁门水关，夹河两岸，除各有可记载者，则详其本末；若夫歌喉清丽、技艺共传者，则不能枚举。"③ 各地妓女的涌入，促进了扬州风月产业的繁荣。

正因如此，清代扬州新旧城界河与城北护城河沿岸成为风月产业集聚的地区，享有"小秦淮"之称。两岸房舍精密，歌楼舞榭林立，游船

---

① （清）王逢源、李宝泰：《嘉庆江都县续志》卷九，清光绪六年重刊本，第 25 页。
② （清）李斗：《扬州画舫录》，广陵书社 2014 年版，第 105 页。
③ （清）李斗：《扬州画舫录》，广陵书社 2014 年版，第 105 页。

画舫，往来如梭。据张岱《二十四桥风月》可知，这一带在明末便是文
人士子理想的猎艳之所①。到了清代康熙间，更是成为风月胜地，获得了
"小秦淮"的殊荣。汪应庚《平山揽胜志》曰："（小秦淮）在江都夹城
之内，通保障湖……以其风景酷似秣陵，故名曰小秦淮河。"② 扬州花事
与金陵旧院、秦淮八艳相比，或许有过之而无不及。扬州在乾隆时期是
享誉全国的文学坛坫之一，"韩江雅集""虹桥修禊"等著名文学活动便
是发生于此时的扬州。马氏小玲珑山馆与两淮盐运使卢见曾、曾燠的幕
府等处聚集了许多士子，这些文人墨客流连于小秦淮，与名妓诗酒往来，
留下了不少传奇佳话，李斗《扬州画舫录》卷九《小秦淮录》记之甚详，
从一个侧面反映了扬州风月的繁荣。这种风月繁华构成了"扬州梦"小
说兴起的外部语境，同时也对小说的题材、人物和空间设置产生了一定
的影响。

　　第一，有四部"扬州梦"小说涉及清代扬州的风月故事。《风月梦》
是较早产生的狭邪小说，它折射了作者年轻时的花丛经历。邗上蒙人虽
然在创作《风月梦》之时将真事隐去，赋予小说人物贾铭（假名）、吴珍
（无真）、莫虚友（莫须有）等名字，但从小说的序以及第一回的叙述来
看，小说实际上根植于作者的风月经历，其人物、情节具有基本的原型
与依据。它虽然不能等同于作者的自传，但是具有一定的自传性，暗含
邗上蒙人风月生活的情感体验。周伯义《扬州梦》记载的事情发生于咸
丰元年（1851）至咸丰二年（1852），此时的周伯义寓居扬州。在这段时
间里，他深入旧院曲中，结识了形形色色的妓女，他将花丛掌故记录在
《扬州梦》卷一《梦中人》之中，并以妓女小传的形式呈现出来。项翱
《扬州梦》则叙写了新安茶商萧金炉在扬州妓院挥霍钱财，床头金尽，染
病身亡的故事。佚名《扬州梦》在演绎乾隆时期扬州掌故之时，穿插了
许多士妓交往的情节。

　　第二，私娼经济的特性使得小说中妓女的形象大多是负面的，势利、

---

① （明）张岱：《陶庵梦忆》，上海古籍出版社1982年版，第35页。
② （清）汪应庚：《平山揽胜志》，广陵书社2004年版，第2页。

拜金、虚伪是其代名词。邗上蒙人《风月梦》中的贾铭、魏璧、陆书，项翱《扬州梦》中的萧金炉和史德成，无不遭受妓女的无情玩弄，轻者钱财散尽，重者染病身亡。当然，小说在谴责的同时也流露出怜悯之色，如邗上蒙人让风尘女子声泪俱下地诉说出身，大多数的妓女来自盐城，她们从小就被父母卖给专人学习技艺，这颇似"养瘦马"的行为，不过"瘦马"的最终归宿是作妾。妓女的缠头除了要被鸨母瓜分，还要补贴家用，这解释了为什么她们费尽心机要从恩客身上攫取利益。

第三，清代"扬州梦"小说中的风月空间集中设置于小秦淮区域，这显然与清代扬州风月产业的现实分布情况密切相关。佚名《扬州梦》的情节素材来源于李斗的《扬州画舫录》。《扬州画舫录》将扬州城划分为十几个区域，所载人物与事件按照事件发生地点分类分卷。因此，佚名《扬州梦》在改编《扬州画舫录》所载轶事时，已然暗含了地理上的真实性。我们将小说中的空间场景与《扬州画舫录》划分的区域相比对，就会发现在佚名《扬州梦》中，杨小宝、顾霞娱、小兴化、解银儿等妓女的居所皆位于小秦淮一带。另一部小说《风月梦》中出现的地点，不少可以在地图上找到对应的坐标，颇具地理的真实感。狎客经常光顾的妓院进玉楼在城北天宁寺，位于小秦淮与城北护城河的交界之处。桂林、双林、凤林和巧云所在的妓院强大家在扬州旧城九巷，九巷位于小秦淮边，它在晚明时便是风月胜地，各色妓女杂处其间，这可以从张岱《二十四桥风月》的相关文字中看出："渡钞关，横亘半里许，为巷者九条。巷故九，凡周旋折旋于巷之左右前后者什百之。巷口狭而肠曲，寸寸节节有精房密户，名妓、歪妓杂处之。"①

三 盐业凋敝、风月消散与"扬州梦"小说的衰落

孔尚任《郭匡山广陵赠言序》曰："天下有五大都会，为士大夫必游地：曰燕台，曰金陵，曰维扬，曰吴门，曰武林。"② 扬州作为清代的大

---

① （明）张岱：《陶庵梦忆》，上海古籍出版社1982年版，第35页。
② （清）孔尚任：《孔尚任诗文集》，中华书局1962年版，第459页。

都会，在文人士子心目中是温柔富贵繁华之所在。然而，道、咸以来，扬州为人所称道的盐业盛况与风月繁华逐渐走向凋敝消散，"扬州梦"小说也随之衰落。

首先，两淮盐法制度改革，纲盐制变为票盐制，盐商的垄断地位丧失，城市发展也随之进入窘境。阮元《〈扬州画舫录〉跋》曰："扬州全盛，在乾隆四五十年间，余幼年目睹。弱冠虽闭门读书，而平山之游，岁必屡焉。方翠华南幸，楼台画舫，十里不断。五十一年余入京，六十年赴浙江政任，扬州尚殷阗如故。嘉庆八年过扬，与旧友为平山之会。此后渐衰，楼台倾毁，花木凋零。嘉庆廿四年过扬州，与张芰塘孝廉过渡春桥，有诗感旧；近十余年闻荒芜更甚。且扬州以盐为业，而造园旧商家多歇业贫散，书馆寒士亦多清苦，吏仆佣贩皆不能糊其口。"① 正如阮元亲身经历的那般，扬州全盛于乾隆四十年至乾隆五十年。至少在嘉庆八年，扬州还维持着繁荣。然而时过境迁，嘉庆以来扬州逐渐衰败。到了阮元写作此跋的道光年间，因盐业改票，城市经济失去活力，引发了种种连锁反应。

盐业凋敝、城市衰败的重要表现是瘦西湖园林的坍圮。湖区的许多园林为盐商所造。康熙与乾隆皇帝在南巡江南途中曾驻跸扬州，盐商为了迎接銮驾，在扬州城西北广造园亭，瘦西湖园林二十四景因此得以形成。李斗《扬州画舫录》卷六引刘大观语曰："杭州以湖山胜，苏州以市肆胜，扬州以园亭胜，三者鼎峙，不分轩轾。"② 可见，园林是盛世扬州的文化标志之一。然而，随着造园之家歇业贫散，园林也无人维护，遭受风雨侵蚀，最终坍圮。在《风月梦》第五回中，妓女狎客泛舟瘦西湖，见到原本园亭林立的北岸一带已经十分荒凉，贾铭更是赋诗感慨："曾记髫年买棹游，园亭十里景幽幽。如今满目埋荒冢，草自凄凄水自流。"③《风月梦》写于道光二十八年（1848），小说中的瘦西湖景象与阮元的所

① （清）李斗：《扬州画舫录》，广陵书社2014年版，第229页。
② （清）李斗：《扬州画舫录》，广陵书社2014年版，第78页。
③ （清）邗上蒙人：《风月梦》，上海古籍出版社1994年版，"古本小说集成"，第57页。

见所闻如出一辙。而到了咸丰年间，瘦西湖一带可供游览的园亭已经不多了，周伯义《扬州梦》卷三曰："今东园、平山外，止存桃花庵、云山阁、小金山等处，其余皆成荒土。"①

其次，太平天国运动兴起，扬州一度沦为兵家必争之地，盐业与风月受到致命打击。咸丰年间太平军多次占领扬州，造成淮盐运道梗塞，京杭大运河的南北交通被切断，引岸废弛，票运不通，对盐业经济的破坏十分严重。周生在《扬州梦》卷一《高阿紫》中描绘了扬州盐田在战争前后的对比图："又尝游广陵，登蜀冈，见畎亩交错，盐田蝉联，则商贾之生讨在焉。……自今虽断梗荒烟乎，而梅开岭上，桃放庵前，犹有存焉。"② 盐田化为断梗荒烟，盐业败落，唯有自然界之梅花、桃花还盛放，短暂与永恒的对比令人唏嘘。咸丰三年（1853）四月一日，太平军攻克扬州城，扬州的青楼风韵在兵燹中消散。芬利它行者《竹西花事小录》描绘了太平天国战争之后扬州城市与妓业的残破图景："余游广陵，非复承平故态。画舫旧踪，不堪重问。小秦淮水，既嗟宿莽。吹箫桥畔，半没荆榛。寒烟衰草，徒摇荡于晚风明月间。"③ 满目萧然，可悲可叹。曾经能与秦淮风月相提并论的扬州风月，已经走向了穷途末路。周伯义也在小说中叙写了战火对风月的摧残。《扬州梦》卷一《月仙》写道："明年癸丑，订期且近。会以逆匪犯镇，邗亦失守。余避地四十九峰，大江阻隔，闻姬他走，不知所终。"④ 妓女月仙对周伯义十分倾心，已然下定从良之心。然而战争的爆发使得月仙生死不明，两人无法再续前缘。不仅月仙不知所终，扬州城的其他妓女也遭受荼毒。《扬州梦》卷一《高阿紫》曰："江南大郡，残破蹂躏；美人居址，亦遭败毁。其荼毒之惨，下而至如高阿紫者，不知几人殉难，几人辱身？宜乎仁人心伤，志士目裂。"⑤ 战火蔓延，妓女或遭杀戮，或被辱身。玉碎香消，妓业减色。

---

① （清）周伯义：《扬州梦》，世界书局1933年版，第36页。
② （清）周伯义：《扬州梦》，世界书局1933年版，第52页。
③ （清）芬利它行者：《竹西花事小录》，新文丰出版公司1988年版，第638页。
④ （清）周伯义：《扬州梦》，世界书局1933年版，第7页。
⑤ （清）周伯义：《扬州梦》，世界书局1933年版，第19—20页。

　　盐业与风月黯然失色，城市发展也停滞不前，甚至衰退。以盐业、风月为代表的扬州城市繁华，已经无法为"扬州梦"小说提供鲜活的素材来源，"扬州梦"小说不可避免地衰落。

　　一方面，叙写城市繁华、风月盛况的叙事模式难以为继。在"扬州梦"小说中，描写当下扬州繁华的作品仅佚名《扬州梦》、邗上蒙人《风月梦》与周伯义《风月梦》三部。佚名《扬州梦》热情地书写扬州盐商的富奢、园林的精美与文坛的繁荣，从各个角度形塑了盛世扬州的光辉形象。《风月梦》所写的道光年间的扬州，虽然隐现颓败之色，却也维系着表面的繁华。小说借由妓女与狎客的行踪，深入这座清代大城市的肌体，展现其优美动人的城市风景与多姿多彩的生活文化，形塑了令人神往的繁华风月之都的形象。《风月梦》之后，书写扬州繁华的作品还有周伯义《扬州梦》，约完稿于咸丰十一年（1861），追忆的是太平天国运动爆发前的扬州繁华。周伯义《扬州梦》成为"扬州梦"小说发展的转折，自此以后，大部分的"扬州梦"小说关于城市与风月的描写都十分羸弱。在晚清最后十年产生的两部作品中，项翱《扬州梦》对当下的城市景况避而不谈。项翱定居南通，南通离扬州并不遥远，项翱作为实业家，对近代扬州城市发展的动向理应十分清晰。他对城市发展的境况刻意回避，大概是已经乏善可陈。而九华山人《扬州梦》则开始叙写百年前的盛景，小说力图通过想象重建乾隆时期扬州的辉煌岁月，以维持历史记忆，开辟了一条与展现当下繁华截然不同的道路。因为城市衰微，小说作者难以从当代城市生活中汲取鲜活的素材。值得注意的是，这两部作品的篇幅都比其他的小说要短许多，项翱《扬州梦》只有十回，九华山人《扬州梦》仅连载至七回，可见相关的题材已经难以为继。

　　另一方面，小说的地域色彩逐渐淡化。张兴龙认为，唐人小说的扬州空间书写还"停留在'宏大叙事'的简单化层面"①，地域色彩还不够强烈，扬州更像是小说的背景而不是"前景"。随着古代城市的发展与小

---

① 张兴龙：《"扬州小说"概念界定的理论阐释》，《明清小说研究》2016 年第 3 期。

说家对小说艺术性的追求，明清时期扬州小说的地域书写则"呈现出'微观叙事'的全面性、反复性特点"①，小说中的城市形象清晰可感，小说对城市的呈现更加多元立体。佚名《扬州梦》、邗上蒙人《风月梦》和周伯义《扬州梦》等小说确实地域性浓厚，它们展现了扬州的地理景观、社会生活、文化风情等富有个性的城市元素，流露出作者对城市生活、都市气性的深刻体认。其中，佚名《扬州梦》取材自《扬州画舫录》，所以其人物情节带有浓郁的扬州风味。《风月梦》开辟了城市书写的新篇章，韩南认为它是中国近代小说史上第一部城市小说②。周伯义因为曾经寓居扬州，对扬州城市生活的方方面面十分熟悉，故而其小说展现的城市形象鲜明可感，地域气息浓厚。然而，晚清最后十年产生的两部"扬州梦"小说，即项翱《扬州梦》与九华山人《扬州梦》，它们对扬州的书写停留在表层，未涉及深层次的文化特性，地域色彩十分淡薄。两部小说的叙事空间虽然为扬州，但小说中的城市形象简单而模糊，和其他"扬州梦"小说中的城市书写一比，不禁相形见绌。项翱《扬州梦》侧重于"风月如梦"主题的呈现，重点关注情节的线性发展，忽视了对扬州地域文化的描绘，故而扬州并非小说的表现中心，沦为了情节与主题的附庸。而九华山人《扬州梦》又局限于庭院书写，未关注院墙之外的城市细节，故而地域特色不鲜明。究其原因，大概是项翱和九华山人没有长时间的扬州旅居史，对扬州的城市生活感受并不深刻。但最重要的原因还是在于扬州城市的衰败，这座在近代以前具有重要文化影响力的城市，其经济文化地位已经为大江彼岸的新兴都市上海代替。由于影响力的衰减，扬州和在近代转型中落下脚步的其他城市一样，缺乏鲜明的特点，而无法引起作者们的兴趣，最终导致小说家对扬州城市形象的挖掘浅尝辄止。"扬州梦"小说地域色彩的弱化，是其衰颓的印证。

综上所述，清代"扬州梦"小说的兴起依托于扬州这一盐业重镇与风月胜地。清代中期，两淮盐业发展，风月产业兴盛，扬州城市日益繁

---

① 张兴龙：《"扬州小说"概念界定的理论阐释》，《明清小说研究》2016 年第 3 期。
② ［美］韩南：《中国近代小说的兴起》，上海教育出版社 2004 年版，第 40—44 页。

荣。这些现实因素构成了小说兴起的社会经济文化语境，又进一步参与了小说的文本建构，显示了城市与小说的亲密关系。清代道、咸以来，扬州为人所称道的盐业盛况与风月繁华逐渐凋敝消散，城市发展也进入了窘境。因为城市衰微，小说作者难以从当下城市生活中汲取鲜活的素材，小说的地域色彩也日益淡化，"扬州梦"小说最终在晚清不可避免地走向了衰落。

论岭南报刊小说的署名问题

——兼论岭南报人小说家研究的思路

梁冬丽*

内容提要： 现存岭南报刊小说署名与不署名，其情况复杂。部分岭南报刊小说无署名，或无法考察署名，也有按传统小说署多个参与者而记录了"合力制作"的现象，更多的是按近代新媒介报刊的通行规式署名，但多为笔名。翻译小说署"原著作者＋译者＋润饰者"的基础模式，反映了近代报刊翻译小说的基本形态或基本状貌。依据署名前标识或后缀，联合透视单行本序例或报刊社员表、报载广告、报载小说家传记、报载诗文词等传统作品、报载粤讴等地方性文学作品诸种资料，部分小说尚可考其作者与创作事迹，或能区分小说稿件的来源、地域与创作心境等情形。总之，报刊自身所蕴藏的文献资料即是拓展报人小说家研究的宝库。

关键词： 岭南；报刊小说；署名；小说家

近代岭南报刊小说的作者问题，就是参与小说创作、接受、编辑出版工作的都有什么人、有哪些人的问题，或者说是参与小说翻译、转化原作语言文化为中国语言文化规范与编辑出版的都有什么人、有哪些人的问题。现存岭南报刊小说及类小说署名或不署名，其情况较为复杂。

＊［作者简介］梁冬丽，文学博士，广西师范大学文学院教授、博士生导师，主要研究方向为中国古代小说、岭南文学。

一 署名的基本方式

第一种情况，是署多个参与者，形成"合力制作"现象，跟传统小说参与传播者的关系一样复杂。

1900 年以前，近代岭南报刊刊载的小说只有《东华日报》的《羊石园演义》，主要内容是"吾粤数十年前大事始末原委"，"原底系私家手钞秘本"①。既然有"原底"，说明这是已经创作完结的小说，"手钞"说明此前未能正式刊刻出版，"秘本"说明市面上流传尚不多，只有少数人藏阅。那么，原底是谁所作？手钞者为何人？秘本藏阅者为何人？既有此三个问题，说明这本小说还是以传统的方式传播：既然深知"吾粤数十年前大事始末原委"，说明这个作者当是粤人，或至少为寓贤，否则不可能如此熟悉原委始末，因为这本小说并非是早期以"据正史、采小说"的方式创作成的历史演义，并没有世代累积的过程。但是原创完成之后，经人抄写再经人藏阅，说明《羊石园演义》的参与者众多，跟《红楼梦》相似，其商业化的刊行过程也许跟"三言""二拍"一样，有创作者、编订者与出版者混同"制作推广"。或许跟上海《沪报》连载的《野叟曝言》性质相似，这还不是新小说，只是"新瓶装旧酒"的"旧酒"。首先，据《羊石园演义》"七弦河上钓叟原本"的"原叙"提供的信息，可知叙者为"苏若瑚器甫"，苏若瑚，字器甫，据东华报馆刊之《本馆自序》可知，是潘伯扬的老师，而潘伯扬又是"侬影小郎"的朋友。苏器甫首次看到这部书是在"潘健菴"处，小字注潘健菴是诸生，名廷俊，是岭南世家潘氏"海山仙馆主人"第四个儿子。由此看到，潘建菴是《羊石园演义》的第一个藏阅者。浙人赵㧑叔曾计划抄写此卷，未果。第二个藏阅者是李若农，苏器甫以"师"称之，但是李若农因为参与处理法国入侵中国之事，《羊石园演义》的整理与出版便被"束之阁上"，最后也没有归还潘健菴。己丑年，江西南城的谢味馀（名佩贤，乙酉举人，

---

① 《羊石园演义·例言》，《广州大典》第 404 册，广州出版社 2015 年版，第 393 页。

庚寅年成进士，入翰林）也当了咸安宫教习，赵南城（即赵㧑叔）过世后，谢味餘的父亲（名甘棠，举人，曾做过主事）处理赵之后事，接手了这本小说，所以谢味餘最了解这部书的传藏情况。谢味餘于壬辰年散馆后便带着该书入京，叫门人抄录一册，以供同人借抄。该小说传藏抄阅至少经历了七弦河上钓叟、苏器甫、潘健菴、赵㧑叔、李若农、谢味餘、谢甘棠、谢之门人数重之手眼，以上均为当时名人。谢味餘"抽架上已涂乙者""以备同人借抄"，从"涂乙"二字看到，这部书已经有评点校勘，"备"字说明还有其他潜在的抄阅传藏者。综之，这部书依赖的是传统的传藏抄阅方式流传。直到东华报馆刊印之时，这部旧章回小说才装上"新瓶"，借报刊印行，以新媒介助其刊行于世，又有了一个新的序者"倚影小郎"。东华报馆刊本在题名下署"顽叟订定，笑翁撰述"，可见该书作者署为"笑翁"，订定者为"顽叟"，现已很难考证其真实姓名。进入报刊领域流传之后，参与者反而仅署笔名，故更无从考究。现存岭南报刊较少刊载已经创作完成且已经在朋友圈层中流传过的抄本小说，这估计是第一部，类此者不超过五部。既有作者，又有订定者，还有传藏抄阅者，更有原序者，还有报刊出版时说明刊刻意旨的新序者，如此复杂的参与者，在当时的岭南报刊小说中不多见。

彼时报人对小说署名的认知，比较宽泛与复杂，认为"自来一书之成，有撰者，有述者，有译者，有重译者，有集大成者，删订纂修，人不以孔子为陋"[1]，虽然这是为了回复读者刘殷（欣）廷质疑《游艺报》重译重登他报小说而作答，但是，认为一书之成，参与者众多，至少有撰者、述者、译者、重译者、集大成者诸多参与者，则真实反映了当时近代岭南报刊小说署名复杂的思想来源：实践中署多名、思想上认为一书之成有多人参与。从报纸每日更新与期刊定期发行的频率来看，确实需要多人合力，才能在短时间内制作完成一部小说。

第二种情况是早期岭南报刊小说，没有署名，或者署名已无法考察。

① 《答刘殷廷来书》，《游艺报》1905 年 7 月 23 日。

《中国旬报》的《奉俄皇命记》（1900）没有署名，从内容、小说人物姓名、地名等推测，这是翻译小说。《安雅书局世说编》的《千一夜夫妻》（1902 年 9 月 27 日）同。《潮州白话报》刊载过小说，但未见原文，据《岭东日报》所载该报广告，"第一期目录预告"中，"小说"一栏刊载的是"《英雄爱国记》"①，"本报第二期目录"之"小说"一栏为"《最新爱国英雄记》"②，并有括号标明为"续前"，这个"续前"应该指续第 1 期，可以推测出，这两个题目文字不尽相同的小说应是同一篇。仅存目，无法考查其作者或译者。

没有署名的岭南报刊小说，还有《中国日报》的《窃马贼》《情侠》《鬼王会》《打》《钱神》《无形骗》（1907—1908 年），《赏奇画报》的《藜杖叟》《谋杀案》《僵尸》《毒蟒》（1906 年），《天趣报》的《潘狄》《不要米》《某青衣女》《华十五》《某生妇》《杀妻案》《双龄》《捕熊谈》（1910—1911 年），其他小说，无署名处者，并非全无署名，也可能是由于开头部分散失，才无法看到署名而已。这是近代报刊保存不完整造成的现象，与小说是否署名本身无关。

第三种情况是按近代新媒介报刊的通行规式署名，但多为笔名。

从 1904 年开始，岭南报刊小说基本上有署名了，《香港华字日报》最早的小说是《法国著名包探案红茶花》《澳斯科奇案》（后改名《花富庐奇案》），译者均是"晴岚山人"，署的是笔名。依据连载结束后的单行本广告可知，《红茶花》与《澳斯科奇案》原著者为法国朱保高比③，《花富庐奇案》曾署为"法大著作家伊美路加波罗"④。1904 年的岭南报刊小说还有《侦探美人谈》，署名处写的是身份"驻东访员"。此后，岭南报刊或署著者名，或署译者名，或著、译名均署，有署真名，有署身份，有署笔名，有单拈姓名中的一个字署签者，署名意识提高后，这些

---

① 《潮州白话报》，《岭东日报》1903 年 11 月 16 日。
② 《潮州白话报》，《岭东日报》1903 年 12 月 19 日。
③ 任侠小说：《红茶花》，《香港华字日报》1905 年 7 月 3 日。
④ 《本馆告白》，《香港华字日报》1904 年 10 月 3 日。

基本信息成为署名的基本体例或定式。

　　岭南报刊往往还在署名后面加尾缀，以明署名者的贡献或功用，或加地名等信息于前，以见籍贯国籍身份，形成复杂的署名体系。《香港华字日报》小说的署名中，"晴岚山人"是《红茶花》《澳斯科奇案》的"译意"者，还有一个叫"铁血国民"的人帮助"润文"，《美人发》中除"晴岚山人""译"之外，还有"独立山人""编"，《东莲院》除了"插英人""译"之外，还有一个"昙梦生""编"。当然，也有自己独立翻译的，仅署笔名，并加"译"字，如《金不换》仅署"晴岚山人""译"。这份报刊还有"毓云译""何汉斧译""绪贤译"。也有在署名前面加上籍贯的，如"顺邑何汉斧译"，可知何汉斧与晴岚山人一样是顺德人。《中国日报》中的《黄金藏》署译者为"英国哈葛德原著、香港中国日报编译"，原著者国籍、姓名冠之，而《中国日报》的功用是"编译"。《活地狱》署"法国文豪威尔曼著、香港中国日报编译"，这个署名标识除了常规的国籍、姓名、功能之外，还加上一个修饰词"文豪"，应该有推崇、广告、借重声名的目的与功用。《唯一趣报有所谓》的《七王会》署"英国那文辖原著、励学教员白光明译意、洪亮臣润词"，《鬼林》署"英国堪士原著，励学学校同人白光明、马振声合译"，《火坑莲》署"英国威廉臣原著，励学学校教员白光明译、开智社两桥头钓徒润词"①，原著者国别、姓名与译者姓名、分工非常明了，另外多了译者工作单位"励学学校""开智社"及其职务身份"教员""校长"，还注明了合作者之间的关系为"同人"和分工方式"合译"。

　　第四种情况是署身份职务或来源等。

　　如《中国日报》之《侦探美人谈》署"驻东访员译"，注明身份与功能。如从"励学学校同人白光明、马振声合译"看到，参与翻译者的分工是合作翻译，"译""译意"与"润辞""润词""润文""编"之间，即是分工不同，合力创作。《香港华字日报》的《剧盗遗嘱》署

---

　　①　后署名处又改成：英国威廉臣原著，励学学较教员白光明译、开智社鲜芙化润词。

"灵、虬合译"，直接注明两个人之间的分工与关系。

多人合力造就的方法，无形中也催生一些问题。曾有读者来信质疑《游艺报》"所译之《侦探小说》'怪兽'一段，此书现已各书坊铺有卖名曰《降妖记》，各人亦已看过"①，读者来信表达了强烈的失望之情，报人回信，即表明翻译层次之多有不同："自来一书之成，有撰者，有述者，有译者，有重译者，有集大成者。"②"集成"一词应该最能描述近代岭南报刊翻译小说署名的形态，下面详述。

二　翻译小说的署名及存在的问题

报刊小说署名方式相当复杂，说明早期真正的近代报刊新小说创作需要多人合力造就，联合制作，特别是翻译作品。《中外小说林》（含《粤东小说林》《绘图中外小说林》），每期都拨出约二十页（约占该刊四分之一篇幅）来登载翻译的外国小说。从1906年至1908年，译介的外国小说主要有"冒险小说"《美人计》1部，侦探小说《加道会》《梨花影》《毒刀案》《狡女谋》4部，离奇小说《捉鬼（短篇）》《狡骗》2部，"艳情小说"《难中缘》1部，"第一离奇小说"《匣里亡尸记》1部，其中有6部注明原著作者，能够知道原著作者国籍的，主要是英国与美国。从署名处的标注可以看到这三种"小说林"翻译小说的翻译特点：先由其中一人翻译大意，再由其他人加以润饰，所以译者多标为"××译意，××润辞"。在翻译小说风起云涌的时代，《粤东小说林》等利用这种方式引进数量如此多、篇幅如此长的小说，相当不容易。

近代岭南报刊引进的翻译小说尚有规模的是《唯一趣报有所谓》，由当时著名的励学学校同仁白光明翻译，再由开智社成员即报社社员润饰，连续刊发了3部长篇小说，其中2部标为"侦探小说"，题名《七王会》《鬼林》，1部标为"艳情小说"，题名《火坑莲》。励学学校白光明翻译的另外一部小说"侠情小说"，题名《侠痴记》，发表于1906年10月11

---

① 《来书照登》，《游艺报》1905年7月23日。

② 《答刘殷廷来书》，《游艺报》1905年7月23日。

日至 1907 年 1 月 9 日的《东方报》。《东方报》是《唯一趣报有所谓》被迫停刊后，由原班人马改组而创办的。白光明翻译的另一篇"侦探小说"《艳镜》，则发表在《时事画报》中，由赖亦陶润辞。

从署名处提供的信息来看，近代岭南报刊小说的翻译者身份具有多元化的特点，如医生、教师、牧师、留学生、官员等。

留学生在外国小说译介方面功不可没。如陈廷端为留美学生，其专业是化学，就读学校是美国"耶路大学校"，按理其关注的应是自然科学，亦应在自然科学著述翻译中留下青名，但陈廷端却在近代岭南报刊上留下了两部翻译小说，《二十世纪军国民报》的《一夜夫妻》及《振华五日大事记》中的《黠者祸》，合作者均为"轩胄"，"轩胄"也是近代岭南著名报人。又如"鲁秘大学校生亚万奴"翻译的作品《腹中帛》，发表在《东莞旬报》中，合作者为"求得死青年"与"邓汉伟"。由此可以推测，近代岭南报刊翻译小说的第一译者主要有两类人：一类是在外国的留学生，有外语基础，在阅读外国小说时产生兴趣，便有意将之引入中国；另一类是在中国教授外语的教员如白光明，在教学实践中，通过翻译外国小说提升能力。这两类人翻译的作品有赖于与其他报人进行合作，才能公开发表。如《时事画报》的报人赖亦陶，除了给翻译小说润饰之外，自己也创作大量小说。"轩胄"是《振华五日大事记》等几份岭南报刊的参与者；"鲜芙"则是《唯一趣报有所谓》的重要参与者。大约是因为有些译者的西文或中文不够好，需要合作者帮助修饰、润文，《世界公益报》就意识到"译员多有精外国文而未精中国文者，遂不得不口谈于已、而手写于人，时有意词杂背之病"，因此特别注意聘请"兼通中文者当之"①，这样既能提高翻译创作的效率，又可以提高小说创作的艺术水平。

翻译小说署名复杂，引发了一些问题。很多没有署原著作者或译者姓名，或是二者均不署，不少作品的译者署的是笔名或发行报社总名，

---

① 《香港新办世界公益报社广告》，《香港华字日报》1903 年 9 月 21 日。

给探索其原著、原作者的工作增加了难度，因此一些近代岭南报刊的翻译小说暂时无法确定原著，无法开展译作与原著的比照工作。同时，登载作品时亦不注明翻译所依据的版本、语言为何种，同样也无法将译本与原著加以对比，无法判定其翻译后的艺术效果。

其实，不少小说算不上"翻译小说"，这些小说有的使用"豪杰译"法，实际上只能算是"改写小说"，一些作品使用了具有浓厚中国元素的名谓，更加减弱其翻译小说的本色。由于报刊停刊、停办或被禁行，很多翻译小说并不完整，甚至只残留部分章节，这也给研究增加了难度。无论长篇还是短篇，"不完整"的情态成为常态。同时，由于参与翻译者参差不齐，参与者众多，翻译的风格自然不能统一，在语言运用上，有文言，有白话。无论是文言还是白话，都未免粗糙，阅读效果并不是很好。不少中国人"创作"的小说选取了外国素材，这是从翻译、模仿到自创的必经历程。但是有些作品到底是翻译还是自创，根本没办法辨别。如《广东日报》中的《百合花》，单从署名处"选录"二字，无法判断是选录外国人作品还是中国人的自创作品。《唯一趣报有所谓》的《千钧一发》更加迷惑人，因为署名处使用了"粗斧"二字，这是岭南报人小说家王斧的笔名，难道这是王斧自创的小说吗？从行文来看，无疑是王斧自创的。可是从故事题材内容、故事背景来看，可以断定这不是王斧自己所能掌握的。幸好在小说前面有作者识语，交代了创作的起因及故事来源："余睹此，恍忆昔者，法国驻华领事柏君，所语故事，因濡笔记之。"① 这才知道，是先由法国驻华领事柏君讲述，再由王斧执笔记录，那到底算是创作还是翻译呢？按理，应该是翻译。在近代，著名翻译家林纾翻译的作品，基本上就是靠他人讲述外国作品（故事），再由林纾执笔"记之"，这是最早翻译作品的基本形态及基本状态。以此推论，这篇《千钧一发》，应该是翻译小说。但是正如作品前面的识语所言，结合结尾的"斧曰"言论，发现这篇小说又灌注着中国作

---

① 粗斧：《千钧一发》，《唯一趣报有所谓》1906 年 2 月 21 日。

者王斧的深情,不是纯粹的"译作"。《香港少年报》之《醋海波》①《偷侦探》②《疑团》③ 署名分别为"亚斧""斧""斧",亦是王斧以笔名发表的作品,题材内容与《千钧一发》相似,亦难判定为翻译还是自创。《东方报》之《指环故事》④ 署名"陆生",是中国人名字,不见原著作者,但故事内容为外国题材,内容肯定是外国的,但叙述方式却有中国味道。《香山旬报》之《奇女儿》⑤ 以中国唐传奇式风格来命名题目,写的亦是西方奇事,署名为"铁魂述",亦难判定为翻译还是创作。《南越报附张》之《血字图书》写俄事,署名"仁父",亦难辨别。

三 考察署名问题的意义

考察近代岭南报刊小说署名情况,第一个意义是可以借助所署笔名或拈一字以作署名者,联合透视单行本序例或报刊社员表、报载广告及报载小说家个人传记等资料,考察到原名。《香港华字日报》的"灵、虹合译",可以从《香港华字日报》刊载的《新小说丛序》⑥ 与《新小说丛》的关系及《新小说丛》的社员表⑦看到,"灵"是"李心灵","虹"是"林紫虹",二人均是《新小说丛》的创办者。《法国著名包探案红茶花》《澳斯科奇案》的译者"晴岚山人"是陆晴岚,润文者"铁血国民"与《美人发》编者"独立山人",竟然是当时的主笔,著名的岭南报人、书画家潘飞声。《时事画报》的《廿载繁华梦》署"小配撰",再从《本社小说〈廿载繁华梦〉全书出版预告》⑧ 可知,他叫黄小配,是《时事画报》"撰述员",还在该报发表了《党人碑》小说,他又是《社会公报》"同人""撰述员",还印行了小说《广东世家传》。再依据其他报刊

① 亚斧:《醋海波》,《香港少年报》1906 年 9 月 1 日至 3 日。
② 斧:《偷侦探》,《香港少年报》1906 年 10 月 26 日。
③ 斧:《疑团》,《香港少年报》1906 年 11 月 27 日、28 日。
④ 陆生:《指环故事》,《东方报》1907 年 1 月 11 日。
⑤ 铁魂述:《奇女儿》,《香山旬报》1910 年第 80 期。
⑥ 醒芸:《新小说丛序》,《香港华字日报》1907 年 12 月 16 日。
⑦ 《〈新小说丛〉社员肖像》,《新小说丛》1908 年第 1 期。
⑧ 《本社小说〈廿载繁华梦〉全书出版预告》,《时事画报》1907 年第 21 期。

作品、社员表等一系列署名信息，确知其为广东番禺人黄世仲，别名黄小配。

第二个意义是可以通过署名后缀或前置语区分小说稿件的来源、地域或创作心境等情形。显然，署名后有"译"字者，一般为翻译小说，小说来自国外。依据原著作者署名的前置语可知，前期翻译小说多来自英国、法国、日本，1911 年前后，翻译小说来自俄国者渐增。后缀有"来稿"二字者，一般是非报社成员来稿，如《潮声》之《西门豹小说》作品是"杨复初氏来稿"。不少岭南报刊作品的后缀有"来稿"二字，比例最高的是《农工商报》，一共有《红毛大制造家矮克办脱致富来历记》《爱国商人弦高之伟绩》《五文钱发财十万小史》《广东忠信商家袁友信小传》4 篇小说，占总小说数 16 篇的四分之一。《南越报附张》亦不少，一共有 8 篇标明为"来稿"，占 1911 年以前小说 45 篇的五分之一强。

《时事画报》小说《纨绔镜》[①]署名"啸虎来稿"，在小说正文前后有识语说明稿件的来源：

> 是题乃贵报龙舟歌题也。仆爱读之，读毕，辄喟然曰："《时事画报》之龙舟歌有价值矣！"嘻，一般之纨绔儿，梦其犹酣乎？警钟之声，胡弗纳也。悄然有所感，爰执笔作一短篇小说，仍贵报龙舟歌之名，直叙他人之事，敢呈待斧。呜呼！是亦一镜矣！啸虎未定草。

读者因阅《时事画报》的龙舟歌《纨绔镜》[②]有感，写了同题短篇小说，交给报社，以"待斧"于报社，并谦虚地说明该稿为"未定草"。可是这篇小说"描摹尽致"，"宛然一幅纨绔镜"，具有典型性，报刊即迫不及待地刊载出来。"兰父附识"语再次点明：

---

① 啸虎：《纨绔镜》，《时事画报》1906 年第 30 期。
② 浑公：《纨绔镜》，《时事画报》1906 年第 21 期。

　　右为友人啸虎氏来稿，稿中描摹尽致，宛然一幅纨绮镜。中有少爷为梳佣睥睨语，令一般之纨绮子读之汗颜。呜呼！亚六之言论伟矣。顾亚六何以熟时事若此，即函诘啸虎。啸虎转诘张友，张友曰："何奇？亚六为余妇近身者三年。去后，亦时相过从。子不信亚六，能信余否？"啸虎以是答，而余惑乃大解。兰父附识。①

　　附识语告诉读者，这是报友啸虎的来稿，编辑人还写信诘问过作者本人，啸虎转而诘问姓张的朋友，姓张的朋友证实了这件事。结合署名后缀与这两段标识语，联合观照，可知《时事画报》某些稿件来自读者的供稿，并非完全由报人撰写，但编辑人潘飞声（兰父）参与点评、推介。

　　《新小说丛》刊载的小说中，不少标明了作者的籍贯或所在地，"星洲寓公菽园"表明作品来自寓居南洋的邱炜萲之手，"新会夏埊光子谦，黄恩煦玉垣"表明参与创作编辑者为新会人士，"会城李子鸣、禺山郭若衡"同理可知，两人分别为新会城区人、番禺人。《天铎》之《九点牌》署"南海罗守一"亦知译者为南海人士，其名在版权页之"职员一览表"中，负责"翻译"。

　　《中外小说林》之《美人局》《情天石》《孽缘公案》署名"忏痴随笔"，可以推测其创作时的心情为"随笔"，并非刻意创作，估计只有创作短篇小说才能有这样的心境，如果是长篇章回体，那必定要耗费大量精力来谋篇布局，或有"披阅十载，增删五次"之苦，非"随笔"能成者。

　　《时事画报》的《天上之国丧》②署名处为"录神洲报"，探源溯流，可知作品转载自上海的《神州日报》③，转载时误写报名，但尚能推测原标其类型为"短篇小说"，未署作者名，因此转载过来之后并无署名，仅

---

① 啸虎来稿：《纨绮镜》，《时事画报》1906 年第 30 期。
② 录神洲报：《天上之国丧》，《时事画报》1908 年第 28 期。
③ 《天上之国丧》，《神州日报》1908 年 11 月 21 日。

标明来源。《香山旬报》1910年第70期转载《堕指录》，标"短篇小说"，作者署"鲁源，录《神州日报》"，据查，1910年8月14日、15日，上海《神州日报》刊载《堕指录》①，标"短篇小说"，作者署"鲁源"。

从署名前置语或后缀的变化，还可以看到小说作者在报刊的身份变化。《南越报附张》接纳了警黄、禅侦探、铁蕴、百钢少年和腾芳等多人投稿，使其作者队伍庞大且强大。早期百钢少年的作品注明是"稿""来稿"，到了后期，就没有了"稿""来稿"等字样，由此可知其可能已由原来的自由撰稿人，慢慢上升为该报的固定作者。

综合起来看，岭南报刊小说多可从"译""辑""录""来稿""寄稿"几种后缀语得知岭南报刊小说的来源，首先由本社撰述员专门撰写，如果本社成员撰写进度或数量不能满足报刊出版之需，就采纳一定的来稿，若采纳完"散户"来稿仍不足，就转载他报小说，以满足读者需求。

四　关于岭南报刊小说家研究的思路

以上集中讨论了近代岭南报刊小说作者的署名问题及其意义。在给小说家勾勒小说创作面貌时，不可避免地要对其生平游历等事迹进行一定考察，但发现这项工作不容易，原因如下：一是小说家多署笔名，要找到相对应的真实姓名，很难，且一个小说家往往不止一个笔名，这就更难；二是这些小说家，除了黄世仲兄弟外，无人整理其作品，没有留下单独传抄或印行的个人文学作品集，很难发现其文学创作的特色或成就，也就少人去挖掘创作背后的经历与文学活动及其关系；三是除了黄世仲兄弟、吴趼人、梁启超之外，还有王斧、梁纪佩等被新挖掘之外，几乎没有人做岭南报刊小说家传记，更少人做岭南报刊小说家交游考，此项研究尚未形成规模，也没有系统地呈现于学

---

① 1910年10月11日、13日，旧金山《中西日报》再次转载《堕指录》，标"短篇小说"，作者署"鲁源"。1910年10月16日至23日，台北《台湾日日报》又转载《堕指录》，作者署"鲁源"。

界。这就是为什么曾有这样的认知，晚清岭南"代表性作家极其有限，真正称得上大家的人物恐怕只有吴趼人一个而已，其他作家不同程度地出现了图解政治的毛病"①，这对于单行本岭南小说来说，有一定的合理性。可是，如若全面考察岭南报人小说家创作的话，这个观点应该要修正。

对于学界来说，要找到很好的途径进行有效的挖掘与深入，困难颇多。

首先，这些小说家非传统科举文人，在乡里的影响很难与晚清以前文人相比，在地方志、家谱留下痕迹或明确创作轨迹者鲜，阻断了从地方志、家谱发掘的路径。正如岭南著名报人谭汝俭所言，编写报业史，"定体难则"，因"从编年之例，则年代不详；从纪传之例，又行谊不著"②，报人小说家亦然，出生年月、参与报刊活动年齿、离职时间、停刊时间均难从行谊中剔出、汇聚。

其次，这些小说家又非民国时期的报人小说家有作品集或回忆录。进入民国以后的小说家，能够以职业的便利，造出名气，名正言顺地出版那么多专著或编辑作品集，因此能从回忆录或专著中入手研究民国报人小说家。何况有的晚清小说家寿命短，也未曾有意识撰写报界活动回忆录，这就阻断了从作家文集或回忆录中考证的路径。

最后，晚清政治迫害严重，无论是维新派还是保皇派的小说家，都要考虑生存与活命问题，不少参与小说创作的政治家不敢公开自己在此领域的职业与身份，资产阶级革命派小说家虽不怕死，但为形势所迫，不得不集中精力投入于繁忙的报刊创办事务或小说创作中去，无暇或来不及艺术化地处理自己的作品。

有些岭南报刊小说家在报刊登载的作品虽有规模，但十分分散，想

① 管林、陈永标、汪松涛、谢飘云、左鹏军、闵定庆：《岭南晚清文学研究》，广东人民出版社2003年版，第262页。
② 谭汝俭：《四十七年来广东报业史概略》，《香港华字日报》之《七十一周年纪念刊》1934年。

要全面整理，需要耗费大量精力与时间，单凭学者个人一时之力，也难在短期内见规模化的初步成效。在钩沉小说家事迹时，曾借用报刊自身携带的新材料，使不少小说家如张石朋、白光明、欧拍鸣、邱菽园、王斧等生平事迹渐渐明朗，但依然不足。但不管如何，在整理与研究过程中，发现可以通过近代报刊自身自成体系的文献库，找到研究出口，获得岭南报刊小说家丰富的、立体化的、取之不尽用之不竭的史料。目前，可以拓展小说家研究的文献来源，主要有以下途径。

一是报刊社员一览表。这是最好的文献资料，但是因为报刊断残严重，未必能找到创刊号，有的报刊甚至没有刊布社员一览表，因此很难找到原迹。不过，还是有不少报刊在现存文献中刊载了社员一览表，或者在他报登载出世广告时，列有社员一览表，不过就是多耗费时日搜索整理而已。

二是报刊人员辞职、聘用、代登润笔、产品研发等广告。新发现的这些材料，极为丰富，将给报人小说家研究带来很大的帮助。

三是报载笔战文章，特别是政论，要揭露对方事迹的时候，往往把真实信息暴露于笔端，并揭露对方所使用笔名，这就有助于研究报人小说家的社会影响与社会地位。

四是报载诗词文等传统文学作品的唱和赠别之作，往往在题目、小序或跋语中有交代小说家之间的交游互动信息，也是可以用于联合考察小说家信息的。

五是报载粤讴、班本、龙舟歌、南音、剧本等地方性文体的签署、印章信息，也提供了一些旁证。

六是报载化学、教育、美术、农林工商等实业文稿中的签署信息，也是开拓报人小说家研究新视角的途径。

七是岭南报刊小说前言、按语或中间插词，时或有提供同行小说家信息的实证材料。

八是报刊理论文章、报刊小说广告，是发掘报刊小说家创作思想、创作影响或小说理论的第一手材料。

以上八条途径，可作文体互动交流的内部证据，是最有生气的、原生态、立体化的报人小说家研究的文献资源。

余　论

现存岭南报刊小说署名与不署名，其情况较为复杂。可以借助所署笔名，联合透视单行本序例或报载社员表、报载广告及报载个人传记等资料，考察到原名；可以通过署名后缀或前置语，区分小说稿件的来源、地域或创作心境等情形。

根据报刊关系、小说家思想倾向、创作艺术追求，主要有如下岭南报人小说家群体：郑贯公所办报刊为中心的小说家群体，以强烈的革命感创作小说，以文体革新与革命思想结合的方式，弘扬时代思想主旋律；以《时事画报》为中心的小说家群体，有美术家参与报刊小说的创作、运营与插图，构建了时事入小说、短篇小说系列化与微型化的试验中心；以《农工商报》为中心的小说家群体，提倡工商实业，批判社会现实，主张开通民智，从客观上有助于当时中国民众文明的提升；《以香港华字日报》《新小说丛》为中心的小说家群体，以岭南人为主，又有一个突出的非广东人邱菽园，是香港与南洋小说互动的经典实例；以《南越报》《国民报》为中心的小说家群体，见证了辛亥革命前后岭南报界的变化，成为政治形势影响创作热情与创作思潮的经典案例；以黄世仲、黄伯耀兄弟为中心的小说家群体，中、外小说的创作与翻译、引进、模仿、创新自成一体，催生了"近事小说"，是融传统性与现代因子于一体的经典案例。

区域文化与抗战文学研究

主持人：**杨华丽**

主持人语：

自《区域文化与文学研究集刊》创办以来，区域文化与中国现当代文学的关系问题就一直是关注的重点。仅从第六至第十辑来看，除每辑中均有"区域文化与现当代文学研究"的内容之外，我们根据稿源情况，多次开设"区域文化与抗战文学（艺）研究"专栏，专门设置了"江南文化与南京文学研究""齐鲁文化与文学研究""现代巴蜀湮没文学研究""江南文化与江苏文学研究""现代戏剧与川渝文化研究""西部文化与区域文学研究"等栏目，还特别推出了"彭燕郊百年诞辰纪念专栏""鲁迅诞辰140周年纪念专栏""张恨水研究""巴蜀作家研究·巴金""潮汕文化与文学档案·林培源"等从区域文化角度来介入作家专题研究的栏目。在一定意义上，刊载多向度、宽视野的这些学术成果的本刊，和我们持续主办的"区域文化与文学"学术研讨会，为推进中国的区域文化与文学研究略尽了绵薄之力。

本辑的"区域文化与抗战文学研究"栏目由五篇质量颇佳的文章组成。姜彩燕、李晨希的《夏照滨在西北联大的戏剧活动及其意义》一文，借助第一手史料，深入历史现场，结合西北联大校史、档案史料、回忆传记等，发掘、勾勒出戏剧教育和英语教育界的卓越探索者和实践者——夏照滨鲜为人知的西南联合大学求学时期的戏剧活动全貌，不仅梳理出了他在西南联大时组织校园文学社团、参与各种戏剧公演活动的具体情形，分析了他所撰文章表达的对抗战文艺建设的特殊思考，而且向前追溯至他从事戏剧活动的渊源，向后扩展至他的戏剧活动之于抗战文学与文化事业、其后来从事的戏剧教育和英语教育的重要意义，视野宏阔，表述严谨。李笑的《抗战大后方的"慰劳信运动"及其文学创制》一文，关注到慰劳信运动、《慰劳半月刊》等刊物、慰劳工作报告、"慰劳信体"创作等，系统梳理了大量的慰劳信文本，翔实分析了《慰劳半月刊》《好男儿月刊》等期刊体现出来的"慰劳信"这一书写形式的写作及其演变历程，指出慰劳信的工具属性和情感交流属性在其参与民族战争动员过程中的重要作用。林沁馨、张全之的《女性群像与抗战叙事》从女性角色、抗战语境下的叙事这两个角度，细致解读了冰心40年代的力作《关于女人》，认为冰心将性别、家庭、战争等议题相融合，在经典抗战书写的模式之外，开辟了战时叙事的新路向。付冬生的《川渝地区少年儿童的抗日救亡运动》一文，全面梳理了川渝地区的少年儿童在中国共产党领导下所成立的众多抗日团体，如政治部孩子剧团、内江孩子剧团、重庆儿童农村宣传队、中国战区儿童边疆宣传团等，逐条呈现了这些儿童抗日团体开展的"中国儿童号"献机运动、举办抗日儿童团体星期座谈会等具体活动的情形，为我们认识其积极意义奠定了坚实基础。何瑶的《大后方小说艺术表达的"大众化"与"个性化"特征》意在论析大后方小说艺术表达上的"大众化"与"个性化"特征，而又选择了鲜明体现出大后方文学风貌的重要文学刊物——《抗战文艺》上所载小说文本为分析对象，通过翔实的文本细读与纵向考察，管中窥豹似地分析了大后方小说艺术表达的阶段性特征，部分复现了大后方小说发展的原生态图景。

如若细分，五篇文章或研究战时大后方的文学运动，或解读大后方小说艺术表达的阶段性特征，或梳考重要人物的文学活动，或探究重要作家的战时代表性文本的根本特征，都属于区域文化与大后方文艺的研究范畴，且都兼具史料扎实、梳理细致、分析深入的特征。

夏照滨在西北联大的戏剧活动及其意义

姜彩燕　李晨希[*]

内容提要：夏照滨是我国戏剧教育和英语教育的探索者和实践者，早在大学时期就在戏剧、文学界崭露头角。他积极组织校园文学社团，参与各种戏剧公演活动，并多次撰文表达自己对于抗日战争文艺建设的思考，为抗日战争时期的文学与文化事业做出了重要贡献。本文借助第一手史料，深入历史现场，结合西北联大校史、档案史料、回忆传记，完整勾勒夏照滨在西北联大的戏剧活动，认为他在大学时期的探索与实践为他之后的戏剧活动积累了丰富的经验，并为他从事戏剧教育和英语教育奠定了扎实的理论基础。

关键词：夏照滨；西北联大；戏剧活动；意义

夏照滨是我国戏剧教育和英语教育的探索者和实践者。1944 年他曾在国立剧专担任"西洋戏剧史""剧本选读"和"高级英语"等课程，后在重庆北碚复旦大学担任英语系讲师。1945 年，复旦剧社重排曹禺剧作《雷雨》，夏照滨担任导演并亲自扮演周朴园。1950 年以后，夏照滨任教于南京大学外文系。1964 年，在莎士比亚诞辰 400 周年之际夏照滨排演了莎士比亚剧作《裘力斯·凯撒》并亲自出演马克·安东尼。综观其一生，夏照滨始终对戏剧怀有极大的热情，然而很少有人知道，他对戏

---

* 姜彩燕，西北大学文学院教授，博士生导师，主要从事鲁迅研究、西北联大与中国现代文学等领域的研究；李晨希，西北大学文学院中国现当代文学专业硕士研究生。

剧的热爱和执着来自于他在大学时代打下的深厚基础。

夏照滨于 1937 年考入西安临时大学文学院外文系，1938 年随学校迁至城固，学校改名为国立西北联合大学。1939 年 8 月学校又奉教育部令改为国立西北大学。在大学期间，夏照滨积极参与学生社团活动，与尹雪曼组织西北文艺笔会，编辑《青年月刊》副刊《文艺习作》；担任西北联大新生剧团的导演、演员，积极参与寒暑期公演活动；并多次撰文总结陕南和西安地区的剧坛发展状况，为我们了解当时西北大后方的戏剧活动提供了第一手史料。同时，作为大学生的他还参与到当时文坛关于"民族形式"的论争中。他撰写的文章《关于建立文艺的民族形式》得到了胡风的关注和回应。夏照滨在西北联大的戏剧活动对于推动戏剧走向民众，发挥其艺术熏陶和启迪民智作用，深入抗战宣传作出了重要贡献。然而目前学界对此所知甚少。本文即借助第一手史料，深入历史现场，结合西北联大校史、档案史料、回忆传记，试图完整勾勒夏照滨在西北联大期间的戏剧活动，认为这一时期的探索与实践为他之后的戏剧活动提供丰富的经验积累，并为他后半生从事戏剧教育和英语教育奠定了基础。

一 夏照滨戏剧活动的渊源

（一）扶轮中学的初步启蒙

1918 年 6 月，夏照滨出生于江苏江浦。家里只有他一个儿子，底下还有四个妹妹，童年生活无忧无虑①，中学就读于郑州扶轮中学。那时郑州地区的环境相当"土"，但是扶轮中学却相当"洋"②。不仅教材质量高、师资水平强，而且重视英文教育，为夏照滨今后的学习打下了深厚的外文基础③。在这样"洋气"的中学中，夏照滨的表现十分突出。1935

---

① 夏照滨：《陀》，《中学生文艺季刊》1935 年第 1 卷第 1 期。
② 梁寅峰主编：《郑州市扶轮外国语学校校志 1929—2009》，珠海出版社 2004 年版，第498 页。
③ 梁寅峰主编：《郑州市扶轮外国语学校校志 1929—2009》，珠海出版社 2004 年版，第4—6 页。

年，品学兼优的他拿到扶轮中学第一届"惠芳奖学金"。在"一二·九"学生运动之后，扶轮中学的学生活动十分活跃，不仅成立了读书社、歌咏队、抗日救国宣传队、演剧队、募捐队、伤员护理队等，还经常举办讲演会、歌咏会，利用课余时间在街头演出活报剧。高中时的夏照滨胸中燃烧着爱国热情，不仅致信上海《抗战》三日刊主编邹韬奋提出关于前方战士的粮食问题①，而且作为一名活跃分子参与学校的爱国活动。在英文课上，英语老师吴慰曾为大家讲解了爱尔兰女作家格雷戈里的作品《月亮升起》（今译《月亮上升的时候》），同学们在爱国热情的感召下自发地组织起来，用英文短剧的形式编演，夏照滨即是主演之一。他们还自己动手制作服装道具，自己导演，自己排练，演出获得成功，在校内引起轰动。可以说，在郑州扶轮中学时，夏照滨接受了戏剧教育的启蒙，初步培养了对于戏剧活动的兴趣。

（二）与上海抗敌救亡演剧二队的接触

因抗日战争爆发，大学推迟开学，夏照滨应扶轮中学校长吴健的聘用暂时留校，在教务处协助工作。②"八·一三"之后，上海文化界民族救亡协会组织了十二支演剧队到北方地区开展抗日救国的演出，扶轮中学校长吴健在洛阳开往郑州的火车上遇到了上海抗敌救亡演剧二队，邀请他们到学校演出，夏照滨受命负责接待。在这个过程当中，夏照滨全程见证了演剧二队队长洪深、队员冼星海、金山等人排练演出的活动，了解剧团演剧的运作流程。演剧队的队员们还给学校师生的文艺团体上艺术课，将文艺演出的理论知识、表演技巧、化妆技巧、发声技巧教给他们。冼星海亲自教唱抗战救亡歌曲，使得扶轮中学的抗战救亡宣传演出活动迎来高潮。夏照滨为本次演剧队在扶轮中学的活动撰写报告《上海抗敌救亡演剧第二队在郑州》，描绘了卢沟桥事变爆发后戏剧界人士义

---

① 韬奋基金会、上海韬奋纪念馆编：《韬奋全集》，上海人民出版社2015年版，第673页。
② 中国人民政治协商会议河南省郑州市委员会文史资料研究委员会：《郑州文史资料》第3辑，1987年，第18页。

愤填膺奔赴全国的壮阔场景，介绍了由洪深领队、冼星海担任音乐指导的上海抗敌救亡演剧第二队在抵达郑州之后的活动。借住在扶轮中学，以学校新建的大礼堂为基地的演剧队上演剧目有洪深导演的哑剧《新仇旧恨》，以及《放下你的鞭子》《东北之家》，同时进行抗敌救亡歌咏大合唱，包括《大刀向鬼子们头上砍去》《松花江上》等。①

扶轮中学时期的夏照滨在时代的感召和环境的影响下激发了对戏剧活动的热情，也初步学习了演出技艺，这为他进入大学后广泛参与戏剧活动奠定了基础。

二　西北联大时期的戏剧活动

夏照滨曾参加《青年月刊》1939 年 8 卷第 1 期"本社第一届征文"《我怎样投考大学的?》，撰写了一篇《是为了那么一点绿的憧憬啊》，记述了他作别六年中学生活、作别母亲之后步入大学的读书生活。② 1937 年他高中毕业时原本要投考清华大学，因全面抗日战争爆发未成，转而就近到西安参加了新组建的西安临时大学的入学考试，成为西安临时大学文学院外国语文学系正取九名中的一员。初到西安不久，夏照滨即撰文表达了自己对于内地文艺建设的意见。他看到了战争对于上海文艺界的影响，认为内地也应当在战斗的环境下"建立文化堡垒"③。虽然他还不过是一名大一学生，但此时的他对于文艺已经有了自己的认识和思考。他在当地报纸上撰文指出，在民族解放战争面前，部分文艺工作者离开安定的环境投入战斗的火线上，一部分作家失去了对于生活的把持，战斗年代的文艺陶冶也多取自于报纸和小型刊物、街头壁报，客观环境要求当前文艺工作者应做的努力是实效性的"速写，战斗小品，报告文学，活报，短诗等"，把持文艺的火枪，"作品应力求其短小，充实；满篇标

---

① 夏照滨：《剧专小忆——关于我的西洋戏剧史和剧本选读》，《剧专十四年》，中国戏剧出版社 1995 年版，第 33—34 页。

② 夏照滨：《是为了那么一点绿的憧憬啊》，《青年月刊》1939 年第 8 卷第 1 期。

③ 夏照滨：《纪念"一二八"要向内地建立文化堡垒》，《国风日报》1938 年 1 月 28 日第 3 版。

语口号华而不实的东西已不再能配合目前迫切的需要"①。他把文艺的火枪指向更为广大的群众层面，揭露敌人的黑暗和战斗的壮烈，以达到教育、警示落后民众的作用。他还认为欧化的、曲高和寡的艺术应当在当时的作品中消失，尽管这个观点体现了战斗时期的迫切性，对于号召文艺工作者离开"温暖的火炉"投身"民族抗争的烽火"有积极的促进作用，但是也不可避免地有些矫枉过正。

（一）参与新生剧团及其演剧活动

在西安入学之时，夏照滨就和法商学院政治系的尹雪曼成了好友。他们中学时代都是在河南度过，有不少共同语言。那时学校影响最大的剧团是西安临时大学剧团，也就是后来国立西北联合大学剧团的前身。剧团正式成员有几十人，参与或支持剧团活动的达到上百人，还曾经聘请作曲家贺绿汀到校教唱革命歌曲。时任团长是国立西安临时大学法商学院法律系的刘治国，社团经常到西安城郊地区进行抗日救国宣传工作。西部战事失利，西安临时大学受命南迁至城固。夏照滨感受到西安古城"颤抖在东洋的木屐下面"②，他满怀哀痛随学校从西安迁至城固，随笔《西北联大剪影》和《短简》记述了西北联大师生从西安到城固途中的经历，细致描绘了宛如 18 世纪的古老小城的景象，记录了暑期军训生活、联大的学院变迁和战时的紧张气氛。他将随校迁徙的过程比喻成"流浪"的过程，坚信在抗战烽火燃烧的大洪流中，正义的匕首终将"深深地插入那野兽的胸膛"③。夏照滨在南迁途中更加见证了战争的残酷性和破坏性，年轻的心灵涌起热血，因此追随好友尹雪曼开始参与文学社团的组建，一同组织了西北文艺笔会，编辑《青年月刊》的副刊《文艺习作》。刚在城固安顿的西北联大百废待兴，而联大剧团的团长未随校南迁，此

---

① 夏照滨：《把持文艺的火枪》，《西北文化日报》1938 年 1 月 26 日第 3 版。
② 夏照滨：《是为了那么一点绿的憧憬啊》，《青年月刊》1939 年第 8 卷第 1 期。
③ 夏照滨：《西北联大剪影》，《青年月刊》1939 年第 7 卷第 1 期。

时尹雪曼创办了"新生社"，旨在推广"新生活运动"①，编写张贴壁报，后来夏照滨也欣然加入新生社。随着成员渐渐增加，相继成立了歌咏队、话剧团、壁报社。歌咏队主要面向校内外活动，负责教群众演唱抗战歌曲，话剧团专门在校外演出，壁报社负责宣传。1939 年正式改为"新生剧团"，获得学校经费支持。新生剧团在校内演出的同时，到校址周边的城固、汉中等地演出，获得了观众的热爱，之后便在陕西省抗敌救援会的领导下，在寒暑期于宝鸡、西安等地开展大规模公演活动，同时为伤兵、难民、前方将士募捐物资，在 1940 年至 1942 年达到演剧活动的高峰，成为陕南地区的一道戏剧"热流"②。

新生剧团的成员来自于西北联大的十多个院系，其中三分之一的学生来自法商学院，文学院和理学院次之，还有教育系、体育系、医学院的同学。夏照滨在新生剧团中既任演员，又任导演，还兼任化妆工作，是名副其实的台柱之一。他曾出演《日出》中的方达生，饰演过《家》中的觉慧，还会哼唱几段京剧。据尹雪曼回忆，由于夏照滨个子比较高，少有相配的女主角，所以还经常演老头。他"胆很小，对于朋友常是'心有余'"③。除此之外，夏照滨还排了《万世师表》和《清宫外史》，在"十万智识青年从军运动"中，夏照滨用《清宫外史》这个戏作为临别的礼物，出征的前夕，全城各界欢送大会在大戏院举行，夏照滨以全力演出了《清宫外史》，欢送新时代的战士，博得万众的赞赏。

当时，新生剧团出于宣传、募捐和劳军组织了众多剧演活动。学生们不畏烈日和寒风，跋山涉水几十公里路完成公演，使话剧这一新兴的艺术形式在相对闭塞的陕南地区获得了与旧剧同等重要的地位。新生剧团先后演出过《重逢》《人与傀儡》《天津的黑影》《凤凰城》《前夜》《雷雨》《原野》《这不过是春天》《野玫瑰》《家》《长夜行》《愁城记》

---

① 国立西北大学档案：全宗号 67，目录号 1，案卷号 205—2。
② 李英才：《剧的热流在陕南》（城固通讯），《黄河》月刊 1941 年 2 卷第 8 期。
③ 尹雪曼：《大学生活二三事》，西北大学台北校友会《国立西北大学建校卅周年纪念刊》，1969 年，第 51 页。

《雾重庆》《结婚进行曲》《塞上风云》等剧作。而在这些演出中，《雷雨》的演出效果最为轰动。他们将这份代表着反抗的雷霆之势带入了遥远的陕南一隅，获得了陕南地区观众的共鸣和热爱。由于《雷雨》在陕南民众中获得了轰动效应，所以新生剧团又接收到向汉中航空部队官兵演出的任务，仅仅5天连演4场，而后转宝鸡演出。演员们在奔走过程当中不仅受到恶劣天气和路况的影响，还要躲避日军轰炸，在陡峭的公路上翻越秦岭，尽管在转场演出的路途当中困难重重，也无法影响剧团成员们赶赴的决心。新生剧团在西安演出时，在《雷雨》中饰演周朴园的夏照滨，饰演繁漪的朱宝丽与宋瑶琴，饰演四凤的萧敏荣，得到了战干四团领导西北剧的运戴涯等人的赏识，[①] 说明夏照滨的表演效果还是很受肯定的。

1941年，新生剧团又在西安进行了《原野》的公演。对此，夏照滨曾专门撰文介绍此剧的演出过程。他认为《原野》的演出比《雷雨》和《日出》更加困难，"这是一部更适宜阅读更不容易为一般的戏剧团体所接受的戏"。[②] 除了客观条件的限制，还有舞台布景的困难，演员生活经验有限等。尽管如此，《原野》的演出仍然取得了相当的成功。"《原野》在西安上演不但在西北是一个光荣的标记"，就是在全国的演出记录上也是极其珍贵值得肯定的，他们"对于这美满的收获实感到无上欣慰"[③]。在他看来，同学们在艰苦的条件和短短的时间内取得这样好的成绩简直是一个奇迹。他在文中详细介绍了《原野》的演员阵容，肯定了演员们表演的精彩之处，比如他称赞扮演焦大妈的演员滔子将阴鸷毒辣的老妇人的形象刻画得非常成功，她的台词很娴熟，动作也很老练，尤其善于控制面部的肌肉，使面部表情很好地展露了内心的情感；他称赞女同学沙合（孙材英）把金子泼辣、任性，像一匹无缰的野马的品性表现得相当明确，表扬她舞台经验丰富，动作极其自然；肯定了扮演仇虎的李战

---

① 尹雪曼：《抗战时期生活琐忆》，《文讯》（台湾）1984年第7/8期第29页。
② 夏照滨：《写在原野公演之后》，《工商日报》1941年9月13日第2版。
③ 夏照滨：《写在原野公演之后》，《工商日报》1941年9月13日第2版。

很卖力气，而且很能利用面部传达包裹在他身体里的一颗热烈蓬勃的心；也盛赞了唐那（即九叶诗人唐祈）对焦大星憨直懦弱性格的成功塑造。同时夏照滨也直言不讳地指出了同学们在演出方面的一些缺点。比如他说扮演焦大妈的演员"嗓音不够到位"，扮演金子的演员"面部的戏比较少一点"，李战演的仇虎"动作比较呆板"，等等。除此之外，他还详细记述了当时的舞台布景和装置，认为剧作第一幕的铁轨和权树的老树，向观众显示出舞台工作人员的努力。同时也检讨了所存在的一些问题，认为"天幕应当更加绷紧一些，不然风吹天幕就会削弱观众的真实感。灯光有相当的变幻，不过似乎大部分没有和剧情的发展起着有机的联系，而且有些地方因为变动得太突然太频繁而分散了观众的注意力"，并且认为剧中所模拟的火车的叫声"不大像"，等等。总体而言，夏照滨对于《原野》的演出是相当满意的，虽然作为学生剧团，在演员表演、演出布景方面还存在若干缺憾，但瑕不掩瑜，仍然是当时西北联大新生剧团公演中的一个重要收获。他对《原野》公演过程的详细记录，也为《原野》演出史留下了相当珍贵的史料，对我们了解抗战时期陕西地区的演剧活动提供了鲜活生动的历史记录。

（二）撰文总结陕南戏剧和西安剧坛的发展

夏照滨跟随新生剧团深入陕南公演的经历使他对整个陕南地区的戏剧发展有着独到的见解。在《陕南平原上的戏剧洪流》一文中，夏照滨对于该地区剧坛发展作出总结，并指出当时存在的问题是各剧团不够团结。他作为新生剧团的一员发出倡议，只有团结各方，发挥集体力量，向"穷乡僻壤作有力的戏剧突破"，陕南的戏剧洪流才会"更汹涌澎湃流向前去"①。同时，夏照滨对于抗战时期的文艺建设也有了更深的思考与感触。在抗战文艺建设方面，当文艺界充满朝气地迎接 1940 年之时，夏照滨也成为这个讨论中的一分子，不过他更多地呈现出一种冷静反思的

----

① 夏照滨：《陕南平原上的戏剧洪流》，《戏剧岗位》1940 年第 1 卷第 5—6 期。

态度。"战争是破坏的，也是建设的"①，尽管光明刺透了黑暗，胜利初
现，但是在一切进步当中，文艺却"渐渐愈走愈落后了"，他提出文艺应
当为建国作出贡献，承担更加宽广的任务。② 在对未来文艺工作者的展望
中，他认为首先应当提高创作质量，其次应当加强理论活动与实践努力，
在敌人力量衰竭的形势下团结文艺工作者，加倍努力夺取最终胜利。③ 在
抗战与生产建设的思考方面，他认为在当时的阶段，文艺作品应当服务
于生产建设运动，走抗战文艺新路向，在创作题材、手法上有所改进，
写下更加坚实的作品，以鼓励生产的发展和抗日战争的胜利。④ 文艺作品
要勇于揭露黑暗与腐朽，揭开曙光的幕布。⑤

在对于西安剧坛 1940 年的回顾中，他介绍了骆驼剧团的《塞上风
云》，戴涯主持的战干团艺术班演出的《李秀成之死》和《国家至上》，
还介绍了韩国青年战地工作队演出的大型歌剧《阿里郎》，西北联大新生
剧团演出的《雷雨》《夜光杯》，以及陕南中学生剧团演出的《这不过是
春天》和《春风秋雨》。并且预告了战干团艺术班将从十月起陆续演出
《李秀成之死》《国家至上》《蜕变》《一年间》《塞上风云》等大剧，并
乐观地预料"一九四〇将是西安戏剧演出收获上的丰年"。⑥ 夏照滨撰写
的这些文章为我们了解抗战时期西安地区的戏剧活动留下了珍贵的第一
手史料。

（三）积极参与民族形式论争

西北联大虽然偏居陕南小城，但师生一直积极参与当时文坛热点的
讨论。1940 年 5 月 15 日，由尹雪曼和夏照滨主持的西北文艺笔会就"文
艺的民族形式"进行了讨论。随后夏照滨发表了《关于建立文艺的民族

---

① 夏照滨：《陕南平原上的戏剧洪流》，《戏剧岗位》1940 年第 1 卷第 5—6 期。
② 夏照滨：《迎一九四〇年》，《青年月刊：文艺习作》1940 年第 2 期。
③ 夏照滨：《一九四一文艺工作者应有之努力》，《黄河》（西安）1941 年第 11 期。
④ 夏照滨：《文艺作品与生产建设》，《抗战文艺》1940 年第 5 卷第 6 期。
⑤ 夏照滨：《抗战文艺二三问题》，《青年月刊：文艺习作》1939 年第 1 期。
⑥ 夏照滨：《一九四〇年的西安剧坛》，《戏剧岗位》1941 年第 2 卷 2—3 期。

形式》一文，在文中，夏照滨认为五四运动矫枉过正地抹杀了固有文学遗产，之后的新文艺作品影响仅限于知识分子群体，和大众距离较远。他分析了当时关于民族形式讨论热烈的社会因素，并分别从诗歌、小说、戏剧角度说明如何建立民族形式，希望诗人、小说家、戏剧家们在保持民族良心的前提下建立文艺的民族形式。① 他的观点受到胡风的关注和回应。胡风在《论民族形式问题》中对于夏照滨的观点既有认同也有否定。他肯定了夏照滨文中所提出的五四新文艺是"和中国固有的文艺传统划着一道巨大的鸿沟"的观点，同时也驳斥了夏文指出《说岳传》《薛仁贵征东》《包公案》《施公案》等，"形式不健全""内容不健全"却"特别能表现中国民族色彩"，而且为了"旧形式的感染力量"，"不健全"的"有毒"的"某些"东西也"也都该接受"的观点，认为这是"饮鸩止渴"主义。② 对于胡风和夏照滨之间的分歧，龚刚在《如何创造中国新文学的民族形式？——回顾 1940 年代的民族形式论争》中认为，相较于胡风的斗争性思维，夏照滨对于旧形式的思考更加温和，主张合理接受文学遗产，因此他赞同夏照滨提出的接受传统作品的民族色彩和感染力量，同时借鉴旧形式以建立新形式的观点③。胡风以战斗姿态批判夏照滨对于传统文艺的"妥协"，显然更具激进色彩，而夏照滨由于在西北联大期间目睹了国剧、秦剧、豫剧等各种戏剧社团的演出实践在陕南地区民众中所受到的欢迎，以自己的切身所见，得出自己的观点，因而对于传统旧剧能抱有一种辩证的温和姿态。

综上可见，夏照滨在大学时期就已经是一位在戏剧、文学界相当活跃的青年知识分子。他积极参与各种社团组织活动，身体力行地进行各种戏剧公演活动，并积极撰文表达自己对于抗战文艺建设的思考，为抗战时期的文学与文化事业作出了不容忽视的重要贡献。

---

① 夏照滨：《关于建立文艺的民族形式》，《蜀道》1940 年第 145 期。
② 胡风：《论民族形式问题》，《胡风全集》第 2 卷，湖北人民出版社 1999 年版，第 754 页。
③ 龚刚：《如何创造中国新文学的民族形式？——回顾 1940 年代的民族形式论争》，《语言与文化论坛》2017 年第 4 期。

西北联大时期夏照滨在报刊上发表的文章目录

时间	文章名	发表报刊	发表期号
1938 年	把持文艺的火焰	西北文化日报	1938—01—26
1938 年	纪念"一二八"——要向内地建立文化堡垒	国风日报	1938—01—28
1938 年	展开日记的新页	甘肃民国日报	1938—01—06
1938 年	展开日记的新页	甘肃民国日报	1938—01—23
1938 年	展开日记的新页（续）	甘肃民国日报	1938—01—25
1938 年	给一个火线上的友人	西北文化日报	1938—01—28
1938 年	元旦漫笔	西北文化日报	1938—01—01
1939 年	是为了那么一点绿的憧憬啊	青年月刊	1937, 08 (01)
1939 年	西北联大剪影	青年月刊	1937, 07 (01)
1939 年	抗战文艺二三问题	青年月刊：文艺习作	1939, (01)
1939 年	短简（随笔）	青年月刊	1939, 07 (06)
1940 年	陕南平原上的戏剧洪流	戏剧岗位	1940, 01 (5—6)
1940 年	迎一九四〇年——略论文艺的新倾向	青年月刊：文艺习作	1940, (02)
1940 年	文艺作品与生产建设．抗战文艺	抗战文艺	1940, 05 (06)
1940 年	文艺作品与生产建设	西康国民日报	1940—11—01
1940 年	文艺作品与生产建设（续）	西康国民日报	1940—11—02
1940 年	呈现给新时代的歌手——写在《诗歌特辑》的前面	青年月刊：文艺习作	1940, (03)
1940 年	建立文艺批评	黄河（西安）	1940, (07)
1940 年	诗的前路	新蜀报	1940—09—12
1940 年	关于建立文艺的民族形式	新蜀报	1940—06—14
1941 年	一九四〇年的西安剧坛	戏剧岗位	1940, 02 (2—3)
1941 年	一九四一文艺工作者应有之努力	黄河（西安）	1941, (11)
1941 年	写在《原野》公演之后	西京日报	1941—09—13

三　大学时的戏剧活动对后来的影响

（一）为日后从事戏剧实践活动积累了经验

1941 年，夏照滨大学毕业后在西安私立力行中学担任英语教师①。西

---

①　中国人民政治协商会议陕西省西安市委员会文史资料研究委员会编：《西安文史资料》第 14 辑，1988 年，第 109 页。

安私立力行中学是北京师范大学在陕同学会所创办的。在力行中学任教期间，夏照滨延续着学生时代的戏剧实践与研究活动。后又在洛阳西工剧艺社工作，导演了曹禺话剧《日出》，演员阵容整齐，演出态度严肃，剧场效果可说是轰动了抗日战争时期的洛阳。演出之后，当地很多报纸都发表了肯定性的剧评。后来又和林柯（陈西禾）合作，由林柯任编剧，夏照滨任导演，排演了四幕话剧《沉渊》。据友人回忆，夏照滨"对表演艺术、剧场建设等都曾潜心研究过，所以在排练场上指挥舞台调度、启发演员表演情绪等颇有章法"①。

　　1945 年冬，夏照滨在重庆北碚的复旦大学任英语教师期间，复旦剧社重排曹禺名剧《雷雨》。夏照滨和外文系另一青年教师索天章担任该剧导演，索天章之妹索景章饰演繁漪，外文系学生冯惠端饰演四凤，索天章饰演周萍，夏照滨饰演道貌岸然的周朴园。这次演出轰动北碚，各界人士争相观摩，国立戏专师生也前往帮助化妆，成为复旦剧社历史上光辉的一幕。据夏照滨妻子邵绍红回忆，夏照滨 60 年代还和她讲述过在西北大学和复旦剧社演剧的往事，并为她表演过"周朴园"的扮相，"一副老爷派头，味儿很足"②。

（二）为深入戏剧理论研究奠定基础

　　夏照滨的戏剧活动经历了扶轮中学时的启蒙，西北联大时期的积极探索到西工剧艺社期间的深入实践，逐渐转变成为系统性的理论研究。由于在西北联大求学时对于曹禺剧作的反复研读和排练，使他对曹禺剧作有了较为深刻的理解。1942 年，夏照滨在《力行》上发表《〈北京人〉研究》，从前言、故事、结构、技巧、任务、主题方面对《北京人》展开讨论，认为《北京人》虽然写世家悲剧，但是却充满北京气息，同时他结合自己的学生时代的演剧经验和担任导演时的经验，从舞台装置、人

---

　　① 李克非：《抗战时期的洛阳西工剧艺社》，中国人民政治协商会议河南省委员会文史资料委员会编《河南文史资料》，1992 年，第 37 页。

　　② 邵绍红：《我的爸爸邵洵美》，上海书店出版社 2015 年版，第 397 页。

物对话、音响效果、气氛设置的角度分析剧本如何烘托北京情调。① 这说明，夏照滨在大学时代的戏剧实践经历已经为他后来的戏剧研究奠定了相当专业的基础。

之后夏照滨深入军队工作，在任第一战区司令长官部上校秘书期间，在距前线不远的军事首脑部工作。没有图书馆，远离有水准的话剧和电影演出，军队文化生活的贫瘠让他感到十分悲哀。同时想到自己曾经在大学时期所参与的文化劳军活动，当《黄河》杂志1943年向文艺工作者征集对于文化劳军的意见时，夏照滨积极参与这场讨论，他表示前方将士在一场战斗之后急需一场文化劳军以供娱乐、陶冶和排解寂寞。他也提出了实践层面的问题，认为应当将文化劳军运动转化成将士内在自生的文化自觉。相较于其他人关注文化劳军如何开展、实践意义而言，有过劳军演出亲身经历的夏照滨对于其自身文化觉醒的思考更加深刻。②

（三）为从事戏剧教育和英语教育作了准备

1944年，夏照滨担任国立剧专江安阶段和北碚阶段的专职教师。国立剧专的戏剧文学课名师众多，"西洋剧本选读"曾由曹禺、焦菊隐讲授，曹禺还讲授"文艺心理学（美学）"，焦菊隐讲授"导演基础理论"，洪深讲授"希腊戏剧"和"编剧"，梁实秋讲授"莎士比亚研究"，陈鲤庭讲授"表演体系研究""导演研究"③，陈白尘讲授"编剧技巧"。由于夏照滨深厚的英语基础和丰富的戏剧实践经历，刚到江安的他便被安排担任"西洋戏剧史""剧本选读"和"高级英语"三门课程。他对于莎士比亚和易卜生比较熟悉，课程中常选择莎士比亚名剧原文片段进行教学④，但对于希腊悲剧和英美以外的戏剧作品比较生疏。西洋戏剧史和剧

① 夏照滨：《〈北京人〉研究》，《力行》1942年第5卷第5期。
② 夏照滨：《我对于文化劳军的意见》，《黄河》1943年第4卷第1期。
③ 阎折梧编：《中国现代话剧教育史稿》，华东师范大学出版社1986年版，第182—183页。
④ 曹树钧：《余上沅与莎士比亚》，上海艺术研究所话剧室、沙市文化局国立剧专上海校友会、沙市方志办主编《余上沅研究专集》，上海交通大学出版社1992年版，第300页。

本选读既无教材也无讲义，夏照滨只能在江安小小的图书馆中阅读大量的参考文献，一边教一边学，用发黄的毛边纸和毛笔一字一句，从无到有地将西洋戏剧史的脉络理清，将自己研读分析作品的心得编入讲义，并在之后每期课程中修改和增订。这两本讲义一直被夏照滨小心翼翼地保存着，然而最终未能逃过"文革"的劫难，被忍痛投入火海①。尽管讲义未能保存，但他对西洋戏剧史和剧本选读课程的探索无疑在中国话剧教育史上具有重要的意义。

在复旦大学英语系担任讲师期间，夏照滨的系主任正是他后来的岳父邵洵美的好友全增嘏。据邵绡红回忆，邵洵美听说这位未来女婿曾是全增嘏"麾下大将"，感觉十分"贴己"，可惜因时代原因两人一直未能见面晤谈。20 世纪 50 年代之后夏照滨一直在南京大学外文系执教，潜心于翻译活动和英语教育。1959 年，上海文艺出版社出版了夏照滨翻译的美国女作家玛撒·稻德的著作《疾风劲草》，译作"语句流畅，词汇丰富，人物描述得活脱脱在眼前，男女主人翁的感情交流也表达得淋漓尽致"②，充分体现出夏照滨深厚的英美文学修养。

1964 年，莎士比亚诞辰 400 周年之际，南京大学外文系教授陈嘉倡议举办莎翁戏剧演出。夏照滨和梁士纯、沈同洽等教授和英语专业广大师生积极响应。1964 年 5 月 16 日，在陈嘉的带领下，南京大学莎士比亚戏剧节开幕，在鼓楼校区大礼堂举行了首场演出。陈嘉主演《哈姆莱特》，梁士纯主演《李尔王》，沈同洽和夏照滨主演《凯撒大帝》（即《裘力斯·凯撒》）。当时还是学生的钱佼汝、金丽文和杨治中等主演《威尼斯商人》。那次演出是南大外文系历史上一项重要的文化活动，在全国高校的英语专业中也是独此一家，轰动一时。英美文学专家、北京大学的杨周翰和莎士比亚戏剧著名译者卞之琳都专程前往观看。③

---

① 夏照滨：《剧专小忆——关于我的西洋戏剧史和剧本选读》，编辑小组编《剧专十四年》，中国戏剧出版社 1995 年版，第 33—34 页。

② 邵绡红：《我的爸爸邵洵美》，上海书店出版社 2015 年版，第 338 页。

③ 从丛：《莎士比亚的中国百年——南京大学也有浓墨重彩的一笔》，《中国莎士比亚研究通讯》2016 年第 6 卷第 1 期。

夏照滨扮演马克·安东尼剧照

　　然而"文革"开始不久后，莎剧演出便被批为"牛鬼蛇神，粉墨登场"。陈嘉所策划上演的莎剧片断便成了他利用文艺形式反党反社会主义的一大罪状，陈嘉因此遭到红卫兵的侮辱和摧残，夏照滨也受到了同样的劫难，此后在贫病交加中度过。正如他评价易卜生时所言，"当旋律最贴切地擒服了听众心灵的时候，这首歌就那么突然地停下了……"① 在这期间他对于戏剧的研究也处于停滞状态，直到 1981 年局势逐渐好转，夏照滨慢慢振作起来，步入自己的"文艺复兴时期"②。他开始回想自己早年的戏剧活动经历，将学生时代的学习和实践经验，结合之后在复旦、南大的任教经历完成了《论戏剧艺术与英语教学》。他谈到英语教学实践的过程也是一个导演和表演的过程，存在性质、目的、手段上的相似性，可以将戏剧艺术中的独白、对白、演出的原则应用到英语教学中，发挥

① 夏照滨：《易卜生的忧郁》，《时与潮副刊》1948 年第 9 卷第 5 期。
② 邵绡红：《我的爸爸邵洵美》，上海书店出版社 2005 年版，第 337—370 页。

教师的作用，促进学生自觉实践。① 这篇文章集合了他早期戏剧活动和后期教育活动的思考与研究，也是他对自己一生从事戏剧活动和英语教育的系统性总结。

结　语

回顾夏照滨的一生，可以发现一条戏剧活动的线索贯穿其间。如果说扶轮中学时期是他戏剧活动的启蒙阶段，后来的任教经历是他戏剧活动的深化阶段，那么西北联大时期就是他戏剧活动的黄金时代。在抗战洪流中，夏照滨随学校偏居陕南小城，和新生剧团一起，和西北联大莘莘学子一起在偏僻的陕南大地上热心求索，辛勤耕耘，让新生的戏剧穿越秦岭和巴山的阻挡，为古老的陕南注入新鲜的文化血液。他积极参与各种社团组织活动，身体力行地进行各种戏剧公演活动，并积极撰文表达自己对于抗战文艺建设的思考，这对推动戏剧走向民众，促进抗战宣传发挥了重要作用。他在西北联大时期的戏剧探索与实践，为之后的导演工作、从军工作和教育工作奠定了深厚的基础，为我国戏剧教育和英语教育作出了不可忽视的重要贡献。

---

① 夏照滨：《论戏剧艺术与英语教学》，《南京大学学报》（哲学社会科学）1981 年第 3 期。

抗战大后方的"慰劳信运动"及其文学创制

李 笑*

内容提要：全面抗日战争时期全国慰劳总会所组织的"慰劳信运动"，属于大后方劳军运动的重要一环，从《慰劳半月刊》《好男儿月刊》等非典型的文学期刊中可观照"慰劳信"这一书写形式的写作及其演变。从信件本身的工具属性——"寄"与"收"来说，官方的慰劳信借其法定的权威性，使得所有前线将士都成为"隐身"的收信人且无法拒收。然而，书信文体本身所具有的情感交流属性，又使得"慰劳信"这一书写形式在战争情境下更容易被后方文人所青睐，以"对话体"的形式邮寄着后方向前线的慰问与致敬，进而参与到这场民族战争的动员任务中。

关键词：慰劳信运动；《慰劳半月刊》；抗战文学；卞之琳

关于卞之琳《慰劳信集》的创作，有学者认为这部"抗战诗集"在诗艺层面"它的'变'多少有某种'应召'的性质"。[①] 也有学者认为其与全面抗日战争时期的慰劳信运动关系密切，从社会史视野下探讨二者之间更为具体的内在联系。[②] 显然，慰劳信运动的开展为诗人的诗集命

---

* ［作者简介］李笑（1991— ），女，南京师范大学文学院在站博士后，研究方向为中国现当代文学。

① 姜涛：《小大由之：卞之琳 40 年代的文体选择》，《新诗评论》2005 年第 1 辑。

② 李怡、胡余龙：《慰劳信运动与〈慰劳信集〉》，《现代中文学刊》2019 年第 5 期。

名提供了直接的便利，《慰劳信集》所采用的对话体式更是"慰劳信"之为"信"的重要标识。从文学发生而言，这场声势浩大的慰劳信运动为诗人的写作提供了时代语境、历史内容以及言说形式，似乎成为不言自明的决定性写作资源。但从战争实践来看，慰劳信运动最开始并非作为一场文学运动发起，而是全面抗日战争初期大后方劳军运动的重要一环，这意味着，慰劳信运动与战时文人创作之间的联系，可能并不像我们预想的那样紧凑和直接。事实上，由这场运动而衍生的一系列文学文本并不瞩目，即便是卞之琳的《慰劳信集》也很难在中国新诗史上找到一个恰当的位置，而常常被作为讨论诗人创作转向的一个中介。因此，问题可能是：战时的慰劳信写作为何难以走向一种文人创作，是否与慰劳信自身的文体属性有关？反过来，"慰劳信"这一形式为何在战争情境下又容易受到青睐，进而参与并介入到这场民族战争的历史任务中，在介入过程中，这一文体的创作可能及限度又是如何呈现出来？

本文试图重新梳理全国慰劳总会所组织的慰劳信运动及其开展机制，以其机关刊物《慰劳半月刊》《好男儿月刊》等非典型的文学期刊中去观照"慰劳信"写作及其演变。文学研究领域对这一组织及其刊物关注甚少，因其无名的写作者及其作品并未在抗战文学史上占有一席之地，但作为一种书写形式的"慰劳信"似乎又与文学的关系显得颇为暧昧，它并不拘囿于一种简易空泛的模式，而是引发了战时写作的多变与生成，要求一次由后方向前线的"邮寄"。

一　全国慰劳总会与"慰劳信运动"

1938 年 8 月，"武汉慰劳前线将士委员会"（"全国慰劳总会"的前身）甫一成立即发起了"三十万封慰劳信运动"，很快得到社会各界的热烈响应，不到两个月的时间就宣告完成任务，"这些信经过逐一的审查之后，都分别寄到前线将士手里，这是前线将士在精神上第一次受到后方同胞的慰问与鼓励"①。与慰劳信运动同时发起的还有"三十万个慰劳袋运动",由武汉三镇的妇女团体等三百多人缝制,袋内装入各种慰劳品,由"武汉各界慰劳前线将士代表团"携带并赠送到将士手中,时任"第三厅"厅长的郭沫若正是慰劳团中的一员,先后抵达北战场的宋埠、南战场的咸宁、通山、阳新、武宁等地,并在从前线返回后作了《后方民众的责任》② 一文,向公众报告前方的战斗情形及所需之物,号召后方"有钱出钱,有力出力"以保卫大武汉。

武汉失守之后,前线将士与后方民众的抗战情绪受挫,迁移到陪都重庆的全国慰劳总会于1939年4月15日再次发起了"五十万封慰劳信运动",召集重庆文化界举行座谈会,并拟定了详细的运动计划:

全国慰劳总会征集五十万封慰劳信运动办法③

1. 本运动主旨在迅速完成五十万封慰劳信之征集,分致前方抗战将士使其精神上有所慰安,并加强其抗战情绪。

2. 本运动由军事委员会政治部、中央社会部、中央宣传部、重庆市党部、全国慰劳总会,五机关团体联合主持之。

3. 本运动之发动期间,定于五月一日至三十日。

4. 本运动之推进由渝市各机关、团体、学校、报社、文化界、实行分工合作普遍发动。

5. 慰劳信由全国慰劳总会经收。

6. 慰劳信纸张由写信人自备。

7. 慰劳信之审查另组委员会主持之。

8. 慰劳信之内容如下:一、向抗战将士致敬意。二、用后方事实鼓励前线杀敌情绪。三、加强抗战必胜建国必成之信念。四、述

---

① 全国慰劳抗战将士委员会总会:《二十七年度工作概况》,《全国慰劳抗战将士委员会总会慰劳工作总报告》,和平印刷所1947年版,第8页。

② 郭沫若:《后方民众的责任》,《新华日报》(汉口)1938年9月25日。

③ 全国慰劳抗战将士委员会总会:《二十八年工作概况》,《全国慰劳抗战将士委员会总会慰劳工作总报告》,和平印刷所1947年版,第11页。

说敌人经济崩溃，政治出轨，社会骚动之情形。五、各地精神总动员之热烈情形。六、鼓励抗战情绪之漫画或美术画。

9. 慰劳之词句求其通俗易解，最好能富轻松笔调感情真切。

10. 慰劳信之征求得以竞赛方式行之。

11. 竞赛分个人团体两种。

12. 凡用个人名义征集慰劳信一百封以上五百封以下者得给名誉奖状，征集五百封以上一千五百封以下者得给奖章，一千五百封以上至五千封者，得征求各界名人捐赠纪念物品以作纪念奖品。

13. 凡用机关团体名义征集慰劳信一万封以上者，至五万封者得予奖励（其办法另定之）。

14. 各级学校征集慰劳信一万封以上至十万封以下者，得函请该校主管机关给予奖励并给荣誉纪念品。

15. 慰劳信封面应书明全国慰劳总会转前线将士，或指定致某收件人，并请勿将信封封上，（如用较厚纸张一面作信纸，一面作信封亦可）。

从以上 1939 年重庆"五十万封慰劳信运动"的征集办法，可以看出，慰劳信运动作为社会动员特别是大后方激励前线的一种具体模式，相比于武汉时期越来越成熟：由国民政府各机关共同联合主持，提前设定写信的主题内容与语言风格，继而发动所有后方民众及团体参与其中。为了迅速完成这项战时任务，负责机关还制定了详细的竞赛办法，且"凡中华民国国民均得参加此项竞赛"①。从实施过程来看，所谓的"慰劳信"只是官方统一收集、严格审查之后被"过滤"了的书信体文本，而非通常意义上的书信；但从结果来说，这一突击竞赛的模式，以其明确的目标、严格的计划、强力的宣传等优势很快超额完成任务，在收信

---

① 全国慰劳抗战将士委员会总会：《二十八年工作概况》，《全国慰劳抗战将士委员会总会慰劳工作总报告》，和平印刷所 1947 年版，第 11 页。

截止之时共得 73 万封之多，远远超过预定的数量。①

　　书信是情感与信息交流的实物见证，在生存条件简陋、远离亲人故旧的战场，读到一封书信或在闲暇翻看时也会得到一丝慰藉。徐健在《慰劳与宣传》一文中曾这样描述前线士兵收到慰劳信之后的情景："他们的精神，无论在休息或作战的时候，都感着万分欣慰的，不仅是慰劳的食物衣被和演剧唱歌等事，而最可贵的是男女同胞写给他们的慰劳信。他们一听说慰劳信寄到了，便大家都高兴得了不得。信发下以后，他们更三五成群，一团和气地分散在田间，在树下，在墙角，在山坡，坐着，立着，凝神静志的，一字一字的阅读。然而一转眼间，他们的神情却起了变化，有的在沉着的讲述；有的在悲壮的唱歌；有的又在摩拳擦掌；有的则在怒发冲冠；而兴奋得流泪和拔剑狂舞的，也很不少。诸如此类的喜怒哀乐的表现，都是由慰劳信影响出来的结果。"②

　　除了集体写信与邮寄的形式，全国慰劳总会亦通过创办报刊将这一运动引向新的形式。《慰劳半月刊》是为配合全国慰劳总会的工作宣传与开展而创办，可以说是典型的"机关刊物"，由全国慰劳总会发行，全国慰劳总会宣慰组编辑，重庆大东书局印刷，最开始并不对外出售，前 11 期只作为慰劳品赠予前方战士阅读，由各机关慰劳队携带或运输到前方，后为扩大宣传，第 12 期始由中国文化服务社总社经售，且在刊物封底标明"阅后请转赠前方将士"的字样。《慰劳半月刊》本计划于 1938 年 5 月 20 日创刊，结果遭遇重庆"五三""五四"大轰炸，印刷等一切事宜均被延误，直至 6 月 20 日才发出，之后也常常因为后方大轰炸而不得不以多期合刊的形式发行，截至 1941 年 9 月 10 日终刊，共计 29 期，停刊后继由《好男儿月刊》承担其宣传任务。创

---

　　① 从慰劳信来源看，团体所征收的信件数量占大比例：全民抗战社收 134684 封，童子军总会收 71013 封，中央团部收 10000 封。参见全国慰劳抗战将士委员会总会《二十八年工作概况》，《全国慰劳抗战将士委员会总会慰劳工作总报告》，和平印刷所 1947 年版，第 12 页。
　　② 徐健：《慰劳与宣传》，《慰劳半月刊》创刊号，1939 年 6 月 20 日。

刊号的开篇《献辞》即彰显出刊物的现实目的："亲爱的武装同志们，全国慰劳抗战将士委员会总会谨代表全国同胞，藉本刊创刊的机会，恭恭敬敬诚诚恳恳地向诸位致敬！"《慰劳半月刊》上几乎每一期都会登载官方的慰劳信/慰问电，大多是政治领袖、各省机关及民众团体代表写来的慰劳信/慰问电①，如《蒋委员长告全国军民书》《蒋委员长慰问抗战阵亡将士家属电》《林主席慰问前方将士抗战暨家属电》《西藏僧俗民众慰劳代表团敬告抗战将士书》以及《敬劳前线将士》（叶楚伧）《给前线抗敌将士的贺年信》（金知温）等。当然，对于前线将士而言，最具号召力或动情力的来信还是出自冯玉祥这样有威信有战功的军事将领，冯玉祥常常以一种家常的谈话方式，以"好兄弟""弟兄们"的称呼与读信人平等对话，并写出自己最真切的希望："我们有机会到前线，总要去看看你们，亲自慰问你们，可惜还不能对你们每一个人都这样作。盼望你们看到我的信，抽出功夫回答我，要如同和你们哥哥谈话一样的无话不说，把你们的酸甜苦辣都告诉我。"② 基本内容大同小异，都指向对于前线将士的鼓舞、钦佩、致敬等。

从信件本身的工具属性——"寄"与"收"来说，官方的慰劳信借其法定的权威性，使得所有前线将士都成为"隐身"的收信人且无法拒收。或者说，这是一种自上而下的权威动员形式，类似于"主题先行"式的写作，只是借用书信的格式，以及你（们）和我（们）这样的对话体，在文本中设置了拟定的收件人。官方慰劳信的写作无法根据收信人的身份、年龄、学历、职位等有针对性地选择措辞，只能以严肃而通俗、明白而晓畅的风格词汇组句，使收信人看懂，即使不识字也能借助他人的传达听懂。书信中的上下款称谓、首尾敬颂辞也颇为得体。鉴于明确的战争动员目的，官方的"书信"不再承担细腻而隐秘的情感诉说，而是倾向于宣讲式、演讲式的表达，强调鼓动性与普及性，成为书信与演

---

① 《慰劳电》，《慰劳半月刊》第 4 期，1939 年 9 月 16 日。

② 冯玉祥：《写给全国抗战将士的一封信》，《慰劳半月刊》第 8、9 期合刊，1940 年 1 月 16 日。

讲的胶合,轻而易举地制造出一种现场性与共通感。但是,这种"纸上的呐喊"在现场会产生振聋发聩的效果,但可读性却大大削弱,因为真正与收信人切身相关的信息少之又少。

二 "慰劳信体"与慰劳工作报告

除了政府及军事机关的官方慰劳信,全国慰劳总会的工作人员常常自己写信,报告大后方的社会情形以及慰劳工作的日常进行,也是向社会报告总会成立之后的成绩,以此得到后方民众的支持与信任。如《慰劳半月刊》多次刊出编辑卢雪的慰劳信,并统一以"写给前方将士"为题,在第10期、11期中作者承诺以后借着这一阵地报告后方情形,"你们常常所最关心的,也就是后方的一切情形。为了这一点,我想以后能常常借着慰劳半月刊的地位,写信给你,将你所关心的后方情形,简要地向你报告"①。

令人欣慰的是,总会很快得到了前线的回信,卢雪在第12期的《写给前方将士》中表示了自己接到信时的兴奋:"我没有想到,这样快就可以得到你的回信,然而现在你的回信,却居然自遥远的北方寄到我的手里了,而且是'伏在战壕里,写成的信',这是怎样珍贵的信啊!当我读完这封信的时候,我深深地为你的热情所感动,同时,我欢喜的流出泪来!"② 接下来,卢雪再次介绍全国慰劳总会近期的工作,进一步列出全慰总会的"服务计划",并一再声称"全国慰劳总会是代表着全国千千万万的同胞来为你们服务的一个组织"③。在第15期中作者又简述了各地胜利的消息以及前线慰劳的情形,并说明由于战区分布较大,不能保证所有士兵都能享受同样均等的慰劳,所以"我很诚恳地希望前方的战士们,向我们提出意见,第一,指出我们过去的慰劳工作的缺陷,第二,说明今后慰劳的方法和方式,——需要后方怎样的去慰劳?需要后方用什么

---

① 卢雪:《写给前方将士》,《慰劳半月刊》第10、11期合刊,1940年2月16日。
② 卢雪:《写给前方将士》,《慰劳半月刊》第12期,1940年4月20日。
③ 卢雪:《写给前方将士》,《慰劳半月刊》第12期,1940年4月20日。

东西去慰劳？战士！你们是有权力提出这些意见的，我们希望能够收到你们的意见，改进今后的慰劳工作！战士们！我等待着你们的回答!"①可见，全国慰劳总会宣慰组在办刊的同时，并不只是将刊物输送到前方，而是通过书信这一形式与前线士兵保持较为紧密的联系，这也是前线与后方连成一体的一个有效渠道。

同时，个人所写的慰劳信也占据信件的一大部分，第 14 期的"编者按"中写道："前方将士的英勇杀敌，使全国各界非常感奋，因此慰劳电文是雪片般的不断飞来。当然所有这种慰劳电均有刊出的必要，但因本刊篇幅有限，若一一刊载出来，实无可能；不得已，只有□□选出一部分，使将士们知道我们对英勇杀敌战士的感佩和热望。关于这里刊出的慰劳信，是南洋的中国小朋友写的……"② 编者也会有意选择一些来自海外华侨的慰劳信，如一个华侨学生在信中写道："此次武汉合唱团到马来亚来，筹到国币二百万元，各埠的华侨都踊跃献金，他们的怒吼的歌声，惊醒了许多侨胞，就是我们学生界，也尽了我们的能力出一笔钱，虽然现在武汉合唱团的工作已结束了，但我们华侨的筹账工作仍然是热烈地进行着。"③ 并介绍了华侨学生的读书情况，特别是"读书不忘救国"的热情。

除了直接以书信体来写慰劳信而外，其实慰劳总会所开展的一系列慰劳工作，如优待出征军人家属、开办伤兵招待所、派遣前线慰劳团、征募寒衣运动、运输书报杂志等活动的报告就是最真实的慰劳信，不是以讲演式的颂扬直接激励士气，而是关注前线士兵切身所需来达到动员的目的。如《帮助受伤将士早复健康》（叶蝉贞）、《慰劳代表团出发的前后》（王正国）、《发给出征军人家属优待谷见闻记》（徐宗本）、《伤病官兵招待所概况》（段承泽）、《潼关炮战记》（刘尊棋）、《抗战残废军人服务问题》（段承泽）、《优待出征军人家属的商榷》（徐健）、《安慰和鼓

---

① 卢雪：《写给前方将士》，《慰劳半月刊》第 15 期，1940 年 6 月 5 日。
② 《编者按》，《慰劳半月刊》第 14 期，1940 年 5 月 20 日。
③ 《慰劳信》，《慰劳半月刊》第 15 期，1940 年 6 月 5 日。

励》（少枝）、《优待出征军人家属》（束以范）、《慰劳代表团的行踪》（洞琴）、《九一八慰问负伤将士记》（枞楠）、《赣北前线慰劳追纪》（时语）、《劳军感言》（老舍）、《介绍伤兵招待所》（同敏）、《慰劳空军战士》（冯纲）、《记慰劳空军大会》（志渊）、《慰劳工作在鲁南》（张胆）、《慰问到川南——驻川荣誉军人慰问团工作报导》（欧平）等。

徐宗本的报告《发给出征军人家属优待谷见闻记》① 虽然看似是平常的纪实报告，但却在报告中隐藏着"信"的形式。作者徐宗本代表全国慰劳总会去分发出征军人家属优待谷，并记录了当时的办公场景及具体发放详情，如发放优待谷的时间、价钱、斤两、手续等细则，在这些例行公事之外作者别出心裁地插入了一位老太太的"闲话"："你不知道，我的儿子自去年秋天开到安徽 x 县去，虽然也时常写信来家，但均是那一套，'我在部队内很好哟！请母亲不要挂念，保重福体……'，但我所要知道的就是他究竟杀死了多少日本鬼子？他每次的信上未曾详细提起，你想，我的儿子要不能多杀几个敌人，我真不好意思来领这钱，如果我的儿子那边最近能多打几个胜仗，多杀死几个日本鬼子，我脸上也有点光荣，下一次我也好很快乐地来领第二次的优待谷子。"② 从写作形式来说，这篇工作报告不是以"信"的形式，但却隐藏着一封信——开往安徽前线的士兵写给后方母亲的信，同时这位母亲的"希望"通过作者的转述成为一封寄往前线的信。作者在结尾处则直接向前线喊话："现在详细地将这个经过，很忠实地写出来，我想藉这册《慰劳半月刊》的篇幅，来传到我每一个忠勇抗战将士暨在营受训壮丁的面前，使你们知道你们家属的生活是得到了相当的解决，你们已毋需要再挂念着了，同时政府、社会、民众，不独对你们本身具着无限的期许，抱着很大的热情，怀着诚笃的敬意，就是你们的家属，也时时受着人们深切的关怀，一致的崇

---

① 徐宗本：《发给出征军人家属优待谷见闻记》，《慰劳半月刊》第 2、3 期合刊，1939 年 7 月 31 日。

② 徐宗本：《发给出征军人家属优待谷见闻记》，《慰劳半月刊》第 2、3 期合刊，1939 年 7 月 31 日。

拜，诸君，努力吧！冲上前去，最后的胜利一定是属于我们的！！"以实地见闻的形式报告慰劳的工作成果，又借发放优待谷一事免除前线将士对后方家属的担忧。

三 文学视野下的"慰劳信体"创作

1938 年秋，正值武汉大撤退之时，《中央日报》登载了这样一则小故事：唐玄宗时期，宫女们为沙场战士缝制寒衣，有一战士在收到的棉衣中发现一张字条："沙场征戍客，寒苦若为眠？战袍经手制，知落阿谁边？蓄意多添线，含情更着棉。今生已过也，愿结后生缘！"这首诗传及宫中被皇帝所知，感念宫女有心，遂促成二者结成姻缘。① 这首署名"开元宫人"的文言小诗取自《本事诗》，这首署名"开元宫人"的文言小诗取自唐代诗人孟棨编撰的《本事诗》，原题为《袍中侍·沙场征戍客》，从唐代征战到民国抗日战争，从唐代征战到民国抗敌，时空阻隔但又相似的战争语境使得这首小诗散发着浓郁的古典文学情思，可谓巧妙而适宜，隐约映射出千百年来战争文化的镜像。

从应用文体式而言，慰劳信是书信的一种，慰劳信体式的文学无疑也是书信体文学的一种，且它的出现实则抓住了语言的交流本性，即通过对话体形式完成情感的维系。从上一节中官方慰劳信来看，因其官方性质、单一主题、公开性甚至有些空洞化而很难保证其现实效果，官方/集体的慰劳信在字里行间都有一个"隐身听者"的永远在场，普遍的鼓动及宣教意味使得慰劳信的情绪强烈却情感薄弱，偏向于民族国家式的主流意识形态而显得千篇一律，很多时候都只是一种"自说自话"。与这种文本相对照的是故事性很强、具有可读性的文学文本。

首先要提到鞠泊船的两篇战时故事。《寄给征夫——周大嫂的一封家书》② 一文，是一个不识字的乡下妇女周大嫂写给壮丁丈夫的一封家信，

---

① 戚维翰：《唐代棉衣中的慰劳信》，《中央日报》1938 年 10 月 18 日。
② 鞠泊船：《寄给征夫——周大嫂的一封家书》，《慰劳半月刊》创刊号，1939 年 6 月 20 日。

叙述自己在后方的日常生活及转变。周大嫂不识字却开头称呼"得胜夫郎",信件明显是找人代写,并在开篇不陈述亟待解决的家事,而是絮叨写信的不易和为难,"我想写一封信寄给你,不是一天了的,心里要说的话太多,自己又不会写,心里又恨又急,就算找一个代书的人,又要别人有空,耐烦,我要说一句,他帮我写一句,好容易三番两次请到一位朱先生,今天才写成这封信。得胜!这封信,又不知哪一天才能够到你手里?我想,要是你看了这封信,心里该明白得多,该宽慰得多啊!"这是一种典型的文学修辞,措辞和语气完全是文人化的而非出自日常百姓,倾诉"写信的不易"其实也是在安慰那些在前线难以收到家书的士兵。在正文部分,周大搜担当起作为家庭妇女在丈夫从军之后的责任:"你走了,我就是一个主体,我要替你挑起千斤担子,老老小小都要靠我,我要好好的养活她们,要把家里门面支持起来。"接下来信中开始描摹周大嫂的战时转变及觉悟。下乡宣传的男女学生来村中唱戏演剧,"有国才有家"的理念感染着乡下农妇,于是周大嫂成长为一个爱国妇女,并在信中嘱咐丈夫:"得胜!你放心,我现在更明白了,家中的老少自有我照料,你不要牵挂!你一心一意的把操学好,到了前方要勇敢的去杀日本鬼子,我希望你打胜仗,把日本鬼子打到很远的地方去,将来你得胜回家,我们是多么快乐!现在家里一切都好,老小都康健,请你放心。你自己在外边要随时热冷时节,不要弄病了,衣服要常洗,鞋袜破了就请人补好。有空多寄几封信回来……"① 落款"妻周喜英上,四月廿八日"。这封慰劳信是以私人信件的形式刊出,信中的"得胜夫郎""妻周喜英""张保长""王家庄"等命名的抽象化和隐喻意味,以及信中妻子的深明大义、体贴牵挂,都使得这封家书成为一封写给所有被拉派壮丁而奔赴前线士兵的信。

　　另外一篇《拜托》②,则是以第三人称讲述了前线丈夫与后方妻子的

① 鞠泊船:《寄给征夫——周大嫂的一封家书》,《慰劳半月刊》创刊号,1939 年 6 月 20 日。

② 鞠泊船:《拜托》,《慰劳半月刊》第 2、3 期合刊,1939 年 7 月 31 日。

故事：丈夫刘海清被拉壮丁而去往前线，坚守军纪听指挥，不怕牺牲勇于作战，在一场冲锋战中杀进敌营，取得优异的作战成绩，并在一年的时间里从壮丁成长为营长；妻子柳家娘子常常得到丈夫的家书，但愧恨自己不识字也不会写信。后方代表团在去往前线劳军之际先来拜访柳家，带来了各式慰劳品及"荣誉家属"的嘉奖，在离开之际，柳家娘子将一双亲手做的青布鞋交给慰劳团代表，拜托他们带给前线的丈夫。这篇小故事可谓有人物、有情节、有寓意，柳家娘子的"拜托"——一双青布鞋，承载的是整个后方家属对于前线的关切，副标题中"愧煞奴身无纸笔，凭君传语报平安"则是无尽的牵挂与想念。这篇小说虽然是以第三人称的口吻叙述，但读来依然真实可感。王一夫的《咱们都是一家人》①一文在刊物的"通讯"板块，以书信的形式展开，称呼是"呈祥、文江二位同志"，落款是"王一夫廿八年八月八日于重庆"。作者常常挂念这两位在行军船上认识的战士，"他们那勇敢的精神，诚恳的态度，忠心为国的决心，太使我感动了！"，以"团长的遗物""咱们都是一家人""要死咱们死在一块""敌人一天不如一天"四个情节，真实记录了两位小战士的从军历程中的患难真情，简短而恳切，真实而不做作，以信的形式写通讯读来也较为新颖。

关于"慰劳信"体的文学创作，学界少有关注，而多论及卞之琳的《慰劳信集》。从卞之琳的个人追溯中，最初以"慰劳信"体写诗是响应文艺界的号召，"1938 年秋后，文艺界发起写'慰劳信'活动。11 月初，正在我就要过黄河到太行山内外访问和随军以前几天，在延安客居中，响应号召，用诗体写了两封交出了，实际上也不是寄到什么人手里，只是在报刊上发表给大家读而已"②。在这段延安之行结束后，卞之琳回到后方成都"起意继续用'慰劳信'体写诗，公开'给'自己耳闻目睹的各方各界为抗战出力的个人或集体"。1939 年 11 月 9 日至 28 日，诗人以

---

① 王一夫：《咱们都是一家人》，《慰劳半月刊》第 4 期，1939 年 9 月 16 日。

② 卞之琳：《十年诗草·重印弁言》，《卞之琳文集》上卷，安徽教育出版社 2002 年版，第 4 页。

"给——"的格式作了 18 首诗，加上之前的两首①，合而结集为《慰劳信集》②，"都是写真事真人，而一律不点名，只提他们的岗位、职守、身份、行当、业绩，不论贡献大小、级别高低，既各具特殊性，也自有代表性，不分先后，只按写出时间顺序（带了一点随意性），最后归结为'一切劳苦者'（也显得有一点整体观）。"③这样明确而自觉的诗歌写作在卞之琳的创作史上仅此一段。以诗歌的形式进行战时慰劳，意味着诗人"公开"对民族战争的介入与承担，自觉重启诗歌写作的新形式以激发起新的写作机制。但在同时代的闻家驷看来，这本"抗战诗集"似乎"和抗战的关系""并不重要"④。换言之，看似民间化、口语化的语言形式并不指向对战时中国的"歌唱"，而是依然退回到现代诗人的格律试验与声音实践中，如学者王璞所洞察到的，"卞之琳对诗歌形式的关切，虽然和抗战文艺实践构成了短暂的相互激发，但其实对大众化文艺形式形成了抗拒"⑤。

另外，我们发现卞之琳在《慰劳信集》前后，还连带着一系列互文本的创作。1938 年 11 月 12 日，卞之琳参加以吴伯箫为团长的"抗战文艺工作团"，向晋东南出发，当年 12 月就在战地流转中完成了通讯集《晋东南麦色青青》，后随游击部队七二二团于太行山一带生活数月，追踪其作战历史并搜集写作材料，1939 年 10 月回到峨眉山后完成"实录"《七二二团》，《慰劳信集》中的后 18 首则在次月完成。事实上，战地报告与慰劳信体诗歌的写作除了在时间上存在先后顺序，在写作材料或者

---

① 诗名依次是：《给随便哪一位神枪手》《给修筑飞机场的工人》《给地方武装的新战士》《给一位政治部主任》《给放哨的儿童》《给抬钢轨的群众》《给一位刺车的女子》《给一位夺马的勇士》《给山西某一处煤窑的工人》《给实行空室清野的农民》《给委员长》《给〈论持久战〉的作者》《给修筑公路和铁路的工人》《给一位集团军总司令》《给献金的卖笑者》《给空军战士》《给一位特务连长》《给一位参谋长》《给西北的开荒者》《给一切劳苦者》。

② 卞之琳：《慰劳信集》，香港：明日社 1940 年版。

③ 卞之琳：《十年诗草·重印弁言》，《卞之琳文集》上卷，安徽教育出版社 2002 年版，第 5 页。

④ 闻家驷：《评卞之琳的慰劳信集》，《当代评论》1941 年第 1 卷第 15 期。

⑤ 参看王璞《论卞之琳抗战前期的旅程与文学》，《新诗评论》2009 年第 2 辑。文中对《慰劳信集》的格律形式与声音实践的分析颇为精到，这里不再赘述。

说本事原型也有大部分重合,如《长治马路宽》(报告)与《给放哨的儿童》(诗)、《煤窑探胜》与《给山西某一处煤窑的工人》、《响堂铺拒敌》与《给地方武装的新战士》、《垣曲风光》与《给实行空室清野的农民》等。我们甚至可以对卞之琳这一时期的创作过程稍作时间线上的还原:前线访问—搜集资料—报告实录—诗歌写作。也就是说,慰劳信体的诗歌写作是在对前线印象的摄取完成(无论是主体体验还是经验实录层面)后再次"发挥"的结果,"写人及其事,率多从侧面发挥其一点,不及其余(面),也许正可以辉耀其余,也可能不涉其余而只是这一点本身在有限中蕴含无限的意义,引发绵延不绝的感情,鼓舞人心"①。从文体选择上言,对于这段不同往常甚至可谓难得的前线旅程,若想详尽而全面地描述当然非"游记"/"报告"文体最为适宜,但诗人在"实录"结束后再次回归到诗体样式中,语言看似轻松却格律严谨,对抗战主题的迎合中却内在显露着拒绝。

卞之琳回忆道:"虽然这些诗用'信'体,不像古人呈奉之类的诗作,实际上并不意在——也从未——寄'给'过任何当事人。"② 这是实情,《慰劳信集》是"给一切劳苦者"的信,当然无法也不可能寄给"一切劳苦者",但却寄给了大后方诗人。方敬在《邮片——寄慰劳信集的作者》一诗中致敬这位"武装的诗人":

　　　　你,从晋东南来,/武装的诗人,/拂去一身征尘,/但见麦色青青。

　　　　我更找着了光明的据点,/你那双慧眼,像隆凸的/像台镜头,精摄了/游击的实景,于是,/一些可贵的新材料,/珍藏在军用皮囊里。/欣喜,你欣喜,我们也欣喜:/在未冲洗之前,/竟得一窥那些

　　① 卞之琳:《十年诗草·重印弁言》,《卞之琳文集》上卷,安徽教育出版社2002年版,第5页。

　　② 卞之琳:《十年诗草·重印弁言》,《卞之琳文集》上卷,安徽教育出版社2002年版,第6页。

逼真的底板。①

这首诗其实反映出后方文人在面对一部战地"新诗集"的心态，关注更多的是"可贵的新材料"被诗人之眼摄取成"逼真的底板"，换言之，卞之琳以"慰劳信"体所作的这部诗集并非真正意义上的"慰劳信"，因为这并不是一封在"室内"即时写成的信件，而是诗人在行走战地后试图以新的文学形式克服这"大时代"所带来的创作困境与焦虑的结果。相比之下，方敬的小诗却像是一封"慰劳信"，向这位从前线归来的旅人致敬，只是卞之琳无法成为像艾青那样的"歌手"，而只能在出走之后又退守到诗的"象牙塔"中，如其自述，"我讨厌不近情理的夸大，我力求真实"。②

四　从"慰劳信"到"家信"

书信作为书面上的"对话"，也是一种言语交际活动，在一定对象、范围、情境下为实现某种确切目的而展开。书信的收寄者往往是确定的或单一的，二者之间存在一定的社会关系，使得信息交流容易完成，甚至因着关系的熟悉与心灵的默契，信中会夹杂方言、暗语、专用语等只有双方通晓的私密语，而没有必要考虑其他人的接受程度。从传播学角度来看，在慰劳信运动号召下而写就的"慰劳信"或"慰劳信体"作品，作为一种非定向的传播媒介，受众往往是同一身份或职业的人群，方式是个人对集体的点对面传播，互动性弱。更现实的情况是，慰劳信运动作为战争动员体制下的一项临时任务，等到战争结束，慰劳信也就随即中断，但私人的"慰劳信"即家书永远不会。所谓"烽火连三月，家书抵万金"，思家念亲的古典情思在战争年代更是让人难以割舍，《慰劳半月刊》也登载一些"家信"：

---

① 方敬：《邮片——寄慰劳信集的作者》，《大公报（香港）》1941 年 3 月 19 日。
② 卞之琳：《第七七二团在太行山一带·出版前言》，《卞之琳文集》上卷，安徽教育出版社 2002 年版，第 398 页。

父亲大人：

寇之残暴卑劣，非特耳所习闻，亦且目所熟睹，一家老小之颠沛流离，艰危困顿，当可想见，然致我国破家碎，父母妻子离散，彼此不能相顾者耶？血海深仇，不共戴天，此怨不报，何以为人？

……

河山归复，敌寇消灭，男自当解甲归田，以愉大人晚年，翘首北望，雪天万里，不胜悲痛，浩叹凄切零涕之至，肃此敬叩钧安。

男少松血泪誊①

在中国传统文化中，家信本是最民间最私人化的一种言说方式，它承载的往往是对最亲近的血缘关系的维护。但在上述写给"父亲大人"的家信中，慷慨激昂的语调与措辞的正式庄重，让我们很难读出那种更为隐秘的、私人的、个人化的信息，国破家亡之时所有男儿当奔赴沙场的豪气与志气充溢其中。在某种意义上来说，这不是一封家信，而是以家信的形式写给所有与自己一样离家奔赴国难、希望后方亲属深切体念的公开信。这些信件的叙事策略和言说方式，不是倾诉而是鼓励和规劝式的，是以前线代言人的口吻凸显其公共性和集体性，类似于一种公开演讲的展示，充满了革命激情与迎战信心。

《慰劳半月刊》在第 15 期开始设置"邮筒"栏目，登载了一条"战地寻妻启事"：

战地寻妻启事②

陈□蓉：

自从长沙大火后，迄今两年了。我也不知道你在哪个战场上？哪军的电台服务了？我是怎样的惦念着你！我在报上登过寻你的广告，迄今仍无消息。我现在赣上尧忠义救国军电台服务。望你见到

---

① 《前方来信》，《慰劳半月刊》第 12 期，1940 年 4 月 20 日。
② 《邮筒：战地寻妻启事》，《慰劳半月刊》第 15 期，1940 年 6 月 5 日。

《慰劳半月刊》的启事，马上通信四川绵阳省立绵阳中学教员魏精忠先生收转妥善，因我职务流动的原故。

魏伟启

第 18 期上也设置"代邮"栏目，因"部队士兵思念亲友但无联络，无处发信，只好在此登启事，公开寻人"①：

（一）毕敬□现在绥远临河骑兵第七师第十九团，望诸友递信。

（二）吴尊炳师：自军校毕业时接一函，尔后行踪莫闻，刻在何处乞示知！胡荣在福建平和新二十师政治部。

（三）军校十三期第一总队张文（昌）兄：自汉皋别后发一讯。二年来无地问生死，弟尚在人间。盼即告境况！张君之同学友好如有知音者，祈赐告！谨致百度礼。弟胡荣在福建平和新二十师政治部。②

等到第 29 期，"战士家属代邮一束"中刊出了 19 封寻人书信。每一条寻人启事无异于一封"家书"，不仅来自前线将士，也有后方父母兄弟爱人的期盼。这些简短而满怀期待的"启事"，承载的都是最大的情感空间和最深切的情感守望，展示的是最可靠最切身的情感共契，给前线士兵带来一种"远距离想象"③，游弋在所有的"读信人"之间，连接起由时空隔断可能中止的情感血脉。《慰劳半月刊》中登载的私人家信并不多，但近年来文艺界对抗战时期普通人家书的民间征集④，却从平民视角

---

① 《代邮》，《慰劳半月刊》第 18 期，1940 年 8 月 20 日。

② 《代邮》，《慰劳半月刊》第 18 期，1940 年 8 月 20 日。

③ 赵宪章：《论民间书信及其对话艺术》，《清华大学学报》（哲学社会科学版）2008 年第 4 期。

④ 2005 年 4 月由中国国家博物馆、中国民间文艺家协会等机构发起的"抢救民间家书"公益文化活动，在征集并展览了散落在海内外各地的战时民间家书后，以"抗战家书"为名出版，书中附影印版家书原件及其背后的故事。参见中国人民抗日战争纪念馆、抢救民间家书项目组委会编《抗战家书》，中国画报出版社 2007 年版。

为我们呈现出战时社会风貌与人心历史，特别是手迹的字里行间透露出最真实的内心独白，有抗日名将写给爱人的绝笔："夫今死矣！是为时代而牺牲"，亦有战地恋人之间的款款深情："别时容易见时难，分离二十一个月了，何日相聚？念、念、念、念"；有被困沦陷区的困苦："我怎么也想不通，怎么中国人一下子变成满洲国人了呢？只好顺着"；亦有小学教员对流徙生活的绝望："乱世做人，简直不是人，过到哪里就算，也忧急不了许多。"①

结　语

全面抗日战争初期全国慰劳总会所组织的慰劳信运动，从社会动员任务上来说是国家战争所必需的一个环节。从形式上而言，官方"集体制作"的"慰劳信"，其实保留了对话体这一书信文体特征，像各政府机关、社会团体等公开收集或刊出的慰劳信/慰问书等，都只是书信名义下的"假体信件"。它与私人书信之间的区别主要在于它的收件人身份，前者的收件人可以是抗战将士中的任何一分子，无法确切指明"听者"的现实身份；而后者则具有固定的甚至唯一的收信对象。战时的官方书信，溢出它的本义而泛化为广义的"文章"/"宣传"，是书信文体的消解；但反过来讲，后方文人在这一运动号召下所尝试的文学创制，也说明书信本身具有的文体魅力，具有被其他文体所转借的形式诱惑，对话体则是其形式诱惑的关键。二者不存在哪一种更真实或哪一种为虚假，只是不同的文体语境使然，都是书写的真实。

---

① 中国人民抗日战争纪念馆、抢救民间家书项目组委会编：《抗战家书》，中国画报出版社2007年版。

女性群像与抗战叙事

——以冰心《关于女人》为中心

林沁馨　张全之*

内容提要：《关于女人》是冰心四十年代的一大力作。女性角色和抗日战争语境可作为切入《关于女人》的两个重要向度。《关于女人》借由虚构的"男士"叙述者视角，描绘与塑造了抗日战争语境下的女性群像。这种张力性的叙述，也呈现出冰心对于女性"贤妻良母"角色、婚姻形式及家庭结构等问题的思考及其在创作阐释中的新变。此外，冰心将性别、家庭、战争等议题相融合，在经典抗战书写的模式之外，开辟了战时叙事的新路向。

关键词：《关于女人》；虚拟男性叙述；女性群像；贤妻良母；战时叙事

《关于女人》是达到"人与文的成熟"的冰心创作于四十年代的一大力作。已有《关于女人》的研究大多集中于两个方面，一是由文本形式层面出发，考察其作品属类；二是由女性主义视角出发，聚焦于作品所表现的女性真善美的传统内涵。近年来也有对冰心在抗战时期的文学叙事特征的关注。笔者认为，对于《关于女人》的论述，需同时关注到其

---

　*〔作者简介〕林沁馨（1999—　　），女，上海交通大学人文学院硕士研究生，主要从事中国现当代文学研究。张全之（1966—　　），男，文学博士，上海交通大学人文学院教授，博士生导师，从事中国近现代文学研究、鲁迅研究。

中女性群像呈现与整体抗战语境这两个向度。冰心所提供的，是借虚拟男性叙述进行女性群像呈现的独特方式，以及将女性话语与战争叙述相结合的新创作路向。此外，对于《关于女人》的探讨，突破了对于文学史所构建的冰心形象的理解，呈现出"流动"的作家形象。

一　"他视角"：虚拟男性叙述与女性群像

《关于女人》共十六篇，描绘与塑造了十四位女性形象。由这十四位女性所构成的群像是通过"男士"这名男性叙述者来呈现的。在这名虚构的"男士"叙述者所带来的种种关于作品属类的争论之外，真正应着意与探讨的问题在于，意在呈现女性群像的作品，为何通篇采用男性叙述？这一"虚拟的男性叙述"有何特点？冰心在以"男性"视角进行女性群像呈现的张力性叙述之中，是否又提供了关于性别角色思考的新面向？

在谈及《关于女人》的创作缘由时，冰心称，"一来我那时——一九四〇～一九四三年——经济上的确有些困难，有卖稿的必要（我们就是拿《关于女人》的第一篇稿酬，在重庆市上'三六九'点心店吃的一九四〇年的年夜饭的）。二来，这几篇东西不是用'冰心'的笔名来写，我可以'不负责任'，开点玩笑时也可以自由一些。"① 此外，《关于女人》的首篇《我最尊敬体贴她们》中也提及："以一个男士而写关于女人的题目，似乎总觉有些不大'那个'，人们会想'内容莫不是讥讽吧？''莫不是单恋吧？'仿佛女人的问题，只应该由女人来谈似的。其实，我以为女人的问题，应该是由男人来谈，因为男人在立场上，可以比较客观，男人的态度，可以比较客气。"② 结合创作与作品内容可见，冰心对此种"性别错位言说"的采用，一是为"适应商业化的出版策略"③，另外更

---

① 冰心：《〈关于女人〉三版自序》，《冰心全集》第2册，海峡文艺出版社2012年版，第505页。
② 卓如编：《冰心全集》第3卷，海峡文艺出版社1994年版，第184页。
③ 马春花、宿懿：《战时中国与女性散文——冰心在重庆》，《中国现代文学研究丛刊》2021年第11期。

为重要的面向在于，以此种自由设定的角度与身份，打开了以女性作为"隐含作者"的书写边界。

　　由"冰心女士"到"男士"，虚拟的男性叙述作为写作视角转换的契机，首先突破了冰心以"爱、温暖、同情"等作为关键词的内向化的主体书写，由此带来了其作品风格的巨大转变，一如叶圣陶所称："冰心女士的作风改变了，她已经舍弃她的柔细清丽，转向着苍劲朴茂"①，这也成为冰心在"默庐沉潜期"之后的创作新变。而虚构的男性叙事者与隐含作者之间的"粘连"关系，又使得冰心"性别置换"的书写留有转换的缝隙。其一，"男士"区别于"五四"以来大多以启蒙者自居的男性叙述者形象，采用了较为平和的叙述口吻，如《叫我老头子的弟妇》《请我自己想法子的弟妇》《使我心疼头痛的弟妇》几篇，"我"在大家族中所扮演的，是一位充满"母爱"的男性大家长的形象；而在《我的教师》《我的同班》等几篇中，"我"对于学业的"焦急的眼泪"被教师 T 女士所拭干，在因身体原因被迫改行后，又在同学 L 大姐的指导鼓励下，增加了写作的勇气。在《我最尊敬体贴她们》一篇中，叙述者自称是"女性的男子"，"认得我的人，且多称誉我是很女性的，因为我有女性种种的优点，如温柔、忍耐、细心等等"②，总体所呈现的是较"柔性"的男性叙述者形象。由此，《关于女人》的言说风格尽管较之冰心以往的作品更为"大气"，更贴现实，却并非完全摒弃其"细腻、清新、柔美的言说风格"，仍能见以"爱"作为关照的细节情感，不脱冰心的主体创作谱系。其二，文本中虚拟的男性叙述者视角提供了调侃现实性别规范的可能，这种性别倒错之中的"调侃和微讽"又时时指向男性的自我反省，如后记中"我"称"我觉得我不配作任何女人的丈夫；惟其我是最尊敬体贴她们，我不能再由自己予她们以痛苦"③。而文本中虚拟的男性视角

---

　　① 解志熙：《人与文的成熟——冰心四十年代佚文校读札记》，《鲁迅研究月刊》2010 年第 1 期。
　　② 卓如编：《冰心全集》第 3 卷，海峡文艺出版社 1994 年版，第 184 页。
　　③ 卓如编：《冰心全集》第 3 卷，海峡文艺出版社 1994 年版，第 308 页。

下女性主体的变化，最终落脚于对冰心的女性观的呈现。①

在《关于女人》中，除了起首二篇，其余每篇专写一位女性，形成了包括"我"的母亲、"我"的教师 T 女士、三位弟妇、奶娘、同班 L 大姐、同学 C 女士、朋友的太太 L、"我"的学生 S、邻居 M 太太、朋友的母亲等在内的女性群像。总体观之，作品中所呈现的女性面孔大致可分为三种类型。其一为母亲形象。对"母爱"的书写是冰心创作中一以贯之的主题。在《关于女人》中，《我的母亲》《我的朋友的母亲》两篇延续了冰心"爱的哲学"中母爱的书写。《我的母亲》所述的，是一位既有治家之贤，又"有现代的头脑，稳静公平的接受现代的一切"的母亲形象。"母亲"极关心政治，支持革命，在辛亥革命前帮助作为同盟会会员的几个舅舅，"把几十本《天讨》，一卷一卷的装在肉松筒里"，又于辛亥革命时将仅有的首饰都换成洋钱，捐款劳军……这样一种母亲形象，成为抗日战争背景下"我"的极大的心灵慰藉："但我至少还能看见她那永远微笑的面容，她那沉静温柔的态度，她将以卷《天讨》的手，卷起她的每一个儿子的畏惧懦弱的心!"② 《我的朋友的母亲》一篇，所述的则是战时语境下大后方中富远见、识大体的母亲形象，抱着对与儿子 K 在抗日战争迁徙流离中有患难之情的 F 小姐的尊重，同时带着对留守于北京的 K 的妻子的体恤，母亲以宽容与智慧解决了三人之间的情感纠葛问题。其二为知识女性形象，这类形象占了作品篇幅的绝大部分。冰心在创作中试图展示的，是这些性格各异而个个熠熠闪光的女性，如何活跃于各自的人生道路，又如何在抗战语境之中，选择其新的归宿与征途。如"我""永远忘不掉的"，"做着很好的事业，很大的事业"，收获无数爱慕与敬仰的庄重大方的教师 T 女士；"全班男女同学最敬爱的"，时时"疏通调停，排难解纷"，坚定着自己的事业，同时又鼓舞身边同道中人的班长 L 女士，再如极鲜活灵动、精力充沛、处处求全、事事好胜的 S 等。而当置身于战时处境时，这些知识女性又无一不投入大后方的建设

---

① 王炳根编：《冰心论集》(2012)，上海交通大学出版社 2013 年版，第 561 页。
② 卓如编：《冰心全集》第 3 卷，海峡文艺出版社 1994 年版，第 194—195 页。

事业中去。其三为劳动女性。冰心对于劳动女性形象的塑造紧密关系于抗战现实，如《我的奶娘》一篇，书写的是一位因"东洋人"而遭受了不幸命运的女人，她将满腔愤懑化为"乳汁"，警醒"我"要始终记得"跨海征东"。全篇着重讲述的是她对于"我"的抗战思想形成的重要性。在抗日战争胜利阶段回忆起乳母时："我"以温情告慰了这位"精神乳母"，"能执干戈的中华民族的青年，都是你的儿子，跨海征东之期，不在远了！"①《张嫂》一篇则着重描绘了"做着最实在，最艰巨的后方生产工作"，而永远勤恳而鞠躬尽瘁的劳动女性。

虚拟男性视角下的女性主体，事实上构筑起了对性别角色的具有张力性的思考空间。冰心对于虚拟男性视角的采用，并非着意强调性别差异性，而是借文本中的"男士"角色，一方面使其与"女性空间"拉开距离，从而以较为客观的方式展现女性群像；与此同时，这一"不婚"的"女性的男子"，又得以与"女性同盟"适当贴合。当女性主体由"自述"到被更为平和开放地看见与讲述时，虚拟男性的言说方式即暗寓了一种隐性的文化理想及对性别角色的期待，一如文本中的"男士"所称，"下一辈子我情愿做一个女人"。《关于女人》中所采纳的虚拟男性视角与其所呈现的女性空间之间由此形成一个充满张力性的切口，一面借"男士"之口以呈现女性主体的"真、善、美"，"世界上若没有女人，这世界至少要失去十分之五的'真'、十分之六的'善'、十分之七的'美'"②，另一方面，"男士"的诸如"我不能积极的防止男子以婚姻方式来摧残女人，至少我能消极的禁止我自己也这样做"③的心理自剖，同样指向对自身性别角色的反省，并由此导向对女性婚姻与家庭角色的深入思考。

二 "她世界"："贤妻良母"的再阐释

《关于女人》中所呈现的女性空间与男性视角间的张力性叙述引发了

① 卓如编：《冰心全集》第 3 卷，海峡文艺出版社 1994 年版，第 218 页。
② 卓如编：《冰心全集》第 3 卷，海峡文艺出版社 1994 年版，第 306 页。
③ 卓如编：《冰心全集》第 3 卷，海峡文艺出版社 1994 年版，第 308 页。

学者就女性主义视角关于作品的诸多讨论。冰心在作品中借"男士"之口塑造的女性群像，所引向的是其对于性别角色、婚姻形式、家庭结构等多重向度的思考。对于在作品中涉及篇幅较大的知识女性形象的描绘与论述，及对其人生道路选择的聚焦与关注，落脚于"贤妻良母"问题的思考谱系之中。

《我的学生》《我的房东》《我的邻居》等几篇提供了可作为对照的以家庭性为基点的女性形象个案。《我的学生》一篇中，S或许是整部作品中最为鲜明而又令人唏嘘的女性形象。S生于澳洲，长于北平，是驻澳外交官的女儿。由"我"的视点出发，所见的是分别处于三种人生阶段的S：大学期间的S是"我"的学生，几乎是学校里的风云人物，"课余忙于开会，赛球，骑车，散步，溜冰，演讲，排戏"，尽显青春的活力与热情。与同班P结婚后，S几乎成为"地道的欧美主妇，忙里偷闲，花枝招展"。而此后在"大后方"时，S又接近一个勤苦朴素的农妇，"身上穿着蓝底印白花的土布衫子"，"吃着S自制的咸鸭蛋和泡菜"，井井有条地经营着家务事，又辛勤抚育着三个孩童。然而S最终却因给他人输血加之操劳过度离开人世。即使冰心意在刻画一位于任何处境之中都能以"真好玩"的人生态度圆融自洽，并始终以超出常人的坚韧与执着对一切事务"举重若轻"的女性形象，并承认其在大后方抗战中以"回归家庭"的面貌所做的抗战工作的意义与价值，然而这位"处处求全、事事好胜"的S女士的悲惨结局依然由作家的设定中"溢出"，甚至于以一种"消解神圣"的姿态指向了"贤妻良母"所承担的"母职"的永恒困境。

而此种困境在"贤妻良母"处于"孤军奋战"状态之时再次被放大，一如《我的邻居》中所呈现的M太太的生存景况。M热爱文学，在大学期间表现了极具前途的文学才能，婚后却在M先生的愤时忧世的怨怒与老太太的嘲讽怨怼中陷入了生命的空洞，"我生着火，拣着米，洗着菜，缝着鞋子，补着袜子，心里就像枯树一般的空洞，麻木"①。冰心对于M

---

① 卓如编：《冰心全集》第3卷，海峡文艺出版社1994年版，第290页。

的心理状态的突出呈现，或许显出其在女性性别角色的体认中对"贤妻良母"形象的反思。尽管在 30 年代的报刊访谈①中，冰心多以"贤妻良母"的形象状态示人，然而在 1946 年的《无家乐》一文中，冰心也以自身感受为基点，描绘了被家庭琐事所缠身的主妇的痛苦状态："上自父母子女，下至鸡犬猫猪；上自亭台池沼，下至水桶火盆，油瓶盐罐，都是'家'之部分，所以说到管家，那一个主妇不皱眉？一说到搬家，那一个主妇不头痛？"②当冰心将"主妇"与"家"的关系比之为蜗牛与其沉重的壳时，"不必想菜单，不必算账，不必洒扫"的状态便成了难得的不再"背拖着这厚壳，咬牙蠕动"的"无家一身轻"。

《关于女人》中，"我"的房东太太 L 恰是这样一位作为 S 女士与 M 女士形象对照面的"无家一身轻"的女性。在《我的房东太太》一篇中，"我"与 L 太太的争论所提供的是冰心对于这一溢出了"贤妻良母"框架的女性，以及由其引出的对家庭与婚姻关系思考的新面向。L 对独身状态的选择并非出自较激进的"独身主义"态度，而是在其热爱的文学事业与具有巨大不确定性的婚姻——这"挣不脱的女性困厄"之中的自觉又抱憾的选择，如其温柔而坚定的自述："我是'人性'中最'人性'，'女性'中最'女性'的一个女人。我愿意有一个能爱护我的，温柔体贴的丈夫，我喜爱小孩子，我喜欢有个完美的家庭。我知道我若有了这一切，我就会很快乐的消失在里面去——但正因为，我知道自己太清楚了，我就不愿结婚，而至今没有结婚！"③

在由 S 女士、M 太太、L 太太等女性形象所构筑的"她世界"中，种种互文性的对照也显现了冰心对于这一问题的思考谱系。关于"贤妻良母"的问题，历来有过几次较大的论争，由此产生的对"贤妻良母"内涵与意义的定位也有着不同的时代注脚。冰心自身的创作脉络，在以

---

① 王思佃：《现代中国"贤妻良母"主义思潮与文学书写（1915—1949）》，博士学位论文，吉林大学，2021 年。文中提到，沈兹九主编的《妇女生活》曾在 1935 年对冰心进行了访问，并有子冈《冰心女士访问记》，《妇女生活》1935 年第 1 卷第 5 期，1935 年。
② 卓如编：《冰心全集》第 3 册，海峡文艺出版社 2012 年版，第 71 页。
③ 卓如编：《冰心全集》第 3 卷，海峡文艺出版社 1994 年版，第 280 页。

上种种论争的间隙之中，也显现着她关于女性性别角色及"贤妻良母"问题的持续思考。创作于 1919 年的《两个家庭》可视作起始，冰心在此篇中通过描写高家与陈家两个知识分子家庭的不同状态，意在推崇有知识、有能力、有责任感的现代"贤妻良母"形象。《两个家庭》以"问题小说"的面貌，指向"现代家庭问题的解决之道"，却将家庭问题的解决完全寄托于"母职"实现。创作于 30 年代的《西风》也可视作与《我的房东太太》的遥相呼应。在此篇中，人物秋心放弃了爱情与家庭而选择独身，当她不意与十年前的心仪之人重逢时，所面对的却是种种寂寞与感伤。杨联芬曾论及此类"独身女教员"形象①：在"无法挣脱的女性困厄"面前，一类高等职业妇女选择从脆弱的家庭性中出逃，然而这道"独特而灰暗的风景线"却也并未指明女性在"职业"与"母性"之间的通途。至少在彼时冰心的笔下，这一选择的天平有明显的倾斜性，一如《西风》篇末，四顾阴沉下萧萧吹过的西风，便如同一重隔膜，将秋心与曾可能拥有的家庭幸福相隔开，而当秋心目视着这"欢乐的一群"时，被冰心所按下不表的，也正如船边码头上散乱的碎纸草屑，成为其笔下拒绝了家庭角色的女性之境遇的注脚。

而将《关于女人》放置于冰心对于女性角色及"贤妻良母"问题的思考谱系中进行反观，值得关注的重点在于，创作于 1941 年至 1943 年的《关于女人》及由此所呈现的冰心对于女性问题的思索维度是怎样回应四十年代关于"新贤妻良母"的论争的？在冰心的持续书写之中，她对于家庭、婚姻关系及女性角色问题的思考，是否又有某种"新变"？

尽管冰心从未声称自己为"新贤妻良母主义者"，但在《关于女人》的《我的母亲》一篇中，通过对"我"的母亲的形象塑造，冰心也说明了她所认同的理想型"新贤妻良母"，"至少母亲对于我们解释贤妻良母的时候，她以为贤妻良母，应该是丈夫和子女的匡护者"②，冰心也称：

---

① 杨联芬：《浪漫的中国：性别视角下激进主义思潮与文学（1890—1940）》，人民文学出版社 2016 年版，第 318 页。

② 卓如编：《冰心全集》第 3 卷，海峡文艺出版社 1994 年版，第 195 页。

"关于妇女运动的各种标语，我都同意，只有看到或听到'打倒贤妻良母'的口号时，我总觉得有点逆耳刺眼。当然，人们心目中'妻'与'母'是不同的，观念亦因之而异。我希望她们所要打倒的，是一些怯懦依赖的软体动物，而不是像我的母亲那样的女人。"① 由《我的母亲》一篇中也可鲜明地看出，"我"的母亲对于政治的"极关心"，对辛亥革命的支持，以及对于新文化运动的兴趣等，显然是在传统的贤妻良母的表述框架之外的。而在"我"的母亲之外的女性群像中，所呈现的也均是在极端战争环境中，或能如"我的奶娘"般鼓励儿子上战场，或能如L大姐"换上军装，灰白的头发也已经剪短"，并鼓舞着同道者"走到自由中国去，大家各尽所能"地做具体而微的工作的女性形象。冰心对于此类溢出传统贤妻良母印象的女性群像的描摹，将关注的视野由家庭空间延展到了社会生活领域，也在某种程度上拓展了以家庭性作为视点的对女性角色的拘囿表达，从而构成对40年代的妇女"回到家庭去"的这股思潮的反拨，更新了其对于"贤妻良母"的意涵定位，所显示的也正是作家对于家庭及婚姻关系思考的新面向。此外，在1948年的演讲《怎样欣赏中国文学》中，冰心称："中国妇女运动有过标语'打倒贤妻良母'。我们并不是不要'贤妻良母'，可是同时也要贤夫良父。贤和良不应该只是一方面的义务"②，这也构成对其在《关于女人》中的性别言说的延伸和深化。

总体而言，《关于女人》中对于女性角色在婚姻与家庭的"她世界"中的探讨，延续了冰心自身的创作谱系，而她对于"贤妻良母"问题的再阐释，又呈现出新变。在承认家庭生活所具有的价值的同时，冰心也将创作触角延伸至社会生活领域，对于女性在家庭与社会中的角色进行再定位，既契合大多数传统女性的需求，又在传统与现代的夹缝中，试图以改良方式重塑对理想时代女性的期盼。然而值得注意的是，在这重更新的"贤妻良母"的意涵下，在家庭与事业的更为突出的两难处境中，

① 卓如编：《冰心全集》第3卷，海峡文艺出版社1994年版，第195页。
② 李朝全、凌玮清编：《世纪知交 冰心与巴金》，团结出版社1999年版，第240页。

冰心又总是试图在家庭层面寻找慰安，由其自身感受的视野出发，"家庭"依然始终是其得以避趋的港湾，如在《无家乐》一篇中，在享受过"无家之乐"后，冰心称："是壳也罢，不是壳也罢，'家'是多么美丽甜柔的一个'名词'！"① 由此可见，"家庭"依然是冰心创作中最为重要的注脚，这也无怪乎在"五四"以来的话语脉络中，冰心的性别观始终被认为是温和折中，甚至是如有论者所称的"文化守成"的。然而正如上文所分析的，《关于女人》所呈现的女性群像，导向读者与论者对于冰心——这位女性创作"祖母级"人物——的性别观的再认识。《关于女人》弥合了富于生命感受的女性之爱在广阔的社会空间与家庭式场景中的缝隙，还原了被"爱的哲学"所"一言以蔽之"的"文学冰心"的形象，也由此展现了其对女性性别角色的认知与表现的更深入的空间。

---

① 卓如编：《冰心全集》第 3 册，海峡文艺出版社 2012 年版，第 74 页。

川渝地区少年儿童的抗日救亡运动[*]

付冬生[**]

内容提要：抗日战争时期，在中国共产党的领导下，川渝地区少年儿童纷纷成立抗日团体并积极投入抗日救亡运动之中。这些少年儿童抗日团体相继开展了抗日战争宣传、献金募捐、慰劳士兵、战时救护等系列工作，成为抗日战争中一支不可或缺的生力军。川渝地区少年儿童的抗日救亡运动显示了在民族危机日益深重的情况下，作为民族一分子的少年儿童"天下兴亡，匹夫有责"的爱国情怀。他们的抗日救亡运动不仅对大后方神圣的抗日战争活动起到了巨大的激励作用，还成为全民族抗战的重要组成部分。

关键词：川渝地区；少年儿童；抗日救亡；运动

"儿童是社会力量的一部分，是抗日斗争中一支小生力军。"[①] 1938年6月26日，毛泽东为陕甘宁边区《边区儿童》创刊号题词："儿童们起来，学习做一个自由解放的中国国民，学习从日本帝国主义压迫下争

---

　* ［基金项目］2016 年国家社科基金重大项目"抗战大后方文学史料数据库建设研究"（16ZDA191），2021 年国家社科基金重点项目"多卷本《中国抗战文学史》"（21AZW018），2019 年重庆市教委人文社科基地项目"抗战大后方少儿文艺团体研究"（19JD027）阶段性成果。
　** ［作者简介］付冬生，男，文学博士，硕士生导师，重庆师范大学文学院、重庆市抗战文史研究基地助理研究员，主要从事抗战文学研究。
　① 叶伟才、吴克强、黎昭佶：《抗日小勇士的足迹——抗日战争中著名抗日儿童团体的故事》，中国少年儿童出版社 2002 年版，第 2 页。

取自由解放的方法，把自己变成新时代的主人翁。"①

抗日战争时期，在中国共产党倡导的抗日民族统一战线旗帜的领导下，包括抗日根据地、国统区、沦陷区在内的少年儿童纷纷投入抗日救亡运动之中。据孩子剧团主管抗日儿童团体联络工作的同志回忆："当时共有 160 多个抗日儿童团体。"② 这些抗日儿童团体肩负革命、宣传和教育等使命于一身，"以戏剧、歌咏、舞蹈、绘画、演讲为武器，走城入乡，开展抗战救亡、保卫祖国的宣传、慰问伤兵与抗日捐献活动，受到各界同胞的热烈欢迎，在国内外产生很大的影响"③。他们投身抗日战争、宣传抗日战争、服务抗日战争，有力地促进了抗日救亡运动的开展。

据统计，抗日战争时期川渝地区活跃着众多的少年儿童抗日团体。其中，著名的就有三十多支。少年儿童在川渝地区掀起的声势浩大的抗日救亡运动，不仅对大后方神圣的抗日战争运动起到了巨大的激励作用，也成为全民族抗战的重要组成部分，还从一个侧面反映了抗日战争的全民性。

一　抗日战争时期川渝地区的少年儿童抗日团体

抗日战争爆发后，抗战救亡成为整个社会的主题。在中国共产党地下党组织的帮助下，一些进步的儿童通过"戏剧、音乐和各种活动，把广大少年儿童团结组织起来"④，并自发成立少年儿童抗日团体。国民政府迁都重庆后，一部分少年儿童团体迁往抗战大后方继续开展抗日战争宣传活动。在此影响下，川渝地区的少年儿童抗日团体如雨后春笋般建立，其中有：重庆儿童农村宣传队、泸县孩儿剧团、重庆儿童演剧队、

---

① 毛泽东：《毛泽东同志论教育工作》，人民教育出版社 1992 年版，第 43 页。
② 叶伟才、吴克强、黎昭佶：《抗日小勇士的足迹——抗日战争中著名抗日儿童团体的故事》，中国少年儿童出版社 2002 年版，第 1 页。
③ 叶伟才、吴克强、黎昭佶：《抗日小勇士的足迹——抗日战争中著名抗日儿童团体的故事》，中国少年儿童出版社 2002 年版，第 1 页。
④ 罗立韵：《孩子剧团发动、组织少年儿童工作》，孩子剧团史料编辑委员会编《孩子剧团史料汇编——在战火纷飞的年代》（内刊），1996 年，第 466 页。

重庆育才学校小主人剧团、合江县小小歌咏队、简阳儿童宣传队、儿童歌咏队、江北儿童剧团、启明育德儿童前锋队、平儿院战争儿童服务团、第一儿童保育院宣传队、青年会铁血少年团、中国儿童之友社、泰邑宣传队、妇慰会儿童歌咏队、中国战区儿童边疆宣传团、江津少年宣传队、云阳娃娃剧团、云阳儿童宣传团、内江孩子剧团、资中孩子剧团、涪陵儿童剧社、育才学校小主人剧团、新津县战时儿童工作团、南充县抗战儿童工作团、蓬安县儿童抗战工作团、青神儿童剧团、巴县中学农村宣传队。① 试举几例。

（一）政治部孩子剧团。政治部孩子剧团作为"中国儿童界三大明星（新安旅行团、政治部孩子剧团、私立育才学校）"② 之一，其影响最大。1937 年 8 月 13 日，日本帝国主义侵犯上海，以沪东临青学校为主的一部分中小学生，自发地在难民收容所进行抗日宣传活动。中国共产党国难教育社党组织派共产党员吴新稼（吴莆生）前去指导帮助，并于 9 月 3 日正式成立孩子剧团，吴新稼为干事长（后改为团长），隶属郭沫若领导的上海文化界救亡协会。"吴新稼等十二个孩子在难民收容所里结合了起来，决定在难民所里开始讲演，贴壁报，演剧等宣传工作。"③ 其中，最大的 16 岁，最小的只有 8 岁。这是上海第一个抗日儿童戏剧团体，孩子剧团"从什么也没有和什么也不怕的情况下产生出来"④。一个半月内"前后演出的次数超过四十次以上"⑤。

上海沦陷后，吴新稼奉党组织之命率领孩子剧团 22 人撤离上海奔赴抗战大后方，经南通、徐州、郑州，于 1938 年 1 月抵达武汉。1938 年 4 月，孩子剧团被国民政府军事委员会政治部收编，由第三厅厅长郭沫若

---

① 根据《新华日报》《抗战儿童》等相关资料整理。

② 胡晓风：《孩子剧团在教育思想上给人们的启示》，四川省青运史研究会重庆分会、共青团重庆市委青运史研究室编《重庆青运史研究资料孩子剧团史料专辑》（内刊）1986 年，第 3—4 期。

③ 刘巍：《孩子剧团的问访》，《抗战戏剧》第 1 卷第 6、7 期，1938 年 2 月 16 日。

④ 强云秋、傅承谟：《两年来的孩子剧团》，《剧场艺术》第 2 卷第 4 期，1940 年 4 月 10 日。

⑤ 汉：《介绍孩子剧团》，《战时教育》第 2 卷第 1 期，1938 年 1 月 15 日。

领导，蔡馥生任政治指导员，郑君里任艺术指导员。1939 年 1 月，政治部孩子剧团经衡山、桂林、贵阳等地辗转抵达重庆。随后，孩子剧团分两队到四川各地农村集镇进行抗日宣传，并派出工作队帮助中小学校及儿童保育院排练戏剧歌咏和组织演出。分队演出归来，便集中学习文化、政治及艺术等课程。同年 9 月，吴新稼调到育才学校工作，由共产党员林犁田（许翰如）继任团长。抗日战争时期，孩子剧团宣传声势浩大，影响力之广前所未有。孩子剧团在川渝地区主要用戏剧等方式进行抗日宣传，创编的《乐园进行曲》《秃秃大王》等戏剧反响强烈。"皖南事变"后，为加强对剧团的控制，国民党当局曾 3 次下令将政治部孩子剧团调归重庆市卫成司令部管辖，强行改组并撤换剧团原有各级领导干部。在周恩来、邓颖超等的关心爱护下，剧团就地解散，一部分团员送往解放区，大部分留在国民党统治区上学或工作。

孩子剧团自 1937 年 9 月成立至 1942 年 9 月被迫结束，足迹遍布苏、皖、豫、鄂、湘、桂、黔、川、渝九省 57 个县市和几十个农村集镇。据统计，抗日战争期间孩子剧团共演出了四十多个抗战戏剧，演唱几十首抗战歌曲。在 300 余次的演出中，约 45 万人观看演出。① 团员们以戏剧歌咏为武器，动员和鼓舞了广大少年儿童及人民群众抗日斗争的热情，为抗日宣传做出了积极的贡献。周恩来用"救国、革命、创造"② 六字勉励；郭沫若评价孩子剧团是周恩来同志领导的革命文艺队伍。"尽可以成为一部抗战的侧面史。"③ 茅盾称赞"孩子剧团是抗战的血泊中产生的一朵奇花"。④

（二）内江孩子剧团。政治部孩子剧团（上海孩子剧团）成立后，中共内江特支十分关注。中共内江特支派吴汝羽、谢碧芳、钟宝珊、王竹邨等人组织筹划。1938 年春天，四川内江白马镇相继遭受冰雹、火灾，

---

① 李桂杰：《孩子剧团：童心依旧》，《人民日报》1997 年 8 月 13 日第 10 版。
② 慧琳：《孩子剧团欢迎会上》，《新华日报》1938 年 2 月 10 日第 4 版。
③ 郭沫若：《洪波曲》，百花文艺出版社 1979 年版，第 41 页。
④ 茅盾：《记"孩子剧团"》，《少年先锋》第 1 卷第 2 期，1938 年 3 月 6 日。

致使许多难民流离失所，地方人士发起了"救济灾民募捐游艺会"。当时 15 岁的温余波经学校特许，到当地演出后，给学生们留下了深刻的印象，他回校不久就收到十几名小学生写的联名信。小学生们要求成立一个抗日救亡团体，而且希望推选温余波为团长。1938 年 9 月 24 日①，在中共地下党组织的帮助下，内江孩子剧团在白马镇成立。"当天夜晚，首场演出了《大义灭亲》和《一个孩子的梦》等爱国剧目，受到了观众的热烈欢迎。"②内江孩子剧团"成员最大的 15 岁，最小的 10 岁。团员 30 人，团长温余波"③。内江孩子剧团成立后，负责组织筹划的中共党员吴汝羽鼓励团长温余波组织好孩子剧团，希望内江孩子剧团能像政治部孩子剧团一样做好抗日宣传活动，为壮大抗日宣传力量做出贡献。

内江孩子剧团成立后不久，内江抗敌后援会发出为前方将士募捐寒衣的号召，内江孩子剧团决定采取义演的办法募款。为此，吴汝羽教团员们演唱《募寒衣》歌曲："秋风起，秋风凉，民族战士上战场，我们在后方，多献几件棉衣裳，帮助他们打胜仗。打胜仗，收复失地保家乡。"当团员们用稚嫩的嗓音在街头唱起《募寒衣》时，在场百姓无不动容。内江孩子剧团边义演边募捐，"3 天义演共收入国币 200 多元"④。他们用义卖公演的款项总计置办了 100 多件棉背心献给前方的抗日将士。内江孩子剧团的义举受到冯玉祥将军的表扬，他高度肯定团员们的爱国表现，称赞他们是"教老百姓的小先生"。⑤

为了扩大抗日救亡宣传的影响力，中共内江地下党组织决定把内江孩子剧团作为抗日救亡宣传先锋。1938 年 12 月，内江孩子剧团以政治部孩子剧团为榜样，带着党组织的重托，在团长温余波的带领下，一行 8 人组成小分队北上成都开展巡回宣传，并取名为"内江县孩子剧团巡回

---

① 有资料记载内江孩子剧团成立于 1938 年农历八月四日，此处为公历日期。
② 韦庆蔚：《抗日救亡中的内江孩子剧团》，《四川党史研究资料》1987 年第 3 期。
③ 邓寿明：《四川青年运动史稿》，四川人民出版社 1990 年版，第 238 页。
④ 罗存康：《少年儿童与抗日战争》，团结出版社 2015 年版，第 98 页。
⑤ 叶伟才、吴克强、黎昭佶：《抗日小勇士的足迹——抗日战争中著名抗日儿童团体的故事》，中国少年儿童出版社 2002 年版，第 357 页。

宣传队"。这被称为内江孩子剧团的第一次长征。他们沿途演出，经过资
中、资阳、简阳 3 县及沿途 12 个场镇，历时 38 天。1939 年 1 月 14 日，
内江孩子剧团抵达成都，受到《星芒社》、四川大学学生会等团体的热情
接待，中共川西地下党组织派赖自昌前来接头并给予有力的帮助和指导。
在成都春熙路上，内江孩子剧团演出了金钱板、莲花落及抗日小调等，
受到各界爱国群众的欢迎。一位名流观看演出后，写了首《献给内江孩
子剧团》的旧体诗："一队小英雄，高唱爱国曲。徒步行千里，精神我不
若。有志不年高，年高多堕落。但祝孩子们，努力救民族。"①

其间，四川省动员委员会企图收编内江孩子剧团，拟改名为"四川
省动员委员会孩子剧团"，遭到拒绝。1939 年 3 月初，中共内江地下党组
织决定孩子剧团停止北上，撤离成都，返回内江。孩子剧团返回内江后，
于 1939 年 3 月下旬组织 8 人小分队南下重庆，途经隆昌、荣昌、永川、
璧山、铜梁 5 个县及所属场镇，除了向市民、农民演出外，还为隆昌驻
军、石燕桥煤矿工人、虎峰场中央军校学员进行了专场演出。在铜梁演
出时已是夏季，分队团员数月长途奔波，许多演员生病，加之经费紧缺，
无法继续南下演出，只好返回内江。这被称为内江孩子剧团的第二次长
征。内江孩子剧团返回内江时，正值内江反动派破坏抗日救亡运动，强
迫解散"兴华救亡歌咏话剧社"及"三·一三"剧团，内江孩子剧团也
无法正常开展活动。1939 年秋，内江孩子剧团被迫解散。

（三）重庆儿童农村宣传队。为做好农村地区的抗战宣传工作，
更好地认识农村，向农民群众学习，在中共重庆市地下党组织的领导
下和酝酿下，1938 年底重庆儿童农村宣传队成立。14 岁的中学生向
瑞鑫任队长，数十名队员为重庆市的中小学生，多为城市工商业职
员、厂矿工人、城市贫民的子弟。重庆儿童农村宣传队的主要任务是
下乡宣传，他们利用周末、春节等时机积极宣传抗战，不仅编排抗日
话剧、演唱抗日歌曲，还创作了抗战漫画，这些都成为农民及青少年

① 叶伟才、吴克强、黎昭佶：《抗日小勇士的足迹——抗日战争中著名抗日儿童团体的故
事》，中国少年儿童出版社 2002 年版，第 358 页。

喜闻乐见的节目。"他们的足迹遍及重庆市郊及江北、大足、璧山、永川等县的农村地区。"①

1939年1月8日，政治部孩子剧团到达重庆，给重庆儿童农村宣传队极大的鼓舞。队长向瑞鑫和重庆儿童演剧队等商量，于1月13日在泰邑小学召开欢迎会。当天，重庆各抗日儿童团体代表约60多人到会。国民革命军事委员会第三厅厅长郭沫若亲临讲话，勉励大家"随时随地都要学习，不怕困难，有良好的精神，表现中华民族的前途光明伟大!"② 不久，政治部孩子剧团与重庆儿童农村宣传队协商成立了重庆抗日儿童团体星期座谈会。重庆儿童演剧队、汉口七七少年剧团、朝鲜三一少年团、江北儿童剧团等十几个单位参与，"大家决定，每个星期天开会，计划和协调各团体的工作，举办儿童星期讲座（每个星期日下午），先请郭沫若、陶行知先生和冯玉祥将军演讲"③。

此外，重庆儿童农村宣传队还组织或参与了除夕联欢会、抗战儿童歌咏大会、春节抗日宣传、集体公演、重庆各界劳军活动、"四四"儿童节、儿童春假集体旅行④等活动，为川渝地区抗日救亡运动贡献了自己的力量。

（四）中国战区儿童边疆宣传团。1938年10月12日，中国战区儿童边疆宣传团在重庆成立。团长冯云仙为西南边疆西康人，素有开发边疆的壮志。小团员来自各个战区，总计30多人，因此称为中国战区儿童边疆宣传团。其中，重要的使命就是开发西南国防——西康、西藏，使处在祖国边陲的同胞也知道国家的危难，以他们的热忱、天真去融洽汉、藏、彝、苗等各族同胞的感情，共同参加抗战。"他们暗下决心：国家是我们的，我们也是国家的，所以把自己的责任，负担在我们双肩上，站

---

① 罗存康：《少年儿童与抗日战争》，团结出版社2015年版，第155页。

② 《随时随地都要学习——欢迎孩子剧团席上郭沫若致词勖勉》，《新民报》1939年1月14日。

③ 叶伟才、吴克强、黎昭佶：《抗日小勇士的足迹——抗日战争中著名抗日儿童团体的故事》，中国少年儿童出版社2002年版，第342页。

④ 根据符思旭《山城抗日儿运的主力军——重庆儿童农村宣传队》整理。

在本身的岗位上努力创造独立自由的新中国!"①

中国战区儿童边疆宣传团在西南数县以"雄伟的歌声""刺入人心的悲惨故事和话剧"等形式开展的抗日救国宣传,广受关注。"他们曾深入川康边境大山丛中向彝族同胞宣传抗日,关山险阻,毫不畏惧。他们还很注意了解当地的风俗习惯,学习当地的方言,尽量以当地的民间文艺形式,加大抗日救国的新内容进行宣传。如广西采茶调、四川民歌、打金钱板、打连响等,他们都采用过,当地人们十分喜爱,因而取得了很好的宣传效果。"② 对此,《边政公论》曾这样介绍:中国战区儿童边疆宣传团成立"以后即去成都,以便转道西康,到了成都以后,因为环境关系,未能深入西康,乃改变计划,向川西北番子区域及川西南夷民区宣传,在川西历经温江、泸县等十三县,元通场、街子场等三十五乡镇,川南方面系由眉山、嘉定而进入雷马、屏峨各县工作,计在川南先后经马边等二十二县,石角营等四十三乡镇,收获以在大小凉山一带为最大,不仅尽了宣传责任,而且作了调查工作,并展开今后工作计划。"③

(五)巴县中学农村宣传队。1931 年"九·一八"事变后,巴县中学爱国学生积极参加重庆各界反日救国活动。时任巴县中学校长赖向农及时向师生传递"救国不忘读书,读书不忘救国"的理念,带领全校师生在烽火硝烟中延续文脉。1937 年抗日战争全面爆发后,巴县中学校长王大勋(王觉,共产党人)发动同学组织"巴县中学农村宣传队"和"一·二九话剧团",派苏世沛担任话剧团团长,远赴川渝各地进行抗日宣传,更有学生奔赴革命圣地延安。

1938 年 6 月,巴县中学农村宣传队三四十人先后赴重庆冷水场、马王乡和石桥铺三地,通过演讲、教歌、壁报、发传单和刷标语等开展抗战宣传。对此,1938 年 6 月 1 日《商务日报》报道:在冷水场"第一个

---

① 罗存康:《少年儿童与抗日战争》,团结出版社 2015 年版,第 153 页。
② 罗存康:《少年儿童与抗日战争》,团结出版社 2015 年版,第 153 页。
③ 《中国战区儿童边疆宣传团三年来工作地区与经过》,《边政公论》第 1 卷第 3—4 期,1941 年 11 月 10 日。

节目是歌咏，第二个节目是口琴合奏，第三个节目是话剧，我们自己演了《热血》、《民族公敌》和一幕独脚戏。其他还有赣江男中和女中的合唱、独唱，一直到晚上八点多钟才演完。在最后我们化起装全体合唱，在群众中发出了热烈的欢呼和掌声，这表示了他们的诚挚的感情。这个晚上，我们歌赣江中学，承他们殷勤的款待和有力的帮助，晚上睡得很舒服，这是我们应该感谢的"①。

二　抗日战争时期川渝地区少年儿童的抗日救亡运动

抗日战争时期，川渝地区的少年儿童抗日团体相继开展了"中国儿童号"献机运动、寒衣募捐、抗战宣传、战时救护、慰劳士兵等系列工作，在国内外产生了重要的影响，逐渐成为大后方抗战救亡运动中重要的一支生力军及中共开展抗日斗争不可或缺的儿童武装力量。

（一）"中国儿童号"献机运动。"一·二八"事变爆发，上海遭受日军空袭。随后，有人发出航空救国的号召，广大中小学生也闻风而动。"航空救国声中，京市有小学生数人，致函吴市长，发起募捐儿童号飞机。各地儿童闻风响应。昨日南京航空协会收到中华书局小朋友社转来南洋荷属爪哇梭老华侨公学学生捐款十五盾，（约华币三十元）并附一函，望海内外小朋友实行节食，实现二同号战斗机，以抵抗暴日。"② 抗日战争期间，重庆先后开展了献金、献机以及慰劳等活动。1937 年 12 月，重庆抗敌后援会学生分会发表了《告全市民众书》呼吁大后方的民众以实际行动支援抗战，"有钱出钱，有力出力"，掀起了重庆献金运动的高潮，重庆各行各业，男女老幼几乎都参加了这一活动。1938 年，《中央日报》发表献机救国社论：献机是救国，也是保家乡。是积极防空，消除敌机轰炸的根本办法。1939 年 3 月，中国空军出版社建议将义卖献金捐款用作购买"义卖号"飞机，以充实国防力量。献机委员会在渝成

---

① 大勋：《冷水场、马王乡和石桥铺　巴县中学开展乡村宣传的工作报告》，《商务日报》1938 年 6 月 1 日第 4 版。

② 《爪哇华侨小学生汇款捐助儿童号飞机》，《江西教育旬刊》1933 年第 5 卷第 6 期。

立后，再次呼吁将献金捐款用于购买飞机，拯救中华民族危亡。1940 年冬，合川人民只用 3 个月时间就筹集捐款 45 万多元，购置了 3 架"合川号"战斗机捐献给国家。4 月 6 日，重庆市江北、巴县两地小学生暨市新运会儿童劳动服务团及慈幼院共二万七千多人发起"中国儿童号"飞机筹募，"希望不久的将来，'儿童号'飞机翱翔在祖国美丽的天空"。"4月 12 日，'中国儿童号'飞机全国筹募会在渝北成立。重庆市第 5 中心小学、储材小学、开明小学、树人小学、德精小学、育才学校等 20 多个单位开会，决定分区举行募捐活动，用节省糖果和零花钱的方式以及义卖等工作来推动儿童献机。"① "我们希望全国的小朋友一致起来，参加中国'儿童号'的献机工作。""我们全国七千五百万儿童应以最大的努力来完成它。"② 随后，以重庆为中心的川渝少年儿童献机运动得到全国广大少年儿童的热烈响应。此次活动，重庆市总共捐款购机 13 架。

政治部孩子剧团还专门排演自编话剧《乐园进行曲》为"中国儿童号"献机活动募捐。1940 年 4 月 25 日，为捐购"中国儿童号"飞机，《儿童月刊》社致函重庆市动员委员会："在这抗建的大时代里，全国内外、男女老幼，都拼命干着救国工作，我们儿童界也要参加航空购机运动，要提倡'儿童号'，但是我们力量太薄弱了。敬请贵会照我们的计划通令全国小学校和各儿童团体，每个小学生自己捐一元以上，还要劝募二元以上，募捐用竞赛办法，每校学生与学生比赛，全国学校与学校比赛，哪个小学生募最多者给奖章，哪个学校集最多者给奖状。如果可以实行的话，请发通知并登报。此上重庆市动员委员会。儿童月刊社启，四月二十五日"③ "工人们忍饥挨饿捐出了微薄的工资，年仅十岁的小学生捐出积蓄的糖果钱，各机关团体、学校、商店，甚至小商贩均通过筹办义卖货物等筹集捐款，社会贤达、知名人士也纷纷解囊捐款或义卖艺

---

① 彭承福：《重庆人民对抗战的贡献》，重庆出版社 1995 年版，第 180 页。
② 《渝市儿童响应献机 筹献"中国儿童号"》，《新华日报》1940 年 11 月 11 日第 2 版。
③ 《〈儿童月刊〉社致函重庆市动员委员会》，章开沅、周勇《中国战时首都档案文献战时动员（下）》，重庆出版社 2014 年版，第 819 页。

术品、字画等酬资捐款。文艺界则通过义演或联名举办晚会等方式筹集献金。仅 1941 年 2 月至 5 月底，重庆各界及个人捐款就达 1126 万余元。"① 在"中国儿童号"献机运动的影响下，为提高中国空军的战斗力，响应国民政府航空委员会发起的献机运动，中国社会各界积极响应。戏剧界发起了捐献"剧人号"飞机运动，新闻界发起了捐献"记者号"飞机运动。

（二）抗日儿童团体星期座谈会。抗日儿童团体星期座谈会最早由政治部孩子剧团发起，剧团内部设有"一般工作部"，主要工作是发动、团结和组织少年儿童壮大抗日力量，另一项主要任务是负责学校的儿童组织工作。为了团结一切抗日力量，吸收更多的儿童团体和中小学生加入抗日救亡运动中，政治部孩子剧团利用抗日儿童团体星期座谈会来扩大政治宣传工作。"为了'保卫大上海'集中全上海小朋友力量起见"，"孩子剧团"邀集了"十七个儿童团体，组织了'上海市儿童星期座谈会'，每星期开会一次"②。政治部孩子剧团成立之初便意识到联合少儿团体共同抗日的重要性。转移武汉石灰窑后，"曾发动两千多小学生开了一个联欢会，把救亡的种子播送到这两千多个胸腔里去"③。政治部孩子剧团曾建立武汉市抗日儿童团体星期座谈会，号召广大儿童团体参加第三厅主持的抗日活动。内迁重庆后，政治部孩子剧团走访当地小学并帮助其建立抗日宣传队。孩子剧团还与重庆儿童农村宣传队、重庆儿童演剧队与平儿院战争儿童服务团等合作建立重庆市抗日儿童团体星期座谈会，定期开会协调抗日宣传行动计划、讲座安排和日常公演等事宜，每周还出版一期《重庆市儿童星期座谈会通讯》。据统计，在大后方重庆参加该座谈会的团体有 10 余个：政治部孩子剧团、重庆儿童农村宣传队、重庆儿童演剧队、汉口七七少年剧团、朝鲜三一少年团、江北儿童剧团、启

---

① 彭承福：《重庆人民对抗战的贡献》，重庆出版社 1995 年版，第 186 页。
② 强云秋、傅承谟：《两年来的孩子剧团》，《剧场艺术》第 2 卷第 4 期，1940 年 4 月 10 日。
③ 毓伦：《孩子剧团从石灰窑归来》，《妇女生活》第 5 卷第 10 期，1938 年 4 月 1 日。

明育德儿童前锋队、树德小学儿童歌咏队、平儿院战争儿童服务团、重庆儿童歌咏队、临时保育院、第一保育院以及重庆部分热心救亡工作的小学校。

重庆市抗日儿童团体星期座谈会成立的目的是："集体的工作，集体的学习，大家互相帮助，交换工作经验，也是为了重庆市小朋友的紧密团结起来，去推动、发展战时首都的儿童救亡工作。"① 抗日儿童团体星期座谈会在每周日的下午举行，郭沫若、陶行知、冯玉祥经常到会发表演讲。郭沫若就多次参加抗日儿童团体星期座谈会，据陈模回忆："星期讲座，第一讲就是郭沫若，听讲者700多人。他对国内外形势精辟的分析，出自肺腑的抗战激情，引起全场青少年多次暴风雨般的掌声。"② 1939年3月20日，《新华日报》报道："政治部孩子剧团主办的儿童星期座谈会，昨日请郭沫若先生讲'二期抗战中小朋友怎样做工作'。并请赵启海先生教歌。"③ 座谈会上，各少年儿童抗日团体代表汇报、交流工作情况，研讨和协调彼此的行动计划，并对重大的共同活动作统一的决定。少年儿童则通过星期座谈会来集体学习，加强对抗日救亡工作新认识。此外，"他们还举行过儿童春假集体大旅行，参加的单位（学校团体）有4个，共145人。他们还举办儿童宣传工作讲习班，由实际有经验、有研究的先生来讲授关于儿童工作的问题。每个儿童团体干部及小学优秀的学生，热心儿童工作的先生参加听讲，共有一百多人，在星期一、三、五下午一至二时半不上课的时间来进行讲习。他们还特别组织了儿童星期工作队，到渝市的近郊牛角沱、化龙桥、相国寺等地方去宣传"④。

随着抗日战争的持续深入，抗日儿童团体星期座谈会逐渐成为团结各少年儿童的桥梁和纽带，这对于他们的统一行动，互相学习，互通信

---

① 傅承谟：《重庆市儿童星期座谈会的自我介绍》，《全民抗战》第76期，1939年6月24日。

② 陈模：《在孩子剧团里成长》，《红岩春秋》2001年第5期。

③ 《本市简讯》，《新华日报》1939年3月20日第3版。

④ 傅承谟：《重庆市儿童星期座谈会的自我介绍》，《全民抗战》第76期，1939年6月24日。

息，起到了很好的作用。借助抗日儿童团体星期座谈会这一平台，日渐壮大了川渝地区的少年儿童抗日团体的力量。在川渝地区，以政治部孩子剧团为核心的各个儿童团体密切协作，有条不紊地开展抗日宣传工作，孩子剧团"也成了'小鬼'的核心了"①。抗日儿童团体星期座谈会也成为少年儿童联合起来跟日寇、汉奸进行斗争的一种好形式。实践证明，抗日儿童团体星期座谈会是"孩子剧团在国民党统治区开展抗战儿童工作的一个重要的组织形式，对推动大后方抗日儿童工作起了良好的作用，它的经验是值得加以总结的"②。

（三）少年儿童团体联合演出。抗日战争时期，为扩大宣传效果，广大少年儿童抗战团体常常联合起来演出。1938年7月，长沙儿童团与育英儿童抗战工作团、长沙战时服务团在长沙举行联合演出。同月，武汉各儿童团体联合举办大型露天歌咏大会。1938年11月，新安旅行团、政治部孩子剧团、广州儿童剧团、汉口七七少年剧团在广西桂林举行联合公演。

受少年儿童团体联合演出的影响，川渝地区少年儿童抗日团体联合演出也相继开展。1939年春节初一、初二两天，政治部孩子剧团、重庆儿童农村宣传队、朝鲜三一少年团（由侨居重庆的朝鲜小学生组成）、汉口七七少年剧团、重庆儿童演剧队、平儿院战争儿童服务团、泰邑小学等20多个团体在重庆中央公园举行儿童露天歌咏大会，每天观众达五千人。每场演出结束后，还向现场观众教唱抗日歌曲，歌声响彻整个山城重庆。

1941年4月4日，政治部孩子剧团还在重庆牵头组织"四四"儿童节庆祝大会，声势浩大的演出传遍山城大地。冯玉祥、郭沫若和陶行知等参加庆祝大会。此外，政治部孩子剧团还联络十多个儿童团体和小学开展抗战儿童戏剧演出和演讲比赛，在重庆中山公园举办儿童歌咏比赛等活动。在这些活动中，政治部孩子剧团都充当了领导者和组织者的角

---

① 卡蒙：《在内地的上海儿童——"孩子剧团"的伟绩》，《妇女文献》第2册，1939年5月。
② 陈模：《在实践中增长才干》，纪念孩子剧团成立60周年筹备组编印《奇花更艳——孩子剧团成立六十周年纪念文集》（内刊），1997年，第67页。

色，其组织力、凝聚力和影响力得到充分展现。川渝地区少年儿童抗日团体联合演出，不仅扩大了少年儿童抗日宣传的声势，还展现了少年儿童团结抗日的力量。同时，也为少年儿童团体互相观摩和学习提供了绝好的机会。

（四）抗日宣传工作。"三分军事，七分政治，宣传重于作战。"① 抗日战争时期，川渝地区的少年儿童抗日团体主要开展了三方面的工作，一是宣传工作；二是儿童工作；三是慰劳工作。其中，宣传工作居首位。川渝地区的少年儿童抗日团体形式多样、丰富多彩的抗战宣传工作受到当地群众的热烈欢迎。如 1939 年春到 1940 年夏，政治部孩子剧团就分两次赴川东、川西、川南和川北地区开展抗日宣传，规模之大历史绝有。少年儿童的抗日宣传有两个优势：一是团员年龄小，演出投入，其苦难经历容易得到底层民众的同情；二是少年儿童抗日团体每到一处，第一时间动员当地少年儿童和人民群众参与抗日战争，发挥本地群众的主观能动性。可以说，少年儿童的抗日宣传是一次全民动员——尤其是动员孩子参与抗战的过程，它塑造了一种全新的民众抗战动员模式。抗日战争期间，少年儿童是联系社会、学校和家庭的一个有效衔接点，还是对普通民众、家庭展开抗战宣传的有效中介。川渝地区的少年儿童在抗战宣传活动中植入"抗日救亡""民族大义"等观念，让底层民众与国家、抗日战争产生关联，吸引广大孩子关注抗战并辐射影响整个家庭或家族，最终达到动员民众参与抗战的目的。而少年儿童表演式、参与式的抗战宣传有着极强的艺术张力，即刻传播效应明显，在无形之中强化和传播了抗战主流文化，这与日后国家动员尤其中共的宣传动员模式不谋而合，且迎合了民众固有的家国意识、善恶是非等观念，从而激发其抗日救亡的内心情感。

川渝地区少年儿童在做好抗日宣传的同时，还利用其身份在大后方积极开展国际宣传。为加强中苏两国的文化交流，争取当时唯一的社会

---

① 熊佛西：《五年来的戏剧》，《熊佛西戏剧文集》（下册），上海文艺出版社 2000 年版，第 881 页。

主义国家——苏联的政治军事援助。1939 年 11 月，政治部孩子剧团参加了为苏联专家举办的"纪念十月革命二十二周年活动"。当时，团员们仅有一双黑跑鞋，无鞋演出。郭沫若得知情况后把剧团总务强明叫来说："他们那些人做官当老爷，从来不顾惜你们，你们还给他们争什么面子？"强明一时还没听明白，郭先生接着说："全体团员都穿草鞋参加晚会，坍他们的台，捅他们一下！"① 后来，团员们果真穿着草鞋参加演出。演出后第三天，政治部总务厅将鞋袜费拨付。看得出，这种特殊形式的国际演出不仅是一种计策，更是一种斗争。抗日战争期间，政治部孩子剧团借势用力通过更具公信力的他人"喉舌"，将那些与现代民族国家相关的观念和思想通过传媒得以播散。1940 年 12 月 28 日，中苏文化协会在重庆举办苏联驻华音乐广播活动，政治部孩子剧团和育才学校应邀参加。育才学校陶行知校长出席活动后写下："听孩子剧团唱《红缨枪》与育才唱《中国友人歌》。与孩子团握手致贺。"② 第二天，歌声通过国际广播电台传到苏联。上述可知，川渝地区少年儿童的抗日宣传影响之广，传播之远。

重庆各抗日儿童团体还在重庆中央公园举行抗战儿童歌咏大会，听众达 8000 多人。他们在现场教听众唱《打倒东洋》《救中国》等抗日歌曲，还深入江北的街头、乡村开展宣传，提出"向没有人宣传的地方去！"他们举行集体大公演。"少与戏剧界接触的江北同胞看得出神，看得感动。当看到敌人残杀女同胞时，许多人都流下了同情之泪，不禁呜咽地哭了。可是等看到壮丁夺刀，把敌人杀死，又是一阵狂欢的叫号！"③

川渝地区少年儿童通过书写标语，演唱流亡歌曲，演出戏剧，跳舞蹈，播放抗日电影、幻灯，画漫画，雕木刻等形式开展抗日宣传。此外，孩子们还用小短剧、快板、金钱板、莲花落等川渝地方文艺形式来

---

① 陈模：《郭沫若与孩子剧团》，《红岩春秋》2002 年第 6 期。
② 陶行知：《陶行知全集第 10 卷》，四川教育出版社 1991 年版，第 1111 页。
③ 傅承谟：《重庆市儿童星期座谈会的自我介绍》，《全民抗战》第 76 期，1939 年 6 月 24 日。

演出，演出效果令人耳目一新。据统计，川渝地区少年儿童抗日团体在大后方曾演出的戏剧有：《捉汉奸》（儿童活报剧）、《帮助咱们游击队》（儿童独幕剧）、《复仇》（独幕活报剧）、《团结起来》（哑剧）、《携起手来吧，中国的孩子们》（广播剧本）等。这些戏剧演出深受当地百姓的喜爱，为抗日宣传发挥了积极的作用，还推动了抗日战争时期儿童戏剧的发展。

三　川渝地区少年儿童抗日救亡运动的历史意义

抗日战争时期，中国少年儿童遭受了异常深重的苦难，侵华日军对中国少年儿童犯下的罪行罄竹难书。作为全民族抗日战争一员的少年儿童也发出时代的吼声：我们是抗战的小主人。大人救国，小孩也要救国！小朋友们要勇敢地担负起救国的责任，争取抗日战争的最后胜利。正如茅盾所说："日本帝国主义残杀了我们民族千万的男女，然而我们民族复兴的后备军已经在炮火中成长！"[1] 1939 年 1 月 4 日，《新华日报》刊登赵锋的《战斗中的边区儿童》一文盛赞"儿童团在抗战动员工作中，更是显示了天真与伟大的作用"。[2] 位于川渝地区少年儿童的抗日救亡运动更是全民族抗日救亡运动的一部分，有着重要的历史意义。

（一）川渝地区少年儿童的抗日救亡运动显示了在民族危机日益深重的情况下，作为民族一分子的少年儿童"天下兴亡，匹夫有责"的爱国情怀。抗日战争全面爆发后，少年儿童平静的读书生活被打破，强烈的民族危机意识进入孩子们幼稚的心灵，"战争的烽火，不仅燃烧起一些醉生梦死的人们，连儿童们也站立起来了"[3]。他们要求和大人们一样去从事庄严神圣的救亡工作。他们认为："现在是抗战的时候，许多的大先生们都起来做抗战的工作，我们小朋友也是国民的一分子，我们不愿意做亡国奴，我们也应该起来参加抗战工作，把我们小小的力量，贡献给民

---

① 茅盾：《记"孩子剧团"》，《少年先锋》第 1 卷第 2 期，1938 年 3 月 6 日。
② 赵锋：《战斗中的边区儿童》，《新华日报》1939 年 1 月 4 日第 4 版。
③ 田雨：《敌人铁蹄下我们的后代》，《妇女生活》第 8 卷第 12 期，1940 年 3 月 20 日。

族国家。"①

在深重的民族危机面前，广大少年儿童主动参加抗日救亡运动并贡献自己的力量，"孩子剧团从上海步行出发，遍历许多省区到达武汉，公演话剧，组织儿童，做着比成人更艰苦的工作，使社会人士感动，钦佩"②。1938 年，政治部孩子剧团和其他儿童抗日救亡团体组织 1000 多名小朋友在武汉成功召开反侵略宣传周儿童日大会。他们表示："我们的国家民族已到了生死关头。小孩子的血，一样是可以救国的！我们不做亡国奴！"③ 1939 年 1 月上旬，政治部孩子剧团抵达重庆。"随后三年，孩子剧团在重庆开展了'抗战儿童戏剧公演'等一系列抗日、争取民主、反独裁的演出活动，成为抗战大后方陪都重庆群众进行抗日宣传的一支重要文艺大军。"④ 新安旅行团范政表示："在这国家很危险的时候，不但大人救国，就是小孩子也要救国。因为，如果大人不救国就做大亡国奴，小孩子不救国国亡了，就是小亡国奴了。所以现在我们每一个小孩子，都要认清，我们是中国人，我们就要救中国。救中国的责任，有我们这些纯洁的儿童一份儿。亲爱的小朋友们，我们不要看轻了我们自己。我们是有力量的，我们要马上拿出来，贡献给国家。打倒日本强盗，争取最后的胜利！"⑤ 有感于少年儿童抗日的感人英雄事迹，郭沫若在《学学孩子吧》一文中由衷地表示："我们中国有这样的孩子，中国是绝对不会亡的。我们大人们，学学孩子吧！"⑥

受此影响，抗日战争时期川渝地区广大少年儿童被组织起来，纷纷"大踏步地走上救亡的岗位"⑦。重庆儿童农村宣传队、泸县孩儿剧团、重

① 《军委会政治部孩子剧团报告组织经过情形》（1941 年 1 月 14 日），《中华民国档案史料汇编》第五辑第二编文化（一），凤凰出版社 2010 年版，第 182 页。

② 《救济难童问题》，《新华日报》1938 年 7 月 21 日第 1 版。

③ 罗存康：《少年儿童与抗日战争》，团结出版社 2015 年版，第 10 页。

④ 付冬生：《郭沫若与孩子剧团》，《郭沫若学刊》2018 年第 2 期。

⑤ 罗存康：《少年儿童与抗日战争》，团结出版社 2015 年版，第 10—11 页。

⑥ 郭沫若：《学学孩子吧》，孩子剧团编《孩子剧团：从上海到武汉》，大路书店 1938 年 5 月版，第 147 页。

⑦ 茅盾：《记"孩子剧团"》，《少年先锋》第 1 卷第 2 期，1938 年 3 月 6 日。

庆育才学校小主人剧团、合江县小小歌咏队、简阳儿童宣传队、儿童歌咏队、江北儿童剧团、云阳娃娃剧团、云阳儿童宣传团、内江孩子剧团、资中孩子剧团、涪陵儿童剧社、江津少年宣传队等川渝地区少年儿童抗日团体纷纷成立，并投入抗日救亡运动之中，产生了较大的影响。他们年纪虽小，但却有爱国的热忱，有救国的壮志，只要团结起来，就会产生强大的力量。他们的抗日救亡运动显示了在民族危机日益深重的情况下，作为民族一分子的少年儿童"天下兴亡，匹夫有责"的爱国情怀。

（二）川渝地区少年儿童的抗日救亡运动对抗战大后方及全民族抗战起到巨大的激励作用。抗日战争时期，数十支少年儿童抗日团体在川渝地区开展了轰轰烈烈的抗日救亡运动，这极大地鼓舞着抗战中的人们。《大时代的孩子们——在苦难中成长起来》一文指出："连孩子们也不肯放弃自己的岗位，这使参加抗敌救亡的战士增加了多少勇气，使犹豫恐怖的徘徊分子映出了多大的羞愧！"① "大人们看到我们的努力，有的称赞，有的惭愧，有的感动得自己也惊醒过来，拼命去帮助抗战。"② 政治部孩子剧团团员们也表示："全国的小朋友们，我们是中国人，我们不能放弃我们救国的责任，赶快起来，我们大家一齐起来作救亡工作，帮助我们的大人，帮助我们的政府，帮助我们的军队，把日本鬼子赶出中国去。全国的大人们，我们小孩子都起来了，你们还不起来吗？"③ 少年儿童的抗日宣传"说服了沉迷的同胞，拉回了歧途的朋友，亲近了广大的群众"④。

政治部孩子剧团在川渝地区坚持"吾辈艺术工作者的全部努力，以广大抗战军民为对象"⑤ 的信条，利用戏剧武器并辅助歌咏、标语等群众

---

① 《大时代的孩子们——在苦难中成长起来》，《新华日报》1938 年 1 月 24 日第 4 版。

② 罗存康：《少年儿童与抗日战争》，团结出版社 2015 年版，第 12—13 页。

③ 少松：《看了孩子剧团的公演》，孩子剧团史料编辑委员会编《孩子剧团史料汇编——在战火纷飞的年代》（内刊），1989 年，第 85 页。

④ 叶伟才、吴克强、黎昭佶：《抗日小勇士的足迹——抗日战争中著名抗日儿童团体的故事》，中国少年儿童出版社 2002 年版，第 268 页。

⑤ 蓝海：《中国抗战文艺史》，山东文艺出版社 1984 年版，第 34 页。

喜闻乐见的文艺形式实施宣传，受到群众和官兵的欢迎。有个东北军的长官看了演出后感叹道："你们两三天的工作，比我们几个月的成绩还好！"① 在重庆创办育才学校的陶行知谈到儿童抗战中的作用时指出："小孩宣传应该扩大。在这二十二个月的抗战当中，小孩是表现了充分的力量。新安旅行团、孩子剧团、厦门儿童剧团、广西战时儿童服务团，和无数的小孩子团体都对抗战有了很好的贡献。青年人在乡村里宣传，有时会碰钉子，小孩子们的工作是到处受人欢迎，顺利进行。有些事大人和青年不能做而小孩子能做。有些话，大人和青年不便说，而小孩子说起来，人家不能怪。""政府社会应该鼓励有经验的儿童团体帮助校外的儿童组织起来，使得每一个小孩子的小小力量，都能发挥出去帮助抗战。"② 浩飞也指出："经过抗战炮火的洗礼，中国儿童格外坚强地长大起来。在敌后，在前线，在后方各地，他们都帮助执行了抗战的任务；如孩子剧团，七七少年剧团等，都是'抗战的血泊中产出的奇花'。他们能力的表现，不但使我们惊奇，而且使我们感奋，使我们安慰。因为他们的表现，证明他们必然会有光明的、伟大的前途。"③ 上述表明，川渝地区少年儿童的抗日救亡运动效果好，且受到了战时各界的高度肯定。他们的抗日救亡活动不仅对激发成人抗战产生了巨大影响，还对抗战大后方及全民族的抗日救亡运动起到巨大的激励作用。

（三）川渝地区少年儿童在中共领导下积极投身抗日战争，逐渐成为抗日战争中一支重要的生力军，他们的抗日救亡运动成为全民族抗战的组成部分。在抗日战争的烽烟中，在民族救亡图存的危急时刻，"我们中华民族四万万五千万人，不分阶级贫富，不分男女老幼，不分党派信仰，一致奋起，义无反顾，与日寇做生死的决斗"④。当然，这之中更是"少不了这批朝气的少年生力军"。"新中国的儿童，应有这三个，第一，要

---

① 潘高峰、谭力：《抗日宣传战中的一朵奇花》，《新民晚报》2018 年 6 月 19 日第 3 版。
② 陶行知：《兵役宣传之研究》，《战时教育》第 4 卷第 7 期，1939 年 5 月 25 日。
③ 浩飞：《写在儿童节之前》，《全民抗战》第 62 号，1939 年 3 月 13 日。
④ 朱德：《八路军新四军抗战第四周年》，《解放》第 131、132 期，1941 年 7 月 7 日。

认识中国民族的危机，第二，要接受民族革命的思想，第三，要切实的做一个小先生，这样才是一个新中国的新儿童。"儿童靖秉铨说："我看到民族空前的危机，我要做一个民族的解放实行者。"儿童徐志贯说："民族图存，是现阶段每个中国人的神圣任务，我愿在前进大众领导下，尽我所有的，小小的力量。"[1] 川渝地区少年儿童在中国共产党的领导下同抗日军民一道，积极参加各种抗日救亡活动，逐渐成为抗日战争中一支重要的生力军。川渝地区的广大少年儿童"赤炽童心早许国"，他们尽其所有的力量为国家服务，为民族尽力，为抗日战争献身。

抗日战争时期，川渝地区广大少年儿童在各方面都表现出了"意想之外的能力"："在战地，无数的儿童（小的仅七八岁）组织了孩子剧团，和大人一样地做宣传工作；在前线，无数的儿童勇敢地帮助军队刺探军情传送消息；在炮火中，无数的男女童子军英勇地救护我们负伤的战士；在后方，无数的儿童在作慰劳和募捐的工作。这许许多多的事实，使我们相信，儿童不仅是中国未来的主人翁，而且是现在抗战的生力军。"[2]《新华日报》也指出："我们的亲爱的孩子们，我们新生的一代，却在炮火的烈焰中诞生和成长起来。在前线，他们负担起帮助军队刺探军情，传消息和救护的工作；在敌后，他们做侦查，放哨，查路条的工作，紧站在自己的岗位上；在大后方，千百万的儿童从事宣传、募捐、劳军等各种工作，他们用他们的热情，用他们的歌声和表演，来直接和间接地帮助抗战，并在每一件事实中，每一件工作上，表现出他们的威力来。"[3]在争取民族生存的斗争中，川渝地区少年儿童已成了一支最英勇的生力军，在不断的成长和前进着："如发动各种宣传，服务工作等，是曾经得到很大的成果的，高高在上的'大人们'也许不相信孩子们，有这样的力量，但是铁一般的事实却摆在我们的眼前。你尽管不相信，事实到底

---

① 毕兰：《介绍几个模范的现代儿童》，《大公报》（上海）1937年2月2日第9版。

② 张瑞芳：《我的感想》，《新华日报》1939年1月2日第4版。

③ 《短评：纪念儿童节》，《新华日报》1940年4月4日第3版。

是事实，它总是客观地存在着。"① 1938 年，王洞若在《纪念儿童节》一文中指出："虽然中国儿童近年来对社会已作了不少贡献，虽然抗战后产生的孩子剧团，从上海到武汉沿途做了不少救亡工作——这些事实都足够证明儿童对于社会活动，对于目前的抗战有参加一部分工作能力，但直到现在还是没有得到一般成人们合法的承认。"② 他还呼吁社会各界应该给广大儿童"一种实践道德、服务抗战的机会，让他们小小的年纪便浸润在社会生活和民族意识中"，"应该在儿童可能参加的救国生活中来培养他们一个小战士的灵魂"③。

　　综上，川渝地区少年儿童为抗日战争胜利贡献了自己全部的智慧和力量，他们的抗日救亡运动成为全民族抗日战争的重要组成部分。他们用实际行动证明了中国少年儿童是抗日战争中不可缺少的一支生力军。面对日本铁蹄的蹂躏和迫害，到处燃烧着民族抗战的火焰，"儿童为国家和民族未来主人翁""孩子们也用鲜血写成壮烈的诗史"④。

---

① 知辛：《关于孩子的事》，《抗战儿童（重庆）》创刊号，1940 年 4 月 1 日。
② 王洞若：《纪念儿童节》，《战时教育》第 2 卷第 6 期，1938 年 3 月 25 日。
③ 王洞若：《纪念儿童节》，《战时教育》第 2 卷第 6 期，1938 年 3 月 25 日。
④ 朝云：《铁蹄下的厦门儿童的反抗》，《中国青年》（重庆）第 1 卷第 2 期，1939 年 8 月 20 日。

大后方小说艺术表达的"大众化"与"个性化"特征
——以《抗战文艺》为例[*]

大后方小说艺术表达的"大众化"与"个性化"特征
——以《抗战文艺》为例[*]

何　瑶[**]

内容提要：《抗战文艺》是全面抗日战争时期最能代表大后方文学风貌的文艺期刊，是战时整个抗战文学发展历程的一个缩影，因此对《抗战文艺》上的小说进行梳理与考察可以实现对大后方小说发展的全景式观照。大后方文学以 1942 年为界分成前后两个时期，大后方小说的艺术表达也以此为界呈现出不同的阶段性特征。前期注重小说的新闻性、纪实性，趋向于大众化表达；后期在艺术上多样开拓与探索，在大众化的基础上追求个性化的艺术表达，加深了对整个抗战文学全面而正确的认识和理解。

关键词：大后方小说；《抗战文艺》；艺术表达；阶段性特征

中国抗日战争是中华民族同日本侵略者进行的一场殊死搏斗，是中华民族进行的争取民族自由与独立的神圣战争，是世界反法西斯战争的重要组成部分。随着这场战争轰轰烈烈地展开，中国文艺界的文艺家们，以笔为武器，投身于这场神圣的民族抗战中，发挥了自己巨大的作用。

---

* ［基金项目］教育部人文社科规划项目"现代文学大家与大后方文学的整体建构"（17XJA751002）。

** ［作者简介］何瑶（1980— ），女，重庆师范大学讲师，研究方向为中国现当代文学。

中国现代文学在这场战争中以特殊的曲折的方式获得自身的发展。然而，长期以来，不少论者认为抗战时期大后方小说政治功利性突出，概念化、公式化现象严重，代表着中国现代小说发展的停滞甚至倒退。这主要是因为缺乏具体文本研究与系统全面的考察，是以点带面、以偏概全的认识。确实，在初期的文学创作中确实存在一些公式化、概念化、艺术制作粗糙的作品，但这种现象并不严重，并且随着抗战文学的发展不断得到克服。以群和欧阳山在《一九四一年文学趋向的展望》①中就分别有过这样的论述："所谓初期作品的公式化，我以为也许在戏剧作品中特别明显，在别的方面，例如小说和报告文学里面，就并不如此严重的"；"在小说方面，我同意以群先生对于报告文学的说法，公式化的毛病是不算十分严重的，小说里也是如此"。其实，早在全面抗日战争的第一年，就有人对全面抗日战争以来的文艺成果作这样的批评："没有人物，没有事件，只是一群轮廓模糊的影子在呐喊，在跑来跑去；手榴弹，大刀，枪声，冲杀，壮烈牺牲；没有来由的转变；空虚的感情的呐喊，千篇一律，抗战八股……"②对此，梅林在《〈抗战文艺〉一年来底产量》中有力地驳斥了这种偏见，认为这是"短视的刻薄"。对抗战文学片面认识的另一个原因是过去的文本被遮蔽了，一些作品没有机会与人们见面，局限了人们的阅读视野，影响了人们的认识判断。通过对这些长期被遮蔽的文本的整理与发掘，我们可以看到中国小说在战时并未停步，它仍然在特殊的环境中以自己的形式继续发展。从郭沫若《抗战以来的文艺思潮——纪念"文协"成立五周年》中，可以找到对这一趋势的肯定："抗战以来，文艺不仅没有停止它的活动，反而增加了它的活动；不仅没有降低它的品质，反而提高了它的品质。"③事实上，抗战小说确实有变化、在发展，抗战小说在自身的发展过程中由单一走向丰富多样，思想艺术

---

① 《一九四一年文学趋向的展望》，文天行、王大明、廖全京编《中华全国文艺界抗敌协会资料汇编》，四川省社会科学院出版社1983年版，第175、178页。

② 梅林：《〈抗战文艺〉一年来底产量》，《抗战文艺》第四卷第一期，1939年4月10日。

③ 《一九四一年文学趋向的展望》，文天行、王大明、廖全京编《中华全国文艺界抗敌协会资料汇编》，四川省社会科学院出版社1983年版，第219页。

水平也在不断提高。

本文尝试从抗战时期最能代表大后方文学风貌的文艺期刊——《抗战文艺》入手，立足于文学研究本身，对该刊物上的小说文本进行收集、整理与研究。通过深入地细读文本，纵向整体地考察，理清大后方小说的发展脉络，着力复现大后方小说发展的原生态图景，从而更准确地揭示大后方小说艺术表达的阶段性特征。

一　《抗战文艺》：大后方文学阶段性发展的典型缩影

《抗战文艺》从 1938 年 5 月 4 日在武汉创刊，到 1938 年 10 月 15 日在重庆复刊，再到 1946 年 5 月 4 日终刊于重庆，整整发行了八年。虽然这一时期全国出版的文艺刊物并不在少数，在全国有影响的至少就有几十种，但都由于各种原因而不能长久出版下去。《抗战文艺》可以说是该时期寿命最长的文艺刊物，对于保留这个时期的文艺史料，具有相当的价值。作为中华全国文艺界抗敌协会的会刊，《抗战文艺》是抗日民族统一战线影响下的积极产物，最能代表大后方文学的原始风貌，是整个抗战文学发展历程的一个缩影。然而，在改革开放以前的相当长一段时间，学界对大后方文学的研究相对冷落。20 世纪 80 年代之后，抗战文学研究日益受到重视，不少学者对大后方文学研究中有失偏颇的观点提出了质疑，并展开了相关的讨论，对推进大后方文学的研究产生了积极的影响。新世纪以来，随着抗战文学史料丛书的不断推出与学术研究视野的进一步开放，学者们开始将中国的抗日战争纳入世界反法西斯战争的历史进程中去审视，大后方抗战文学研究的领域获得了空前的拓展。但总的来看，大多是总体性概览式地观照、题材的聚焦或作家作品的创新研究，缺乏从代表性文学刊物研究入手，立足于文学原生态现场及其历史发展，对抗战时期的大后方文学进行深入系统的研究。

从中国抗日战争的历史进程来看，以往的大多分为初期、中期、后期三个阶段。然而，当笔者把这场战争置于世界反法西斯战争的整体中来审视时，中国抗日战争显然可以太平洋战争的全面爆发（1941 年 12 月

8 日）为界分为前后两个时期。前期是中华民族为争取民族生存反抗日本帝国主义侵略的战争，后期是中国人民参与的世界反法西斯战争。《抗战文艺》第七卷第六期所刊载的内容为三个特辑的合印，没有刊出一篇文艺作品，这一期正好是 1941 年 12 月 8 日太平洋战争全面爆发后该刊物的第一次出版。通观第七卷第六期及这一期的前后不难发现，《抗战文艺》在 1941 年 11 月 10 日至 1942 年 11 月 15 日整整一年的时间里只出版了这一期，并且没有任何文字对此做出解释。与此形成强烈对比的是，第七卷第四、五期合刊脱期半年，在这一期里"本刊紧要启事"① 不仅详细说明了脱期的原委，而且还对此致歉。虽然对于当时的出版情况来看，脱期是正常现象，准时出版反而是特殊现象，但根据《抗战文艺》以往的惯例，凡是有延期或脱期的情况，在该期出版时编者总会在"本刊启事"或"编后记"中做详细说明，第七卷第六期的这种现象显然是反常的。结合以上情况，可以作出这样的基本判断：《抗战文艺》的办刊方针在 1941 年 11 月至 1942 年 11 月正在因为抗日战争进程的改变而进行重大调整，第七卷第六期就是《抗战文艺》前期和后期的一个分界线。根据这一判断，笔者还发现在第七卷第六期前后刊出的"稿约八章"中的第一条有明显变化。在这一期之前（包括第七卷第六期）的"稿约八章"中的第一条内容为"本刊欢迎来稿，但必须与抗战有关"。在这一期之后（即第八卷第一、二期合刊）的"稿约八章"中的第一条内容变为"本刊欢迎来稿，但必须与抗建有关"。与此变化形成呼应的是，第八卷第一、二期合刊在编后记中明确表示，"因为浮躁与狂热的时代早已过去，热情逐渐内潜于清醒的理性之光里，整个抗战的作风是如此，一个文艺

---

　① 原文：本刊四、五月号合刊于五月二十七夜新蜀报印刷厂遭回禄时全部被焚，后虽从残烬中抢出原稿若干，然多残缺不全，此种意外灾难，虽使出版部同人痛心万分（全国文艺界同人与本刊读者当亦有此同感），惟既成事实，亦无法加以挽救。惟一希望即为赶紧集稿，另觅印所，期于六月中，至迟七月底能出版一期，以向读者告罪于万一。不料轰炸期中竟无第二印刷所能接受稿件，到处接洽，皆无结果。今虽勉强出版，然其间脱期已半年之久矣！幸转眼雾季到来，一切文化活动均重呈活泼气象，本刊倘无意外障碍，或可在最近六个月内不致再有脱期以情形发生。特此誌歉，谨希读者原谅是幸。

刊物的作风亦应如此"①。据此,在本文中笔者将突破以往三个阶段的划分方法,采取两个阶段的划分方法,将《抗战文艺》上的小说以第七卷第六期(即1942年6月15日)为界,分为前后两个时期来研究。

二　前期大后方小说艺术表达的大众化特征

抗日战争全面爆发后,随着抗战道路的艰难和困苦,需要源源不断地动员更多的民众力量参与到抗战的队伍中去,于是作家们纷纷以笔为武器,投入到增强人民大众对于抗战意义的认识、对最后胜利的信心的抗战工作中。"文章下乡""文章入伍"的口号应运而生。中国现代文学第一次获得了与中国民众、中国现实生活实现最大限度地结合的机会。但中国的大众是一个最复杂的群体,他们在生活、文化水准上有着种种的距离,要发动他们的抗战力量,激发他们的抗战情绪,作家们不得不又一次致力于文学的大众化。因为"调唱的越高,大众越不敢附和;不是不敢,而竟是不能"②。因此,在前期,作家们围绕旧形式、通俗化的利用展开了激烈地讨论。最终作家们意识到大众"对于文艺作品,固然要求明白易懂,但也要求现实逼真,非现实的单纯并不是他们所欢迎的"③。这一时期,《抗战文艺》上的小说在这种大环境之下,显然也不例外,趋向于大众化地表达,注重作品的新闻性、纪实性。

刘白羽1938年在《抗战文艺》第一卷第九期上发表的《火》,详细地描写了齐云如何用"火"来吸引敌人,诱惑敌人的攻击,牵扯住敌人,扰乱敌人的视线,最终从疲乏的敌人后面反攻,取得战斗的胜利。同时还细腻地描摹了齐云深夜穿梭于战场的恐惧心理。因此这篇小说显得比较真切,有着很强的纪实性。

梅林1939年于《抗战文艺》第三卷第四期上发表的《一个战士的前身》以讲述故事的方式引入正文,满足了大众好听故事的要求,契合了

---

① 蓬子:《编后记》,《抗战文艺》第八卷第一、二期合刊,1942年11月15日。
② 老向:《关于抗日三字经》,《抗战文艺》第一卷第七期,1938年6月5日。
③ 群:《要通俗也要"深刻"》,《抗战文艺》第三卷第十一期,1939年2月25日。

大众的审美习惯。与此有类似表达方式的还有：1939 年第四卷第二期台静农的《么武》和姚雪垠的《红灯笼故事》，均以摆故事的方式叙事，显得更加真实生动。欧阳山于 1941 年《抗战文艺》第七卷第一期上发表的《流血纪念章》将传统评书的说书方式引入到小说创作中，文章以"各位叔伯，各位婶母，各位兄弟姑嫂，还有各位老友"开头，以"故事到这里，算是讲完。失礼失礼！各位不要怪我，因为，我正是一个不会说故事的人哪"结尾，让读者颇感亲切，好像对面就有一个人在讲述这个故事，因而较能引起读者阅读兴趣。

蒋弼于 1940 年《抗战文艺》第六卷第四期发表的《多多村》在塑造一群抗日小英雄的同时，大量地运用童谣，使得小英雄形象更加丰满、真实。比如说，小三子看到一个鬼子掉泪，便边跑边唱："哭死宝，哭死宝！哭到死，哭不饱"。成功在一旁偷看一眼后，也边跑边唱："羞羞羞，括猪油；烧白菜，放酱油"！这些生动、活泼的童谣无疑增添了小说的可读性、趣味性。小说运用了一些大众所熟悉的、活在大众口头上的语言，比如，小三子把两个日本鬼子和一个汉奸称作"瘟尸"，强烈地表达了小三子对他们的憎恶。小说还用一些大众所熟识的事物来做比喻，比如，鬼子跌向水里时，作者把他比做"像一条牛"；癞痢头被人们从水里救出时，作者把他比做"一只落汤鸡"。在这里，不管是"牛"还是"鸡"，都是大众在日常生活中常见的，特别是"落汤鸡"这个比喻非常形象。在这篇小说中，作者正是通过运用这些浸透着大众的文化生活的语言，使得小说更亲切、真实。《抗战文艺》1939 年第五卷第一期沙寒的《荞麦田里》更是利用民歌来突出主题"哥哥杀敌杀不尽，妹妹也去帮把忙"。小说也有一些生动的、大众熟悉的比喻，比如说，把李得胜胳膊上绷着的青筋比作"大蚯蚓"；把轻步靠近李得胜的银妮比作"小猫"。这些都表明了作者在从人民大众的日常语言中汲取活的言辞，创造中国大众自己的语言。这丰富了抗战文艺的语言艺术，扩大了抗战文艺的影响。

1940 年沙汀在《抗战文艺》第六卷第四期上发表的《在其香居茶馆里》，是一篇具有浓重地方色彩和讽刺喜剧风格的作品。小说塑造了联保主任方治国、地痞邢幺吵吵两个阴暗面的典型形象，以茶馆里的钩心斗角为明线，新县长和邢大老爷的肮脏交易为暗线，写了方、邢二人之间既闹又丑之剧的发生、发展与收场。正如沙汀在其他小说中的创作风格，他在这篇小说里同样是于不动声色中将自己的感情融化在情节的叙述之中。整篇小说使人能明显感觉到作家在冷静地描写、冷静地观察、冷静地思考。他与作品中的人物之间保持着一段距离，是站在第三者的立场述说。这种对现实的客观描写正体现了作者致力于艺术大众化的努力。

通过对以上作品的分析可见，抗战前期作家们在创作小说时较注重小说的新闻性、纪实性，艺术表达倾向于大众化。

三　后期大后方小说艺术表达的个性化特征

1941 年 12 月 8 日太平洋战争爆发以后，中国抗日战争由中国人民抗击日寇侵略争取民族独立的战争转入世界反法西斯战争的新阶段，中国的抗日战争成为世界反法西斯战争重要的一部分。中华民族的"民族自由独立的解放运动，民族的革命事业，展开了新的一页，到达了新的一个阶段"。① "文协"以文艺宣传尽力于抗战建国的初衷在这种情形下有了切实贯彻的现实条件与空间。《抗战文艺》上屡次倡导的"抗战文艺当把握建国意识"在第七卷第六期后也有了更加具体地表达，被贯彻到作家作品的创作之中：《抗战文艺》第八卷第一、二期合刊的"稿约八章"中的第一条明确要求，"本刊欢迎来稿，但必须与抗建有关。"因此，这一时期抗战文学的中心由"抗日救亡"转变为"抗战建国"，文艺上自由与民主的呼声高昂，文艺在直面抗战后期现实的苦难中向纵深发展。"文艺工作者比任何人知道得都清楚：提高全民族文化水准，改造全民族性格习俗，这是比疆场上的战争更艰巨，更需要长期努力的斗争。"② 在中

---

① 茅盾：《为了纪念不平等条约的取消》，《抗战文艺》第八卷第四期，1943 年 5 月 15 日。
② 《祝"文协"成立五周年》，文天行、王大明、廖全京编《中华全国文艺界抗敌协会资料汇编》，四川省社会科学院出版社 1983 年版，第 238 页。

华全国文艺界同仁的共同努力下，抗战小说的创作在本时期繁荣起来，有了长足进展。正如郭沫若在《新文艺的使命——纪念文协五周年》中所说："在这一九四三年的今年，这在各方面应该是阵痛最剧烈的一年，然而也应该是生产较丰富的一年。"[①] 作家们开始冷静地思考这场战争，反观抗战的现实，关注的对象不再仅仅局限于战争本身，视域的重心逐渐向战时人民大众的日常生活转移，"把与抗战有关的关系扩大了"，抗战题材的范围也得到了相应的扩展，更加关注抗战中所反映出的现实问题。作家的视野比抗战前期更为广阔，观察也比抗战前期更深刻，开始去描写战时生活的方方面面。他们多是关心着民族的将来，关心着人民的幸福和痛苦，关心着青年一代的苦闷和磨折，关心着社会道德的堕落、风气的败坏等，表现的生活是全面的而不是片面的。因此这一时期《抗战文艺》上中、长篇小说开始大量涌现，抗战小说创作出现多样发展的局面，艺术上渐趋成熟，进行着多样开拓与探索，在大众化的基础上，作家致力于追求个性化的艺术表达。

抗日战争进入反法西斯进程后，作家的主观能动性日益增加，团结一致、争取胜利呼唤着作家表现强烈的爱与恨。因此，后期抗战小说创作逐渐从传统现实主义创作框架中挣脱出来，寻求着新的艺术表现之路。主观抒情出现在了这一时期的小说创作中。骆宾基1944年发表于《抗战文艺》第九卷第三、四期合刊上的《冬天》在对战前儿时生活的回忆中，倾注着作者对于家乡的缅怀与眷恋。方既于1945年在《抗战文艺》第十卷第二、三期合刊上发表的《烛火》通过描写在贫苦中为教育事业而奋斗的"林"夫妇，抒发了作者对他们苦难生活的同情，对他们燃烧自己、照亮别人的"烛火"精神的敬佩。

这一时期，随着中长篇小说的大量涌现，小说容量逐渐增大，这为作家描写人物心灵发展的历史提供了契机。作家开始趋向于从人物内心世界来展现人物的精神世界与物质世界的矛盾，以期折射出复杂的现实

---

① 郭沫若：《新文艺的使命——纪念文协五周年》，文天行、王大明、廖全京编《中华全国文艺界抗敌协会资料汇编》，四川省社会科学院出版社1983年版，第218页。

社会生活。《抗战文艺》1944 年第九卷第三、四期合刊上贾植芳的《人生赋》就记录了张大夫心理变化的历程。起初他对救亡工作充满激情，继而他在痛苦中挣扎，总觉得自己有一种潜伏的激昂，一种渴望，一种不能满足的连他自己也说不明白的东西，因而成天失魂落魄，最后他没能坚守住自己，沉沦下去。由此可见，作者在揭示张大夫内心世界时，并未局限于表现心理过程的结果，而是更偏重揭示他内心矛盾发展的全过程。这篇小说，还以"我"为旁观者来引入小说叙事，而故事的主体部分是以插入他人回忆的方式来展开小说叙事，从而使作品具有结构上的连续性，更有助于引发读者的阅读兴趣。

这一时期，作家除了注重心灵史的挖掘以外，对小说的细节描写也格外重视。王启铭在《抗战文艺》1944 年第九卷第五、六期合刊上发表的《农村小景》中当烽火燃遍每个角落时，黄狮塞发生着巨大变化，"然而杨顺发家的门前却没有变化，甚至当年杨昭华的工作也找到了替身，还是那每天一定的时候，那个补疤衣裳的背影又浮动在院子里，一样的动作，一样的木盆，长板，污水，破絮"①。但仔细对比杨家姐妹的行动，不难发现其实不然。同样是会招致母亲的咒骂，当人们路过杨家门前时，杨昭华"只是略略偏偏头，急急地一瞥"，"就低下头去了"；而当冬妹叫杨二妹时，"二妹把刷子一摔"，"一溜烟就跑掉"。更耐人寻味的是，当汽车开过杨家门前，二妹"一趟就往外面跑，跑到院中，正绊着那一大盆污黑的水，跌了个'仰翻叉'，一盆水倒得满地都是。但她一点不顾地爬起来又跑"。小说正是通过这些细节旨在表明，中华大地每一角落正在改变着，揭示出抗战的激情将燃遍中华的主题。

在后期抗战小说中，作家在情节的设置上突破了传统小说中注重情节的完整性的表现手法，使小说的情节向个性化方向发展。《抗战文艺》1944 年第九卷第一、二期合刊上梅林的《奇遇》中姨太太

---

① 王启铭：《农村小景》，1944 年 12 月《抗战文艺》第九卷第五、六期合刊。

的突然出场使这篇小说在情节的发展上充满一种戏剧性的转折与紧张。与之相比,任钧在《抗战文艺》1944年第九卷第一、二期合刊上发表的《抢》的情节更富于戏剧性色彩。小说中出现了一系列巧合:张文林等四人与两个"不速之客"同为知识分子,同样为贫穷所困,同样为筹款"做生意",所不同的只是两个"不速之客"用抢劫张文林等人的方式筹集资金。小说题名"抢",实际上是一箭双雕,隐含的意义是:两个"不速之客"的行为是明抢,而张文林等人的行为则是暗抢,其本质一样,都令人不齿。

这一时期,象征手法在抗战小说中频频出现。1944年葛琴在《抗战文艺》第九卷第三、四期合刊中发表的《一堵板壁》中那堵引起纠纷的"板壁"是一个象征符号,实际上是指横在本地人与"下江人"、乡下人与城里人、传统人与现代人两个不同人群之间的文化差异,这种差异将传统与现代之间可能的对立展现出来。因此,这篇小说透过战时本地人与"下江人"的隔阂,回望了中国社会现代化过程中乡下人与城里人之间的对立。

后期抗战小说的散文化倾向相当明显。《抗战文艺》1943年第八卷第三期的《猪与鸡》是巴金战时回四川老家时所写,具有见闻的性质。小说围绕冯太太在院中饲养猪与鸡引起纠纷来展开,并没有贯穿全文的扣人心弦的故事,也没有大起大落的情节,平平凡凡,片片断断,具有浓郁的散文化倾向。

结　语

《抗战文艺》是大后方文学发展历程的典型缩影,通过细读文本,纵向考察,对《抗战文艺》中所刊载的小说进行全面分析,不难看出,大后方小说的艺术表达明显地以1942年为界分为前、后两个时期。前期,在艺术上多用童谣、讲故事等方式叙事,趋向于大众化的表达,注重小说的新闻性、纪实性;后期,在艺术上进行着多样开拓与探索,因而日趋成熟,在大众化的基础上追求个性化的艺术表达。通过对《抗战文艺》

刊载小说艺术表达的阶段性特征作系统而深入的考察，可以使我们对大后方小说艺术表达的阶段性特征有比较准确的把握，从而对大后方抗战文学有更加全面确切的认识和理解。

区域文化与比较文学研究

主持人：熊飞宇

主持人语：

异域形象的产生与传播，是比较文学跨文化、跨区域研究的重要议题。其中注视者文化与被注视者文化是形象学中的一组基本对立。在此领域中，芥川龙之介的《中国游记》已成为众多研究者考察的经典文本。1921年3月，芥川龙之介受大阪"每日新闻"社之命，漫游中国，由上海溯江而上，经汉口观洛阳、龙门等处，又自北京赴大同，再经朝鲜，于8月归东京，阅时半载。1925年初，发刊纪行文《支那游记》；11月，由改造社出版。① 旋由夏丏尊译出，以《芥川龙之介氏的中国观》之名，发表于《小说月报》第17卷第4号，1926年4月10日出版。开首有译者于1925年12月所作前记，云：

> 日本文学者芥川龙之介氏，于一九二一年受了大阪"每日新闻"社的委任，游历中国四个月，其足迹所到者为上海、南京、九江、汉口、长沙、洛阳、北京、大同、天津等处。回国以后，曾把所得各地印象在日报上发表，分为《上海游记》《江南游记》《长江游记》《北京日记抄》几个项目，新近又把这些集了重印成《支那游记》一书。

后来，夏丏尊在上海"一家相识的日本书店"购得此书，并在"上海至宁波的轮船中，把它翻完"。诚如店主的荐语，"书中随处都是讥诮，但平心而论国内的实况，原是如此，人家并不曾妄加故意的夸张，即使作者在我（指夏丏尊）眼前，我也无法为自国争辩，恨不得令国人个个都阅读一遍，把人家的观察作了明镜，看看自己究竟是什么一副尊容"。基于此目的，夏丏尊乃将其"所认为要介绍的几节译出"，并套用日本书

---

① 参见《芥川龙之介年表》，《小说月报》第18卷第9号，1927年9月10日；［日］吉田精一：《芥川龙之介年谱》，林春晖译，《杂志》第11卷第2期，1943年5月10日。

店主人的口气，"敬告国人，说'这书在你或者不曾感到什么兴味，但日本新近很畅销，对于贵国的讥诮很多呢'"；进而指出："芥川氏为日本有数的创作家"，"其观察，其描写，不用说全从文艺作家的眼光出发，和别的什么考察团观光团等的但用实业或政治的观点，是不同的"。

译文发表后，曾引起较大的反响，《晨报副刊》摘要予以发表，并加按语："四月份，《小说月报》有丐尊君译的《芥川龙之介氏的中国观》，够'损'的！这算是中国现代生活的写照，灵动得狠，节录几节来看看"。其中1925年6月9日的第1402号，有"上海城内""章炳麟氏"；6月12号的第1403号，续有"郑孝胥氏""辜鸿铭先生"。

1927年12月，译文又以《中国游记》之名，收入《芥川龙之介集》（鲁迅、方光焘、夏丐尊、章克标、沈端先合译）作为"附录一"，由开明书店出版发行。至1928年4月30日，《新评论》第10期即有《读〈芥川龙之介集〉的〈中国游记〉》发表。作者秋山认为，"芥川氏的讽刺，虽然无法争辩，但之终竟感到过于辛辣。平心而论，芥川氏有许多地方，的确是随意讥笑的"；其"眼底的中国"，"只是供他玩赏的妓女，戏子，破庙，古迹"，除此之外，即别无所有，"如有，那末也只有乞丐"。正是出于"片面的中国观"，芥川"甚至说中国的风景也一无足观"。1933年1月1日，《新时代月刊》第3卷第5、6期合刊上，又有丁丁的《芥川龙之介的中国堕落观》。论者也是针对《中国游记》有感而发，指出该篇"是写在上海，在杭州，在苏州，在南京，在芜湖，在北京的游历印象，而充满着卑视，厌憎，讥讽的气息"；"不清洁，不注意卫生，不讲公德的恶习以外，芥川氏还有许多的觉察，就是中国人的迂腐，守旧，迷信，虚伪，没有政治常识，没有时代精神，没有世界观念，只有丑恶的士大夫的陋性"。

此后，《中国游记》在中国渐遭冷遇。进入21世纪之后，则又重回读者视野，备受关注。不同版本的译作亦纷纷面世，计有：北京十月文艺出版社2006年4月版，陈生保、张青平译；中华书局2007年1月版，秦刚译；新世界出版社2011年4月版，陈豪译；浙江文艺出版社2018年

3 月版，施小炜译，等等。而与之相关的研究成果，也不断推出，《论芥川龙之介〈中国游记〉中的中国形象》即是其中之一。不难看出，作者对于游记中有关中国士大夫描述的评价，明显区别于前人的定谳。

无独有偶，被誉为日本"现代中国研究第一人"的竹内实，也曾著有《日本人的中国形象》一书。其中收录的《明治汉学者的中国见闻》《昭和文学中的中国形象》《中国文学研究与中国观》等文，勾勒出近现代日本文学家对中国与中国文学认识演进的轨迹。竹内实于 1923 年 6 月 12 日出生于中国山东张店，后移居东北长春，1942 年回到日本。其后又多次到访中国。1960 年 6 月，在上海意外受到毛泽东主席的接见，自此他长期致力于毛泽东的译介。其所主编的苍苍社版（初期为北望社）《毛泽东集》20 卷（包括《毛泽东集》10 卷和《毛泽东集·补卷》9 卷及别卷），是"毛泽东著作版本学研究方面的里程碑"，一时纸贵东洋。又著有毛泽东传记三种，即《毛泽东传》《毛泽东的生涯——调动八亿人民的魅力的源泉》和《毛泽东》，通过简洁而充实的描述，刻画出毛泽东的多面巨人形象。1965 年，由竹内实执笔、武田泰淳审校的《毛泽东：其诗与人生》正式出版，成为"日本学界从诗学角度研究毛泽东生平思想的开拓性著作"；1993 年 7 月，经中共中央文献研究室《国外研究毛泽东思想资料选辑》编辑组编译，改题为《诗人毛泽东》，由中央文献出版社出版，虽是内部发行，但影响却十分广泛。《论竹内实的毛泽东诗词研究》一文，对此题域作了总结性的分析。不过需要注意的是，竹内实虽然汉学精湛，但对于中国文化与中国语境，仍有未及透达内里之处，其中的误读，论者或当有所指陈。

纵深推进区域文化与文学研究，既是重要的历史和理论问题，同时也是迫切的现实和政治课题。2003 年 10 月，中共十六届三中全会正式提出"五个统筹"的国家发展战略，区域协调发展战略即为其中之一。2018 年 11 月 18 日，中共中央、国务院又印发《关于建立更加有效的区域协调发展新机制的意见》，实施区域协调发展战略成为贯彻新发展理念、建设现代化经济体系的重要组成部分，而区域文化和文学研究，即可在此间发挥积极作用。《互动协商建构意义的有效跨文化传播新模式——皮尔斯符号传播理论的跨文化传播应用》一文，在灵活运用皮尔斯丰厚的传播符号学资源、融合既有文化传播理论成果的基础上，构建了"角色模式"这一新的跨文化交流模式。作者意在推进跨文化传播理论第三阶段的"理解模式"，回应当代国际文化交流的困境，而其所面临的时代背景，即是全球化与"一带一路"倡议对有效跨文化传播模式的需求，正是在此意义上，该文为区域文化的建设与研究，提供了值得参考的理论支撑。

论芥川龙之介《中国游记》中的中国形象

刘 静 夏 爽 鲜力黎[*]

内容提要： 芥川龙之介的《中国游记》建构了一系列中国人和城市形象。由于其矛盾的文化心理、受大正时期日本意识形态影响，以及对中国爱恨交织的情感，芥川笔下的中国形象呈现出多面性，既有以日本强势文化为背景刻画的落后、肮脏、颓废的中国形象，也有以积极、肯定的态度绘制的诗意中国形象。《中国游记》既有对中国破败现实的客观描写，也表现了芥川自诩为"先进文化"子民强烈的优越感和文化偏见。

关键词： 芥川龙之介；《中国游记》；中国形象

芥川龙之介作为日本大正文学的翘楚，曾于 1921 年来到中国，其间创作的《中国游记》建构了一系列中国人和城市形象。其中既有对先进知识分子发自内心的赞许，也有对下层劳动者的鄙夷；既有对破败的城市环境的负面书写，也有对保留着深厚文化底蕴的千年古都的流连。基于当时中日势位逆转的大背景，芥川在构建中国形象的过程中，有意无意地流露出其自诩为"先进文化"子民的强烈优越感和俯视"落伍者"的快感。但作为深受中国古典文化哺育的作家，芥川在理想与现实的巨

---

* ［作者简介］刘静（1964— ），女，重庆师范大学文学院教授，文学博士。夏爽（1995— ），女，文学硕士，重庆市忠州中学教师。鲜力黎（1999— ），女，重庆师范大学文学院比较文学与世界文学研究生。

大反差的幻灭中也寄托了对中国未来的期待与祝福，以及对当时日本全盘西化、传统伦理跌落的失望与不满。

一 对中国人的鄙夷与赞许

芥川龙之介在《中国游记》中惟妙惟肖地描绘了各类中国人形象，尤其是对底层民众和知识分子进行了细致入微的描写。在游记中，芥川目力所及的底层民众大都肮脏、丑陋且贪婪，以黄包车夫、乞丐最为典型。《上海游记》中，首先登场的便是黄包车夫，这也是上海留给芥川的第一印象："一脚刚跨出码头，我们就被几十个黄包车夫团团围住……中国的黄包车夫，说他们是肮脏的代名词也不为过。且粗略地扫视过去，但见个个相貌怪丑。"① 码头黄包车夫糟糕的第一印象，成为作者内心无法更易的烙印。同时，芥川还将中日黄包车夫进行了无情对比："本来，黄包车夫这个词，在我们日本人的印象里，倒绝不是脏兮兮的样子，不如说他们精力过人，劲头十足，令人产生一种返回到江户时代的心境。"②

游记中反复出现的另一底层民众形象是乞丐。芥川在具体描写中国乞丐之前，对其进行了总体概括性评论："本来，乞丐总是具有浪漫主义气息……可是说到中国的乞丐，那就更是稀奇古怪得离谱了。"③ 这里，芥川以"先见"的乞丐形象作为标准来审视中国乞丐，其笔下的乞丐形象从一开始就已经被定义为"古怪"。芥川随后如此描写上海的乞丐："身上披着一张旧报纸，膝盖上的肉，腐烂得像只剥开的石榴，乞丐伸长了舌头在舔着腐肉。"④ 此处的乞丐是不堪的，甚至有些瘆人。芥川同时有意将中日乞丐进行对比，认为日本乞丐"没有中国乞丐那种异乎寻常

① ［日］芥川龙之介：《中国游记》，《芥川龙之介全集》第 3 卷，高慧琴、魏大海译，山东文艺出版社 2005 年版，第 578 页。

② ［日］芥川龙之介：《中国游记》，《芥川龙之介全集》第 3 卷，高慧琴、魏大海译，山东文艺出版社 2005 年版，第 583 页。

③ ［日］芥川龙之介：《中国游记》，《芥川龙之介全集》第 3 卷，高慧琴、魏大海译，山东文艺出版社 2005 年版，第 587 页。

④ ［日］芥川龙之介：《中国游记》，《芥川龙之介全集》第 3 卷，高慧琴、魏大海译，山东文艺出版社 2005 年版，第 587 页。

的不洁……日本的乞丐，充其量不过是接近将军家的轿子，献上一支将军从未见过的火铳枪啦……"① 除形象上的优劣对比外，芥川在评价中国乞丐的行为时，常常使用"我们日本人""在我们日本人眼里"此类表达，鲜明地体现了其自诩为"高势位"文化对"低势位"文化的俯视姿态。

除了黄包车夫和乞丐，芥川在游记中还耗费大量笔墨塑造了其他不雅的中国底层民众形象。如贪得无厌的卖花老太婆、厚脸皮的旅馆拉客伙计、用手指擤鼻涕的上海名伶绿牡丹、长得一脸狰狞的苦力头、向池子里撒尿的"路人甲"、用擦手的热毛巾擤鼻涕的"路人乙"、被称为"野鸡"的放荡的上海妓女、在厨房洗碗池下的水槽里方便的厨师、向江中拉粪便的可怕的居民、衣着邋遢的船老大等。

另外，芥川在游记中也塑造了与底层民众形象大相径庭的知识分子形象。芥川此行所拜访的中国知识分子包括章炳麟、郑孝胥、李人杰、辜鸿铭等人，他们都是心系天下、忧国恤民的儒雅士大夫。

游记中提及的首位知识分子是章炳麟，章先生关于时局的见解使芥川深深折服。句句不离中国政治和社会问题的章先生对日本国民性的批评显然触动了芥川。在1924年发表的《偏颇之见》中，芥川写道："先生的确是位贤人……还从来没有听到过任何日本通，像我们章太炎先生这样一箭射向自桃而生的桃太郎。且先生的这只箭比起所有日本通的雄辩来，包含的真理要多得多。"② 同年发表的小说《桃太郎》，也应视为受到章先生言论启发的作品。此外，芥川在致友人佐佐木茂索的明信片中，也称赞章先生"实乃真正学究"③。当时积极筹备组建中国共产党工

---

① ［日］芥川龙之介：《中国游记》，《芥川龙之介全集》第3卷，高慧琴、魏大海译，山东文艺出版社2005年版，第587—588页。

② ［日］芥川龙之介：《偏颇之见》，《芥川龙之介全集》第4卷，高慧琴、魏大海译，山东文艺出版社2005年版，第110页。

③ ［日］芥川龙之介：《四月二十六日自中国致佐佐木茂索的明信片》，《芥川龙之介全集》第5卷，高慧琴、魏大海译，山东文艺出版社2005年版，第371页。

作的李人杰被芥川称赞为"出类拔萃之才"①。芥川对李人杰等主张革命的年轻一代颇为赞赏，详细记录了李人杰关于觉醒之中国士人对新知识如饥似渴的吸收。也许正因有李人杰这类视国家命运为己任的知识分子不断探索和努力，让芥川在落后的中国看到了曙光。对于前清遗老郑孝胥，芥川毫不吝啬他的夸赞，还未与之交谈，便已再三感叹其才气，钦佩之情溢于言表。而郑孝胥对于政治的高见，让芥川由衷感叹中国知识分子对于国家前途命运的关怀。芥川与感慨于时事而不参与时事的辜鸿铭也有过愉快的交谈。辜鸿铭先生表达了前清遗老无法救帝国于水火之中的遗憾，虽年老然意气风发、目光如炬，对中国的社会现状无比关切，这让年轻的芥川深受感动。

游记中描绘的这些知识分子尽管政治主张各不相同，但都才华横溢，同时密切关心时局、心怀祖国。同他们交谈让芥川认识到尽管中国身陷囹圄，但仍有一批有识之士在为其光明未来不断奋力奔走。

可以说，中国底层民众和知识分子在芥川心中的印象呈现出了两极化的趋势。博学儒雅的知识分子让芥川敬佩不已，但底层民众的粗糙则使芥川尤为反感。这首先是由于芥川借助古籍而想象出的中国图景与现实中国出现断裂之后，产生了幻想破灭后难以抑制的失望；其次，也是芥川站在自诩为"先进"的日本文明的立场上，以其"先见"而带着一种偏见式的眼光审视作为"他者"的中国落后文明的结果。

二 对中国都市的厌恶与称颂

芥川在四个多月的中国旅行中，游览了上海、杭州、苏州、扬州、北京等地，走遍了大半个中国。在芥川笔下，中国城市多是破败肮脏的，其社会秩序也是混乱不堪的，但苏州、扬州的山水自然和古都北京的文化底蕴却仍然值得称颂和怀念。

在芥川笔下，上海是中国首屈一指的"罪恶之都"：抢劫在上海已经

---

① ［日］芥川龙之介：《四月三十日自中国致泽村幸夫》，《芥川龙之介全集》第 5 卷，高慧琴、魏大海译，山东文艺出版社 2005 年版，第 372 页。

司空见惯；卖淫十分猖獗；吸鸦片也是半公开的，遍地都是瘾君子；还有奸尸这类闻所未闻的案件。芥川不仅将评价上海的这篇文章取名为《罪恶》，就连在寄给友人的简短书信中，芥川也不忘提及，"在市内游览，乞丐与尿臊气令我惊诧万分"①。整个游记中显得尤为突出的便是城市环境脏乱差的细节。上海的旅馆"四壁被煤烟熏得黑乎乎的，窗帘也很陈旧，连完好的能坐人的椅子都没有一把……是没法安心住下来"。②不仅有穷兮兮的酒店、脏兮兮的人力车、脏兮兮的饮食摊儿，就连"小饭铺啊、小客栈啊之类，哪一家都是脏兮兮的"③。重复使用的"脏兮兮"之类的贬义词，强化了芥川的不满和厌恶情绪。而与之形成鲜明对比的是日本的整洁。中国剧场的"后台是一处墙壁已斑驳不堪、空气里充满了大蒜臭的凄惨地方……梅兰芳访问日本时，最叫他吃惊的是日本化妆间的整洁漂亮。比起亦舞台这种化妆间来，帝国剧场的化妆间当然是又干净又漂亮，会令人大吃一惊"④。芥川甚至将中国的后台比喻为可怕的"百鬼夜行图"。也许在芥川看来，中日情景对比更能宣泄其对落后中国现实的失望。

芥川还谴责了中国人在动荡时局中忽视古迹保护，导致名胜逐渐湮没：杭州西湖有庸俗化的倾向，岳飞和苏小小的墓地，变成了"毫无诗意的土馒头"，岳庙更是变得面目可憎；苏州城内的景致叫人难堪，不仅孔庙已俨然成为蝙蝠的窝，让人毛骨悚然；著名的寒山寺也是没意思的地方，变得俗不可耐；虎丘也是一片颓败景象，成了一座乱坟岗……

然而值得注意的是，尽管这样的负面形象是芥川出于其日本国民身份，站在自诩的"先进文化"的立场对落后中国进行的"他者"书写，

---

① ［日］芥川龙之介：《四月二十四日自中国致薄田淳介》，《芥川龙之介全集》第5卷，高慧琴、魏大海译，山东文艺出版社2005年版，第371页。
② ［日］芥川龙之介：《中国游记》，《芥川龙之介全集》第3卷，高慧琴、魏大海译，山东文艺出版社2005年版，第579页。
③ ［日］芥川龙之介：《中国游记》，《芥川龙之介全集》第3卷，高慧琴、魏大海译，山东文艺出版社2005年版，第679页。
④ ［日］芥川龙之介：《中国游记》，《芥川龙之介全集》第3卷，高慧琴、魏大海译，山东文艺出版社2005年版，第595页。

但不可否认的是，芥川在一定程度上客观还原了当时中国社会脏乱不堪的历史事实。还必须说明的一点是，芥川在抵达上海后，因感冒未彻底痊愈，引发干性肋膜炎，此次生病对芥川的游览心境和游记写作也不免造成负面的情绪影响。

在游记中，芥川在描写衰败的城市环境的同时，对中国都市的旖旎风光则给予了毫无保留的赞美。苏州的水确实是很美的，像威尼斯似的，"那白墙的倒影，落入窄窄河道的景致，即便在松江，也是难以见到的"①。此处芥川同样是将中日景色进行对比，可得出的结论却是苏州的水更胜一筹。扬州的美景也让芥川赞不绝口，直言扬州是让他感到幸福的城市，五亭桥把中国式的风雅推向了极致，游览时的景色都皆富画趣。芥川还花了大量笔墨描写西湖的景色，以"西湖"命名的文章就多达六篇。但从芥川对西湖的描写中，可以明显感受到芥川喜悦与叹息重叠的矛盾心理。芥川见到夜色中的西湖时，不禁定定地注视着它，为它的美而久久出神。然而在《西湖（一）》中，芥川难掩内心的失望写道："唉！如果让我谈谈西湖的总体印象，与其称之为湖，不如说近似于发过大水之后的一片水田。"②可在随后的文章中芥川又写出这样夸赞的语言："无可否认，这些景色无论如何是美的。特别是如今浮着点点菱叶的西湖水面，就像是特意为了要瞒住这浅水似的，闪着暗淡的银光。"③这表明芥川还是有清醒的认知和评判能力，既犀利地讽刺恼人的所见，同时也能诚恳地夸赞所见之美景。或者说，芥川并未偏执地认为日本一切均强于中国。

中国城市深厚的文化底蕴也得到了芥川的充分肯定。上海城隍庙历史悠久的造型艺术让芥川感叹："我十分钦佩那些造像之妙，因而久久不

① ［日］芥川龙之介：《中国游记》，《芥川龙之介全集》第3卷，高慧琴、魏大海译，山东文艺出版社2005年版，第667页。

② ［日］芥川龙之介：《中国游记》，《芥川龙之介全集》第3卷，高慧琴、魏大海译，山东文艺出版社2005年版，第633页。

③ ［日］芥川龙之介：《中国游记》，《芥川龙之介全集》第3卷，高慧琴、魏大海译，山东文艺出版社2005年版，第645页。

愿离去。"① 杭州大名鼎鼎的文澜阁，不仅建造得颇为典雅，而且作为乾隆皇帝行宫遗址，藏有一部《四库全书》，勾起了芥川极大的兴趣。西湖对岸的雷峰塔，也让芥川抑制不住内心一片赞叹之情："这样一座塔耸立在阳光之中，烟雾朦胧，如梦如幻，果真十分壮观。"② 这些古建筑遗址，是一个城市文化感和历史观的物质表现，也是一个城市宝贵的精神财富。芥川对其赞美，也就是赞美其所具有的厚重的文化内涵。而在谈到古都北京时，芥川说道："不是想回日本，而是想回北京啊。"③ 向往之情溢于言表。在致友人室生犀星的书信中，芥川写道："来到北京三天，我已经深深着迷。即使不住东京，若能客居北京亦可心满意足。"④ 足见北京在芥川心中分量之重，可以媲美东京。芥川在北京时不仅对中国服装特别喜爱，每日身穿中国服装东奔西走，还对中国戏曲十分着迷，所看曲目繁多，曲种广泛，京剧、昆曲等传统戏曲皆有涉猎。在篇幅简短的《北京日记抄》中记录有芥川浏览的众多名胜古迹，展现了城市之中所蕴含的丰厚的历史文化内涵。

　　总之，芥川所建构的中国人和都市形象都呈现出多面性。对于中国特有的旖旎风光和人文景观，芥川并未刻意歪曲丑化，而能相对客观地进行描写并不吝赞美之词，对处于水深火热中的中国的未来寄予希望。可以说，在《中国游记》中，芥川笔下丰富而立体的中国形象，源于芥川本人在"先见"影响下对中国的诗意想象，以及其在中日势位扭转局势下对"他者"的审视，两者最终融合为芥川本人对于中国爱恨交织的复杂情感。同时，在芥川描绘的自己眼见的中国背后，也隐藏着其对当时日本唯西方是从、传统文化式微的强烈不满。

　　① ［日］芥川龙之介：《中国游记》，《芥川龙之介全集》第 3 卷，高慧琴、魏大海译，山东文艺出版社 2005 年版，第 588 页。
　　② ［日］芥川龙之介：《中国游记》，《芥川龙之介全集》第 3 卷，高慧琴、魏大海译，山东文艺出版社 2005 年版，第 644 页。
　　③ ［日］芥川龙之介：《中国游记》，《芥川龙之介全集》第 3 卷，高慧琴、魏大海译，山东文艺出版社 2005 年版，第 713 页。
　　④ ［日］芥川龙之介：《六月二十一日自中国致室生犀星美术明信片》，《芥川龙之介全集》第 5 卷，高慧琴、魏大海译，山东文艺出版社 2005 年版，第 382 页。

三　对诗意中国的想象与幻灭

　　游历中国之前，中国古典文学对芥川的影响深入骨髓，芥川理想中的中国形象便是经由系统的汉学教育和汉诗文阅读建构起来的。来自典籍中诗意中国的描绘在芥川的文学生涯中留下了不可磨灭的印记，并作为一种文化预设在《中国游记》全书的撰述过程中折射出迷人的光影。

　　据东京日本近代文学馆的《芥川龙之介文库》记载，芥川共藏汉籍188 类1177 册，大量中国典籍为其创作提供了丰富的中国古典文化源泉，芥川曾在《爱读书籍印象》中高度评价中国古典小说："我儿童时代爱读的书籍首推《西游记》。此类书籍，如今我仍旧爱读。作为神魔小说，我认为这样的杰作在西洋一篇都找不到……《水浒传》也是我爱读的书籍之一。"[①] 芥川还在《汉文汉诗的意趣》中直接写道："读汉诗汉文既有益于日本古代文学的鉴赏，也有益于日本当代文学的创造。"[②] 中国古典文学不仅提高了芥川的文学修养，也直接惠及他的文学创作，特别是为他的小说创作提供了取材的宝库。在芥川的历史小说中，约有九篇取材于中国古典文学。芥川在《中国游记》中也频繁提及众多中国古代文人、古典小说以及诗词。在描写具体景物时，数次直接引用相关的中国古典诗词。比如他在游览岳庙时，引用了他少时爱读的元代画家孙子潇的诗。并且，芥川在游记中还不时提到中国古典画作、中国小说里的鬼狐故事，甚至幻想在宅邸之中见到李太白，和他进行跨越时空的交流："若是我能见到他，真有许多许多的话要对他说。我想向他请教：您的太白集中，到底以哪个版本最好？法国诗人哥地埃用法语翻译了采莲曲，您读过之后是感觉好笑，还是可气？又如，对于胡适先生或康白情先生之类现代

---

　　① ［日］芥川龙之介：《爱读书籍印象》，《芥川龙之介全集》第 4 卷，高慧琴、魏大海译，山东文艺出版社 2005 年版，第 650 页。
　　② ［日］芥川龙之介：《汉文汉诗的意趣》，《芥川龙之介全集》第 4 卷，高慧琴、魏大海译，山东文艺出版社 2005 年版，第 44 页。

诗人的白话诗作，您有何见解?"①

其实，芥川想来中国的心愿萌生已久，早在 1912 年，芥川在给藤冈藏六的信中写道："铃木从大连来信了，受中国料理影响，又去看中国戏剧，真有干劲。灰色的平原和蓝色大海那钢板般的平面浮上眼帘。红色灯光中如泣如诉的风管乐琴声具幻想的意象形容中国，传来耳畔……中国东北稀稀拉拉长着玉米，仿佛听得黑猪在里面哼哼地叫，但照在扬子江柳树上的日光极想沐浴一次。"② 当然这些都不过是芥川幻想出来的乌托邦式的中国，并不符合当时的中国光景。正是中国古典文学的熏陶所形成的对古老中国的浪漫想象，芥川期待见到书中所勾勒的诗意中国：乞丐应该是具有"浪漫主义"色彩的，石拱桥应该是"有情趣"的，西湖应该是让人"流连忘返、不忍离去"的，馆娃宫遗址要让人沉浸在"宫女如花满春殿"的幽情里……他甚至试图用这样一个理想家园来对抗当时日本的全盘西化。

芥川带着这样的美好愿景来到中国，就必然会产生一种深深的幻灭感："现代中国已非我们日本人在中国古代诗文中认识的中国……这是一个猥亵的、残酷的、贪婪的世界。"③ 理想与现实的巨大反差导致了幻想的破灭，"先见"下的诗意想象在踏上中国土地的那一刻土崩瓦解，芥川正是在极度失望中，塑造了一系列负面的中国形象。不过中国典籍的熏陶所形成的诗意想象让芥川依然对诗文里所描绘的浪漫中国保留着美好的希冀和想象。正如芥川出发来中国之前，曾在致友人薄田淳介的书信中写道："前天于'静养轩'欢送会席间，里见弴致词云：'中国人在古代很是伟大。然而古代伟大的中国人现在突然不伟大了，令我百思不解。到中国去后，切莫只看过去中国人的伟大，还要找到如今中国的伟大之

---

① ［日］芥川龙之介：《中国游记》，《芥川龙之介全集》第 3 卷，高慧琴、魏大海译，山东文艺出版社 2005 年版，第 628 页。

② ［日］芥川龙之介：《八月二日自新宿致藤冈藏六》，《芥川龙之介全集》第 5 卷，高慧琴、魏大海译，山东文艺出版社 2005 年版，第 17—18 页。

③ ［日］芥川龙之介：《中国游记》，《芥川龙之介全集》第 3 卷，高慧琴、魏大海译，山东文艺出版社 2005 年版，第 590 页。

处.'我亦如此打算。"① 这表明芥川是怀着试图发现现今中国的优点，开始他的中国之行的，并非只是来哀悼昔日伟大帝国的崩落。这也就不难理解芥川在游历中国的过程中，从最初的反感抵触，到慢慢接受现状，努力于水深火热的国度中寻找朦胧的崛起征兆，并寄予衷心的祝愿。芥川在归国四年后所写的《湖南的扇子》，作为其最后一篇与中国相关的小说，表达的观点是："中国不仅仅是充满异国情趣的地方，更是一个可以感受到强烈革命胎动和时代气息的国家。"② 江口涣在多年以后回忆当时芥川跟他讲述长沙女学生排日运动的事情时，这样叙述道："女学生不管是在教室还是在家都坚决不使用日本制用品……在亲眼见识到她们这种坚定的决心和强烈的斗志时，芥川说他被感动得差一点就要哭出来了。他说'中国实在是了不起的民族，看吧，中国迟早会变成了不起的国家'。"③ 而写于芥川自杀前几个月的小说《仙女》，则可以看作是芥川对中国最后的憧憬。美丽的中国仙女就是古代繁荣强盛的中国的象征，她已经"三千六百岁了"，老樵夫则是现实中衰弱的中国。虽然最后仙女消失了，但老樵夫还"在晴朗的春日普照之中"。"晴朗的春日"即象征着黎明的曙光，表达了芥川对中国将拥有光明未来的热切期盼。

四　势位扭转后对他者的审视

日本在明治维新后发展势头强劲，而彼时中国却经历着内忧外患，甲午战争可以说拉开了中日势位逆转的序幕，战争的胜利极大地刺激了日本国民的优越感和自信心，滋生了日本国内蔑视中国的风气。芥川作为日本知名学者，肩负着向国民勾画异国形象的艰巨任务，而其自视为上位者和文明人的自豪感无疑使其踏上中国土地的那一刻，就自觉地以一种睥睨的姿态审视着"他者"的城市面貌和风土人情。这样一种居高

　　① ［日］芥川龙之介：《三月十一日自田端致薄田淳介》，《芥川龙之介全集》第5卷，高慧琴、魏大海译，山东文艺出版社2005年版，第362页。
　　② 转引自谭晶华《怀念前辈大家——中国日本文学研究会40年感言》，魏大海、李征主编《日本文学研究：日本文学研究会杭州年会论文集》，青岛出版社2018年版，第257页。
　　③ ［日］江口涣：《我的文学半生记》，日本讲谈社1995年版，第252—253页。

临下的傲慢态度满足并且迎合了当时日本民众对于"落难"中国的想象，"他者"的落后与丑陋正好见证了"自我"的先进与文明，"他者"形象在审视的眼光下被书写、扭曲和置换，这也就不难理解那些被夸张描写呈现在游记中的"长相古怪"的车夫、"乞丐一样"的卖花老太太、"过于纤细"的西湖……由于每一种他者形象形成的同时必然伴随着自我形象的形成，因此，与游记中所展现出来的落后的中国形象相对应的是芥川身后以战胜国的姿态俯视中国的强者形象，芥川作为这种强势文化孕育出的一员，他所塑造的中国形象是与大正时期中日势位逆转的局势相符合的。在《长江游记》中，芥川写道："现代中国有什么？政治、学问、经济、艺术，不是全在堕落吗……我已经不爱中国。我即使想爱她也爱不成了。当目睹中国全国性的腐败之后，仍能爱上中国的人，恐怕要么是颓唐至极沉迷于犬马声色之徒，要么是憧憬中国趣味的浅薄之人。唉，即便是中国人自己，只要还没有心灵昏聩，想必比起我一介游客，怕是要更深感嫌恶的吧。"[1] 这段话即清晰地表现了芥川的民族优越感，对现实中落后的中国人、社会、艺术充满了蔑视和鄙夷。

此外，在客观承认当时中国环境不卫生的基础上，芥川反复用"肮脏"一词强调中国的不堪，似乎可以将其视为"优等民族"对"落后民族"的歧视性描写。学者朴裕河认为："关于饮用水、空气与人体健康关系的知识属于近代科学的产物，因此'卫生'意识也可以说是'近代'的产物，它与作为'文明'国家的自负意识紧密相连，对于中国等亚洲国家产生的'不洁感'，以清洁度为标准对'不卫生'和'不洁'进行排斥的行为，是伴随着作为'文明'人的自我认同而产生的。也就是说，对他国'肮脏'状况的确认，必然会产生一种'种族主义'的歧视。"[2]芥川《中国游记》出版后的影响也证明，"众多日本近代作家撰写的中国

① ［日］芥川龙之介：《中国游记》，《芥川龙之介全集》第 3 卷，高慧琴、魏大海译，山东文艺出版社 2005 年版，第 691 页。
② 樸裕河：《インデペンデントの陥穽——漱石における戦争・文明・帝國主義》，《日本近代文學》1999 年第 85 期。

纪行文章经由主流媒体的传播之后，'肮脏''不洁'逐渐固化为近代中国形象的要素之一，同时又为轻侮蔑视中国的舆论提供了有力的支撑。"① 而类似于"肮脏""不洁"这类带有侮辱性的词汇"一旦成为套话，就会渗透进一个民族的深层心理结构中，并不断释放出能量，潜移默化地影响着后人对他者的看法"②。凭借着其知名学者的身份与地位，芥川笔下的中国形象在此后很长一段时间影响着日本国民对中国形象的认知。而芥川自己对此也并非没有意识到，他在描述诸如黄包车夫、乞丐、商贩、肮脏城市等中国形象时丝毫不避讳对他者的厌恶，在《江南游记》中谈论火车上的乘务员时，下意识地将其与日本的乘务员做对比，总觉得中国的乘务员行动有点儿不利索。他自己对此反思道："之所以这么想，显然又是我等的偏见在作祟。竟然对于列车员的风采，也动辄使用自己固有的尺度。"③ 正如学者王向远所说："从小就对中国传统历史文化怀有崇敬之情的芥川龙之介，踏上现实的中国，立刻形成了历史文化与现实社会的巨大落差；而一直生长于作为先进资本主义国家、美丽清洁的日本列岛的芥川龙之介，踏上外患内乱、政治腐败、国民素质低下的中国，又形成了先进国家日本与落后国家中国的巨大的反差。这两个反差使芥川龙之介更多地从负面描写现实的中国。"④ 由此可见，游记中塑造的负面中国形象在很大程度上是芥川在中日势位逆转的现实语境下对他者进行的居高临下的审视。

　　值得注意的一点是，芥川越是对现实中国极尽讽刺和轻蔑，越是体现出其对古典中国的深切喜爱和向往。因此，这种爱恨交织也就造成了芥川矛盾复杂的文化心理：见到现实的中国破败不堪，他的确为日本的先进文明感到自豪，流露出对日本民族文化的认同感，基于此种文化心

---

　　① 高洁：《谷崎润一郎文学的"非东方主义"解读——以〈苏州纪行〉〈秦淮之夜〉〈西湖之月〉为中心》，《日语学习与研究》2018 年版第 4 期。

　　② 乐黛云、张辉：《文化传递与文学形象》，北京大学出版社 1999 年版，第 202 页。

　　③ ［日］芥川龙之介：《中国游记》，《芥川龙之介全集》第 3 卷，高慧琴、魏大海译，山东文艺出版社 2005 年版，第 624 页。

　　④ 王向远：《中国题材日本文学史》，上海古籍出版社 2007 年版，第 109 页。

理所塑造出的中国形象显然是具有意识形态性质的。然而在他游历了各个城市，接触和了解了许多中国知识分子后，芥川内心深处对中国文化的喜爱让他不由自主地发掘中国尚存的美丽，注意到中国知识分子对中国现状和出路的深切关怀和积极探索，所以最终芥川还是选择接受并祝福中国。

论竹内实的毛泽东诗词研究

陶　凤*

内容提要：日本"毛学"权威竹内实的毛泽东研究著述无数，其中诗词研究是竹内实研究毛泽东的重要内容。竹内实以诗词为线索书写了《毛泽东的诗与人生》这样一部不一样的传记，他认为正因为是"诗人"，毛泽东才能获得革命的成功，当然"诗人"毛泽东也是在革命中铸成与发展起来的。在竹内实的毛泽东研究里，毛泽东作为"诗人"革命者在承袭传统诗词的基础上，还结合新的时代信息不断进行着创新；他以毛泽东诗词为坐标，重游了毛泽东及中国共产党的革命足迹，重温了各个革命时期毛泽东的心境。竹内实通过毛泽东诗词研究，在一定程度上改变了日本国人以往认为毛泽东及其领导的中国共产党肤浅的形象，完成了对中国革命者是富于浪漫气质的诗人和文化功底深厚的学者的集体想象。

关键词：竹内实；毛泽东诗词；毛泽东的诗与人生；革命；诗人

在国内外，与毛泽东相关的传记或著述不计其数，大多数都是以时间为主轴，以毛泽东的革命实践活动或思想变化，以及革命过程中的权力争斗等为线索展开。"国内学者在写作毛泽东传记时，往往以时间为线

---

　　* ［作者简介］陶凤（1978—　），女，重庆人，文学博士，内江师范学院文学院副教授，主要从事中国现代文学、中日比较文学研究。

索对毛泽东的革命实践活动进行研究，国内学者的毛泽东传记重视对其革命实践活动本身的研究。""海外毛泽东传记在对毛泽东的思想发展和革命实践活动进行分析时，往往以'权力斗争论'作为重要基调。"① 作为日本"毛学"权威竹内实也从不同视角，为毛泽东写过或长或短的传记至少有四种。其中，《毛泽东的诗与人生》② 采用了不同于一般传记以时间为线索的传统书写方式，而是以毛泽东诗词创作为线索，将毛泽东置于革命的场域里，历史的语境中，对其所经历与心境进行了全面的考察。如此的传记书写叙事方式，这在海内外都不多见。

竹内实的毛泽东研究全面而多视角，涉及毛泽东的生平、作品版本和思想，但对毛泽东诗词的研究是其研究中相当重要的部分。刘德有说过："竹内实是日本一位治学严谨和尊重史实的中国问题专家，也是毛泽东和毛泽东著作研究的著名专家。竹内实是最早在日本完整、全面又高质量翻译和介绍毛泽东公开发表诗词的第一人。竹内实翻译毛泽东的诗词有大胆创新和独到之处。在日本，中国旧体诗的翻译从来崇尚直译，而竹内实的翻译有很大突破，读后使人感到很生动，保留了原诗的意境、韵味、形态和节奏。竹内实为了帮助日本读者加深理解毛泽东诗词，写了注解和解说文。这些文字既系统又详细，而且比较客观。"③

竹内实在毛泽东研究方面所取得的成绩无疑是显著的，其中《毛泽东的诗与人生》被当成了日本迄今为止毛泽东诗词研究最权威的成果。在《中国将走向何方》《汉诗纪行辞典》等著述中，竹内实也都采用了以诗词为线索，通过诗词探索毛泽东思想与中国革命路线的发展，结合革命来理解毛泽东诗词的模式。诗词研究成了竹内实走近毛泽东、了解毛泽东思想与发展，了解中国共产党人及中国发展，重温中国革命足迹的

---

① 孙帅：《海外视阈下的毛泽东传记评述》，《马克思主义研究》2020 年第 3 期。

② 据 2002 年由中日文联出版社出版，竹内实著，程麻翻译的《毛泽东的诗与人生》一书中的《后记（其一）》与《后记（其二）》所述可知本书原是由武田太淳规划，竹内实主毛发表的，因此 1965 年日本文艺春秋新社出版的日本版《毛泽东的诗与人生》标注的作者是武田太淳与竹内实，实际上就是由竹内实一人所著。

③ 张惠才：《竹内实和他的〈诗人毛泽东〉》，《中共党史研究》2013 年第 10 期。

重要方法。竹内实的毛泽东诗词研究中，"诗人"是他研究毛泽东的一个视角，他通过研究毛泽东诗词，一方面体会中国古诗词之美的诗意，理解毛泽东思想之文化底蕴；另一方面重寻当年的革命足迹，了解毛泽东思想之发展道路，从而认识一个"诗人"毛泽东形象。

一 "诗人"成就革命

竹内实之所以如此看重毛泽东的诗词创作，因为在他看来毛泽东除了是优秀的革命家，还是优秀的诗人，"诗人"的身份成就了毛泽东，成就了中国革命。"如果说为什么这样的革命者他能取得成功，那是因为他是诗人，而且是天生的诗人。"① "作为国家主席的毛泽东，被诗人毛泽东压倒了，这也关系到他的成功与失败，特别是与新中国成立后的失败有关。"② 在竹内实看来，诗词创作对毛泽东来说不仅仅是一个业余爱好，还是其革命能够取得成功的一大前提，作为诗人毛泽东的光环甚至可以遮住作为国家主席毛泽东的光芒。

竹内实认为诗词创作让毛泽东养成了乐观冷静的态度。"尽管任何人都无法知道革命是否能胜利，但我认为他的乐观态度源于作诗的兴趣。"③ 即使在战火纷飞中毛泽东也能沉浸于诗的世界，革命需要深思熟虑、三思而后行。他能经常陷于深深的思考，正是因为他是诗人的缘故。"他时常让自己遨游在老庄的超越世界里，这从诗或者词里可窥见其此种心境之一斑。"④ 喜欢孤寂，享受寂寞，这似乎是中国传统诗人的魂，毛泽东传承了中国传统诗人的孤寂冷静的性格，他在中国革命这片土壤上写诗，在这片土壤中又形成了自己独特的人格，沉着冷静，还形成了"乐天主

---

① ［日］竹内实：《毛泽东笔记增补卷》，新泉社1978年版，第309页。以下注释中未标明译者的皆由陶凤翻译。

② ［日］竹内实：《毛泽东的诗词、人生和思想》，张会才、程麻、卢洁译，中国人民大学出版社2011年版，第508页。

③ ［日］竹内实：《毛泽东的诗词、人生和思想》，张会才、程麻、卢洁译，中国人民大学出版社2011年版，第508页。

④ ［日］竹内实：《毛泽东笔记增补卷》，新泉社1978年版，第47页。

义"①。竹内实在 1960 年见到毛泽东本人时，更是加深了他对毛泽东的此种印象："立刻，我注意到他浑身沉浸在沉静的氛围中。那种沉静的氛围很感染人，好像人被吸进去了似的。据说，宇宙有'黑洞'，而毛泽东具有的沉静的氛围，就像黑洞一样——巨大的、深不可测的空洞。"② 于是，这样的空洞深深吸引着竹内实，吸引着他一直从事毛泽东研究，他认为作为"诗人"带给毛泽东沉着冷静，沉着冷静让毛泽东在战火中思考，最后取得革命的胜利，所以"我以为，和他的成功与失败有关的另一个因素，就是他是诗人"③。

　　大家都知道毛泽东喜欢填词，准确说应该叫他"词人"，只不过"从文义的概念通称'诗人'，而且毛泽东也作'诗'"④。所以毛泽东被称为"诗人"也是没有多大定义上的错误的。在外在形式上，似乎词要比诗要求更烦琐，但毛泽东还是喜欢选择它进行文学创作，"大概是因为'词'属于与'诗'不同的领域，诗中无法吟咏的，它可以吟咏吧……因为当时如果假托女性的口气，即使吐露真心话也不会被人责备"⑤。在竹内实看来，毛泽东选择填词的方式，是因为词更有利于心境的吐露，或者说词更便于"言志"。诗词创作贯穿于毛泽东的一生，记载了毛泽东一生中每一个重要时刻。数量并不算太多的七十来首诗词写尽了毛泽东的一生，每一首诗词都是对一段岁月、一次事件、一种激情的叙述，是他的人生经历与历史转折的见证，烙印下了他的每一个革命足迹。

　　作为"诗人"成就了毛泽东和他的革命事业，"诗人"毛泽东研究则成就了竹内实。1965 年，《毛泽东的诗与人生》一书一发表便在日本引起

---

① ［日］竹内实：《毛泽东笔记增补卷》，新泉社 1978 年版，第 47 页。
② ［日］竹内实：《毛泽东的诗词、人生和思想》，张会才、程麻、卢洁译，中国人民大学出版社 2011 年版，第 502—503 页。
③ ［日］竹内实：《毛泽东的诗词、人生和思想》，张会才、程麻、卢洁译，中国人民大学出版社 2011 年版，第 508 页。
④ ［日］竹内实：《毛泽东的诗词、人生和思想》，张会才、程麻、卢洁译，中国人民大学出版社 2011 年版，第 9 页。
⑤ ［日］竹内实：《毛泽东的诗词、人生和思想》，张会才、程麻、卢洁译，中国人民大学出版社 2011 年版，第 12 页。

较大的反响，这为竹内实在学术界赢得了颇高声望，也为他的毛泽东研究奠定了基础。"竹内实的一生与中国研究相伴，他不仅是日本毛泽东研究的权威，也是国际公认的毛泽东研究大家。1965 年出版的成名作《诗人毛泽东》，是当时毛泽东诗词在国外最早、最全的翻译和讲解版本，曾在日本轰动一时。"① 在这之后，竹内实又相继发表了很多与毛泽东相关的论著：《毛泽东》《毛泽东的生涯——调动八亿人民的魅力源泉》《毛泽东传》《毛泽东研究笔记》《毛泽东与中国共产党》等著作，还翻译了《毛泽东的读书生活》等，主编出版了《毛泽东集》10 卷和《毛泽东集补卷》9 卷及别卷等。无疑，竹内实在毛泽东研究方面的论著硕果累累，这些都为其成为"毛学"研究方面的权威奠定了基础。

二　"革命"铸造诗人

"竹内实认为，不了解毛泽东写每一首诗词的背景，那是读不懂他的诗作的。叙述历史和个人传记的目的，就在于帮助读者理解毛泽东的诗词。"② 竹内实叙述中国党史、革命史，以及毛泽东的革命实践活动都是为了帮助了解诗人毛泽东，理解毛泽东诗词。毛泽东的诗源于革命，书写革命，在革命中书写。"毛泽东的诗的世界把中国革命作为直接的土壤。"③ 在 1965 年出版的《毛泽东的诗与人生》中，他将毛泽东的曲折而复杂的革命经历与毛泽东诗词的写成，按时间的流变交织在一起，重现了毛泽东在炮火纷飞中进行诗歌创作的情形，呈现了一位在革命中书写的诗人毛泽东形象。在该书中，既有对革命生活的呈现，也有对诗歌创作时代背景、场域，或作者心境的还原，还有对诗歌的逐字逐句的解读，成了"一部读者不需要查找其他参考书就能看懂并感到亲切的诗人毛泽

---

① 张惠才：《竹内实和他的〈诗人毛泽东〉》，《中共党史研究》2013 年第 10 期。其中《诗人毛泽东》原名《毛泽东的诗与人生》，参见张惠才《一部视角独特的毛泽东传——〈诗人毛泽东〉译后记》，《燧石》1994 年第 1 期。

② 张惠才：《竹内实和他的〈诗人毛泽东〉》，《中共党史研究》2013 年第 10 期。

③ ［日］竹内实：《毛泽东的诗词、人生和思想》，张会才、程麻、卢洁译，中国人民大学出版社 2011 年版，第 9 页。

东传"。① 该书中共收录了 30 多首诗词，这虽然不是毛泽东诗词的全部，但足以让日本人认识到像毛泽东这样一位伟大的中国领袖，是一位有深厚文化功底，还拥有浪漫气质的诗人，在戎马倥偬中仍保持着诗情画意的浪漫情怀，从毛泽东诗词里读到了一个别样的"诗的世界"。

读者根据自己的观察与体验建构起一个"诗的世界"，这首先需要进入到创作的地点去理解作者的言语，因此要翻译诗词或研究者的词解与对时代背景的说明需要在这个范围之内进行。诗仅仅只是对现实的反映肯定是没有意义的，但是如果脱离生活现实去解读与现实有关系的诗，那必然会造成误读。竹内实在这本著作中以诗词为线索，将人物与事件置于诗词产生的革命语境中进行考察，读者自然能从其中了解到历史史实，并能领略到更多"诗外的世界"。毛泽东的一生与中国革命发展彼此重叠，其诗中蕴涵的诗情当然既包含了他个人内心世界的美好憧憬，同时也承载着对中国革命发展之路的探寻。探寻作者个人的诗情是读诗的乐趣，对毛泽东诗词的理解也不例外，但又因与历史和社会有着广泛密切的联系，毛泽东诗词虽然应该是作为诗人的作品来阅读、品鉴，但毕竟他的诗词是在烽烟炮火中、在中国的革命事业发展中写成，那么要解读分析毛泽东诗词，就只有："了解当时的时代背景，才能更好地理解毛泽东的诗词。因此我以《星火燎原》等革命回忆录为基础，探寻了毛泽东的革命足迹。"② 竹内实为了能更好地翻译、理解、剖析毛泽东诗词，他重温了毛泽东的革命人生与跌宕的中国革命之路，他在中国的革命史中去寻找诗词创作中的毛泽东的身影与足迹。毛泽东诗词创作的时间与空间就是中国现代革命的年代与路线，通过这些诗词，竹内实能很好地认识毛泽东其人与人生，又因为其研究中将诗词创作与革命生活相结合，

---

① 张惠才：《一部视角独特的毛泽东传——〈诗人毛泽东〉译后记》，《燧石》1994 年第 1 期。

② ［日］竹内实：《毛泽东的诗与人生》，张会才译，中国文联出版社 2002 年版，"前言"第 3 页。

读者就能更好地理解毛泽东诗词。竹内实在中国革命中解读毛泽东诗词，在诗词中了解中国革命。他将毛泽东的革命状况和诗词解读交织在一起，在对每一首诗词解读时他都会还原创作的背景、场域，或者作者的心境等，为读者呈现出一个这样的毛泽东："离开革命军后，在下一个目标尚未确定的空白时期、虚脱时期，他将得到的一种灵感禁不住告诉朋友，从这一点看，那种灵感对于他来说，恐怕是一种深刻的体验吧。"① 这样既可以加强读者对毛泽东诗词产生的戎马生活与硝烟烽火中的革命岁月的理解，又可以体会诗词中毛泽东的浪漫情怀，有助于读者对毛泽东诗词本身的理解和对中国共产党革命史的了解。

三　"诗人"革命者的诗词革命

众所周知，毛泽东喜欢用旧体词牌、格律等进行旧体词创作，他有时也会进行旧体诗创作，受到旧体诗词字数、格律、平仄等形式的束缚，甚至有时会书写与旧体诗中同样的事物，用同样的词语，或者相同的句子。但竹内实发现毛泽东并没有局限于传统诗词固有的桎梏，而是随着时代的发展，随着他革命情况的不同，不断融入新的信息，对旧的诗词进行着新的"革命"。

"现在，大家熟知的毛泽东诗属于广义'诗'的有50首，其中'词'有34首，可以看出他偏爱这种形式。"② 竹内实为了更好的理解毛泽东诗词，他将每一首诗词所用的旧词牌、旧格律分离出来，对每一个词牌的具体字数、段落、押韵等形式上的要求，层层剥离出来，分别进行分析、解读。就如把盛满酒的酒瓶与所盛的酒分离开来，再将酒包含的各种元素提炼出来，分别进行详尽解读与介绍一样，这样可以既让读者了解、掌握了毛泽东诗词中所用的旧的词牌、格律等，也能获知诗词中所容纳的新的信息，会发现毛泽东诗词在传承中有变化与革命。

---

① ［日］竹内实：《毛泽东传记三种》，韩风琴、张会才译，中国文联出版社2002年版，第9页。

② ［日］竹内实：《毛泽东》，岩波书店2009年版，第60页。

　　对于完全相同的诗句，毛泽东诗词中表达出来与古代诗人完全不同的意思。《七律·人民解放军占领南京》中"天若有情天亦老"一句，是李贺诗《金铜仙人辞汉歌》的原句，只字未改，"汉武帝制作的仙人铜像由魏明帝自长安运往洛阳，但是当时的铜像的眼睛流着泪。李贺替铜像吟咏'天若有情（为我铜像的命运而悲伤）天亦老。'"① 在毛泽东笔下被赋予了全新的意义："作者把革命看成是残酷的东西，而且不想用一般的人道主义来中和那种残酷性。虽然残酷，但是作为革命家又非进行革命不可，这倒不是因为革命家伟大，有使命感，而是因为人类微弱的人道主义不足以动摇自然界的变化规律。因而，意思是人不应该阻止变化，而应该推动变化。就是说，这里有（革命是无情的、残酷的）天若有人心，（因为伤感）将会衰老的意思。但是必须指出的是看到残酷性和人心是两回事。应该说天无情，人有情。"② 显然对于只字未改的诗句，因为时代信息的加入，在毛泽东诗词中呈现出与李贺诗中完全不一样的意境。

　　吟咏同样的事物，毛泽东更是赋予了与古人不一样的意象，营造了不一样的意境。陆游《卜算子·咏梅》中梅花呈现出的是寂寞，因为生不逢时，只能孤芳自赏。而在毛泽东的《卜算子·咏梅》中，"诗中流露出美好的感情。作为这首诗的背景，与苏共和西欧共产党的对立激化，中共陷入孤立无援的境地，这在各国共产党代表大会上都明显地表现了出来。作为直接反映它的东西，诗的格调高雅。总的说来，作者在诗中寄托有对人生的态度，这或许采用'咏梅'的做法更合适一些"③。毛泽东从反面借鉴陆游的《咏梅》词而作，将诗的意象和境地倒转过来。陆游的词是"愁"，毛泽东的词却在"笑"。在毛泽东的笔下，以前所未有

---

　　① ［日］竹内实：《毛泽东的诗与人生》，张会才译，中国文联出版社 2002 年版，第 214—215 页。

　　② ［日］竹内实：《毛泽东的诗与人生》，张会才译，中国文联出版社 2002 年版，第 215 页。

　　③ ［日］竹内实：《毛泽东的诗与人生》，张会才译，中国文联出版社 2002 年版，第 292 页。

的格调和时代精神，为梅花创造了一种空灵淡远却又热烈绚丽的意境，别开生面。"按照郭沫若的说法，这首词是 1961 年 11 月'美帝国主义及其一伙掀起反华大合唱时'作的。'作这首词是为了激励大家。开始是在党内传达和学习'，希望党员'首先不动摇，成为不怕寒冷的梅花'，做中国人民的'好榜样'。"① 在竹内实的解读中可以看到一个具有无产阶级的战斗精神、具有共产主义和国际主义精神的伟大共产主义战士的光辉形象，这是与陆游等封建文人笔下孤芳自赏的梅花形象截然相反，这样从反面的借鉴，完全是创造性的借鉴，纳入了时代的精神。

　　同一个词牌，到了毛泽东的笔下，就有了具有新时代意义的新意。在《毛泽东的诗与人生》中，竹内实收入的毛泽东的最后一首诗词是《满江红·和郭沫若同志》，"满江红"这一词牌，据说是为岳飞所创作，但毛泽东并没有简单地模仿岳飞，"在《满江红》中的'红'字里，也包含有红旗象征真理胜利的意思"②。"在这首词中，直喻法和隐喻法交织在一起，比较难懂。不过，表明作者以永远永劫的时间（词中说'一万年'）透视世界的未来，而对当代最集中的对立，要在短时间内决定是非的决心是勿容置疑的。"③ 竹内实通过这首词看到了毛泽东在其中融入的新的时代信息，看到了毛泽东对反动势力的嘲笑，也看到毛泽东"要扫除一切害人虫"的决心与信心，还发现词中对"直喻与隐喻"等现代汉语手法的使用。竹内实的研究为我们提供了当时国际形势的各种线索："作者把苏共看作是社会主义阵营的头儿，僧是苏共领导或赫鲁晓夫，孙悟空是中共领导或自己，但避免把诗还原到现实中来，只限于戏的现代解释，因此不能说孙悟空就是作者。在郭沫若看来，把这出戏作为现代的投影，僧就是赫鲁晓夫。作者多半持同样的见解，所不同的是认为通

---

　　① ［日］竹内实：《毛泽东的诗与人生》，张会才译，中国文联出版社 2002 年版，第293 页。

　　② ［日］竹内实：《毛泽东的诗与人生》，张会才译，中国文联出版社 2002 年版，第319 页。

　　③ ［日］竹内实：《毛泽东的诗与人生》，张会才译，中国文联出版社 2002 年版，第318 页。

过工作是可以改变的。"①

　　就算是同一个旧词牌，书写于不同时期，毛泽东在其中所盛载的内容也是不同的。《沁园春·长沙》中，竹内实看到毛泽东借用《沁园春》这个旧的词牌，书写自己的"书生意气"，也看到当时的中国，就如"百舸争流"的竞技场一般，国民党席卷大江南北，北方军阀混战，还看到中国的革命就像在辽阔的天空与江面上一样，任人角逐，会身死谁手，结局谁又能知晓呢？事实上通过竹内实的研究回望看到当时的毛泽东是踏着国共合作的革命大洪流回到韶山的，当他来到橘子洲头时，韶山一带的革命正红红火火。毛泽东的这首《沁园春·长沙》为他过去的书生意气画上了一个句号，开始告别纯粹的抒写个人情感的写作时代，从此，具有沉重的历史使命感成了他以后的诗歌主旋律。在《沁园春·雪》中，仍然是"沁园春"这个词牌，竹内实通过对比发现毛泽东已经少了青年时期的青涩，经过多年战争岁月的磨砺，经过南征北战的历练，他用更强大的气魄承载他对民族的使命感。根据这线索回溯我党历史，这首诗创作于1936年2月，在瓦窑堡会议上，为了进一步贯彻执行党的抗日民族统一战线政策，推动全国的救亡运动向前发展，决定"东征"，《沁园春·雪》就是在这个时候创作的。1945年的发表更是让国民党、全世界真正认识了毛泽东，让世人真正领略了毛泽东的独领风骚。

　　竹内实将毛泽东诗词与古代诗人、词人的创作进行比较，对毛泽东诗词逐字逐句进行解剖，发现毛泽东诗词既有对旧诗词的词牌、格律、兴比赋手法等形式上的要求，也继承了"诗言志"吐露诗情的传统，同时又打破旧诗词的传统桎梏，对旧体诗进行了革命，对旧体诗注入了新的时代内容，将现代人们革命、改天换地的新的历史时代的内容纳入他的诗词里，将现代汉语的新的使用方法也融到他的诗词创作里，让他的诗词呈现出全新的时代气息。正如周扬所说："利用旧形式也并不是停止于旧形式，保存旧形式的整体，而正是在艺术上、思想上加以改造，在

---

　　① ［日］竹内实：《毛泽东的诗与人生》，张会才译，中国文联出版社2002年版，第288页。

批判地利用和改造旧形式中创造出新形式。所以利用旧形式，不但不是从新形式后退，而正是帮助新形式前进。"① 旧体诗词虽是旧的形式，但毛泽东诗词都有进行创新，有新的时代气息的注入，固然是在同一词牌、同一格律下创作的词，因为具有了与时俱进的思想，散发出全新的诗味与气息，让诗词更加吸引读者的目光，更让人慢慢品味，更是具有别样风味，就如"旧瓶装新酒"，更加香醇浓烈。

竹内实在毛泽东诗词中，看到了作为诗人的革命者毛泽东，革了中国旧社会的命，还"革"了旧体诗词的命；读者则在竹内实的毛泽东诗词研究中，通过毛泽东所使用的旧体诗词的变化了解毛泽东个人的变化与革命轨迹，重温中国共产党的革命史等。

四　以诗词为坐标重温革命路

"通过翻译毛泽东的诗词，我学习了中国革命、红军、二万五千里长征、毛泽东的地位和思想……"② 竹内实通过中国共产党的革命路线理解、解读毛泽东诗词，他以毛泽东诗词为坐标，重温了毛泽东与我党的革命足迹。在《毛泽东的诗与人生》中收集的毛泽东诗词包括从长沙时代，创建井冈山革命根据地时代，还有以瑞金为中心的打圈战、围剿与反围剿的时代，也包括了二万五千里的长征时代、内战时期、新中国成立后的建设时期。在各个时间段里，毛泽东一直都是处在硝烟弥漫的战斗中，或者是不见硝烟的革命内部、人民内部的战争里。虽然这收录的不是毛泽东诗词的全部，却淋漓尽致地展现出毛泽东永不停息的不断革命的顽强意志与革命观，也充分展现了充满活力的自然描写和具有强烈个性的感伤，呈现出一个个高于现实生活的诗词世界，同时在每一篇诗词背后都有激烈的戎马故事作依凭，使诗词与革命背景、历史史实交相辉映，让"诗人"毛泽东与"革命者"毛泽

---

① 周扬：《对旧形式利用在文学上的一个看法》，《中国文化》1940 年第 1 期。

② ［日］竹内实：《毛泽东的诗与人生》，张会才译，中国文联出版社 2002 年版，前言第 3 页。

东融为了一体。

因为"在毛泽东的著作中，还有'诗'和'词'等形式的文学作品。这些不仅洋溢着革命气魄，也有坦露身处逆境时的心境的作品。"① 竹内实在毛泽东诗词研究中将毛泽东各个不同革命时期心境都呈将出来，正如有人说《毛泽东的诗与人生》"该书从某种意义上讲可以算是一本关于毛泽东的心态史"②。因此，在竹内实的毛泽东诗词研究中，读者也可以体会到毛泽东诗词字里行间的弹林炮火，重温了各个革命阶段毛泽东不同的心境。

在《沁园春·长沙》中，竹内实看到了一个年轻革命者的自画像，看到了一个孤独而有志向的青年毛泽东。独立湘江边如杜甫"乱离朋友尽……独在天一隅"的独身一人的身影③，有一种寂寞、孤独感，但"他诗集开卷篇《沁园春·长沙》的第一句'独立寒秋，湘江北去'，其中'独立'是宣言是对所有既有的、外来权威的反抗，独立不羁，自己走自己的路。他通过诗（词），对作为年轻的革命家（革命者）的自己的自画像。可是让我们感到惊叹的是，他的全部人生都是按照最初的宣言在行进的。他自己，在即将辞世时，也一定认为对这个在年轻时的自画像，没有什么必要修正的。"④ 在这首诗中竹内实看到毛泽东有孤独、寂寞感，但他并没有"深陷沉寂"中，而是"青年时代写在日记上的志向，书生议论天下事的志向，眼看就要压倒当权者"⑤ 意气风发的毛泽东。

在写于1929年的《采桑子·重阳》中，竹内实也看到了作为革命者毛泽东的伤感世界。"古代诗人曾吟咏'老人'和'重阳节'。作者虽然会联想到这些，却放弃了，把人们引导到作为革命者的新的伤感世界里。秋天和菊花，这些都引起作者的思索。尽管把自己的寂寞放在对大自然

---

① ［日］竹内实：《日中关系研究》，程麻译，中国文联出版社2004年版，第342页。
② 张放：《竹内实对毛泽东的研究》，《毛泽东研究》2020年第1期。
③ ［日］竹内实：《毛泽东的诗与人生》，张会才译，中国文联出版社2002年版，第38页。
④ ［日］竹内实：《毛泽东笔记增补卷》，新泉社1978年版，第305—306页。
⑤ ［日］竹内实：《毛泽东的诗与人生》，张会才译，中国文联出版社2002年版，第37页。

的凝视中，但心境是明朗的。"①

在《菩萨蛮·黄鹤楼》中，竹内实看到了心情沉重的毛泽东。此时的毛泽东"在革命失败的前夜，心沉闷到了极致，而且感到寂寞，不知道以后该怎么办"②。当时的中国共产党被过去保持合作关系的国民党排斥，不久国民党反动派开始"清党"。这年秋天，毛泽东爬上了井冈山，开始建立根据地。"这首词已经预想到了这一苦难，从矗立于武昌的一座山上的黄鹤楼，望远眺望，心情变得沉重。"③

1934 年夏天，毛泽东写了《清平乐·会昌》一词。竹内实在其中体会到了毛泽东在准备长征前的郁闷心情。"这是描写当时形势危急，准备长征，郁闷的心情"。"在此说的'长征'是指从江西瑞金开始到陕西延安，几乎纵穿了全中国的一个大移动。对于此，万里长征，千回百转，与其中的困难比起来，还有更多的是心情的沉闷"。④ 可是，当一翻过岷山，毛泽东的心情便豁然开朗，一下就变得明朗，晴空无云。"诗歌《七律·长征》、词《念奴娇·昆仑》、《清平乐·六盘水》、《沁园春·雪》等各篇都是这种心情的写照。"⑤

正如竹内实所说："这是各个革命时期他心情的真实反映，他作为诗人的足迹与作为革命家的足迹，极好地重合在一起。"⑥ 毛泽东诗词是他革命时期心情的真实书写，也是他革命轨迹的真实呈现。竹内实通过毛泽东诗词读到了毛泽东各个革命时期的心情，通过毛泽东的心情，可见当时中国的革命情况，也可以了解到中国革命发展的轨迹。

毛泽东诗词除了戎马倥偬的革命，也有儿女情长的浪漫情怀，"我喜欢读毛泽东诗词的理由之一，便是其细致的描写即抒情的特点。比方说：

---

① ［日］竹内实：《毛泽东的诗词、人生和思想》，张会才、程麻、卢洁译，中国人民大学出版社 2011 年版，第 66—67 页。

② ［日］竹内实：《毛泽东笔记增补卷》，新泉社 1978 年版，第 306 页。

③ ［日］竹内实：《毛泽东笔记增补卷》，新泉社 1978 年版，第 306 页。

④ ［日］竹内实：《毛泽东笔记增补卷》，新泉社 1978 年版，第 307—308 页。

⑤ ［日］竹内实：《毛泽东笔记增补卷》，新泉社 1978 年版，第 308 页。

⑥ ［日］竹内实：《毛泽东笔记增补卷》，新泉社 1978 年版，第 305 页。

眼角眉梢都似恨，热泪欲零还住。（题:《贺新郎》）尤其是前半句的七个字，如绘画，如演戏，使人觉得非常亲切，其中反映了一位确实有血有肉的女性及其情感"①。在《汉诗纪行辞典》中，竹内实直接说《虞美人·枕上》是毛泽东写给杨开慧的求爱诗:"夜深，怎么也睡不着，天明也一直不到来，从床上起来，数天上的星星，望见黎明的一钩残月向西落去，不禁凄然泪下。"② 为读者呈现了一个柔情似水的毛泽东形象。毛泽东戎马倥偬一生，即使在为革命奔波的同时，他一样不失浪漫情怀。"感觉在毛泽东的《虞美人》中，极力想表达一种柔情。"③ 正如鲁迅所说:"无情未必真豪杰，怜子如何不丈夫。知否兴风狂啸者，回眸时看小於菟。"④ 这正符合了毛泽东自己提出的"抗日的现实主义，革命的浪漫主义"的口号与"革命的现实主义和革命的浪漫主义相结合"的原则。

五　完成对中国革命者集体形象的想象

竹内实说过:"在中国诗歌里，并非只考虑作品，而认为人是根本，诗只是枝叶。其中也有作者刻划的时间与空间。理解这样的诗作，要先通过诗去认识作者的人品，然后再回过头来欣赏诗。"⑤ 竹内实十分钦佩毛泽东的文学才华，他在《毛泽东的诗与人生》的《序论》中写道:"很多人读了《毛泽东选集》中的文章，都觉得毛泽东的诗兴非凡。那些文章虽说都是政论文，但并不像人们想象的那么枯燥无味，他运用生动的比喻和形容，有力地展现了文章的逻辑性。我们不仅从措词和举例，还能从作者那独具风格的文体中散发出来的味道，发现毛泽东在文学上的才华和在中国典籍方面的深厚造诣。"⑥ 在竹内实看来，毛泽东就是一

---

①　[日]竹内实:《比较文学与文化研究》，程麻译，中国文联出版社 2006 年版，第 373 页。

②　[日]竹内实:《汉诗纪行辞典》，岩波出版社 2006 年版，第 574 页。

③　[日]竹内实:《中国将走向何方》，岩波出版社 2000 年版，第 268 页。

④　鲁迅:《答客诮》，《鲁迅全集》第七卷，人民文学出版社 2005 年版，第 464 页。

⑤　[日]竹内实:《回忆与思考》，程麻译，中国文联出版社 2002 年版，第 223 页。

⑥　[日]竹内实:《毛泽东的诗词、人生和思想》，张会才、程麻、卢洁译，中国人民大学出版社 2011 年版，第 3 页。

个知识分子，并且还是"让传统的中国知识分子的类型自我发展到最大极限的"知识分子。① 竹内实没有从"专制者""独裁者"等时髦的政治话语中寻找灵感，而是从中国的传统中寻找线索。他更愿意把毛泽东当成承袭传统文化的"诗人"，因此在竹内实的毛泽东研究中呈现出的是"诗人"毛泽东形象。

"毛泽东代表着中国的形象，也可以说代表着中国革命的形象。"② "形象是对一种文化现实的描述，通过这一描述，制作了（或赞成了，宣传了）它的个人或群体揭示出和说明了他们置身于其间的文化的和意识形态的空间。"③ 在竹内实的毛泽东研究中呈现出了作为"诗人"的毛泽东形象，这也揭示出毛泽东所处时代与革命群体里的革命者们的诗性，也可以说"这本论著改变了以往日本人对毛泽东及其领导的中国共产党的肤浅看法，在一定程度上端正了毛泽东在他们心目中的形象，认识到毛泽东不仅是中国革命领袖，还是一位富于浪漫气质的诗人和文化功底深厚的学者，从而增强了源远流长的中国文化传统对日本人的吸引力，推动了日本人对中国历史和社会的深入了解。"④ 竹内实从他者的视角，以一种超越自身的自觉审视其研究对象，这让我们看到在日本人视野中毛泽东的多元意义。"竹内实既沉浸在战后日本知识界的整体氛围之中，又具有鲜明的身份意识和独特的学术视野。"⑤ 因为"在我们试图重建的形象中，我们首先要鉴别出累积下来的数量或多或少的一批词汇，这是形象的第一种构成成分。这些词在一个特定时代，在一种特定文化中可多少直接地传播他者形象。"⑥ 那么竹内实对毛泽东"诗人"形象的确

---

① ［日］竹内实：《毛泽东传记三种》，韩凤琴、张会才译，中国文联出版社 2002 年版，第 30 页。

② ［日］竹内实：《文化大革命观察》，程麻译，中国文联出版社 2005 年版，第 346 页。

③ ［法］达尼埃尔－亨利·巴柔：《从文化形象到集体想象物》，孟华主编《比较文学形象学》，北京大学出版社 2001 年版，第 121 页。

④ ［日］竹内实：《毛泽东的诗与人生》，张会才译，中国文联出版社 2002 年版，内容简介。

⑤ 张放：《竹内实对毛泽东的研究》，《毛泽东研究》2020 年第 1 期。

⑥ ［法］达尼埃尔－亨利·巴柔：《从文化形象到集体想象物》，孟华主编《比较文学形象学》，北京大学出版社 2001 年版，第 130 页。

立，从而改变了中国革命者整体形象在世界各国人民心目中的形象，也推动了中国传统文化的传播。

结　语

竹内实的毛泽东诗词研究为毛泽东研究提供了一个新的视角与方法，展现了一种书写毛泽东传记的新的叙事方式。"诗人"毛泽东形象更丰富了毛泽东的形象，向日本乃至世界各国介绍了一个比较真实、立体的毛泽东形象，向世界传递了一个信息，那就是中国革命的领导人不仅会带兵打仗，还具有会吟诗作赋的高素质的文化修养。但是诗人形象毕竟只是毛泽东众多侧面中的一个，诗词的创作确实也只是毛泽东的一个业余爱好，不能过度夸大诗词对于毛泽东取得革命成功的作用，更不能说毛泽东带领中国革命取得成功的关键是因为他是一个诗人，只能说毛泽东诗词是全面了解毛泽东必不可少的资料。

正如竹内实自己在《毛泽东的诗与人生》的前言中所说："这本书可以作为中国革命史和中国现代史的解说来读。"因此通过竹内实的毛泽东及其诗词研究，可以了解毛泽东的人生，重游中国共产党的革命道路，还可以阅读到中国现代的革命史与发展史。将毛泽东诗词与毛泽东的革命人生、中国的革命实践融合在一起，为探索我党革命路线提供了一条新的途径，同时也呈现了以竹内实为代表的日本人的他者眼中充满传奇、诗化的毛泽东形象与曲折的中国革命之路。

互动协商的有效跨文化传播新模式

——皮尔斯符号理论在跨文化传播领域的应用*

颜　青**

内容提要：互动协商的有效跨文化传播理论是全球化和"一带一路"时代背景下迫切需要发展的一种跨文化传播理论。现有的跨文化传播理论通常都有一个非常基础的概念——"角色"，而"角色"也是符号学家皮尔斯的符号传播理论中一个非常重要的概念。以"角色"作为基础和核心，以皮尔斯符号传播理论作为框架，可从角色比喻、角色意识、角色行为、角色能力等方面建构起一种互动协商的有效跨文化传播新模式——角色模式。角色模式较现有模式具有一些明显的优势，可弥补现有理论的一些不足，为跨文化传播领域的研究拓展新视野、新思路。

关键词：跨文化传播；皮尔斯；角色模式

跨文化传播①研究在过去二十多年里取得了长足进步，研究出发点和

---

　*　[基金项目] 重庆市社会科学规划项目"比较文学视阈下民族形象的跨文化传播研究"（2019WT17）。

　**　[作者简介] 颜青（1983—　），重庆师范大学文学院副教授，主要从事符号学、比较诗学研究。

　①　communication 常见的中文翻译有"传播""交际""交流"等；Intercultural Communication 常见的中文翻译有"跨文化交际"和"跨文化传播"。就一般情况而言，"传播"比"交际"的涵盖面更广，"交际"更倾向于直接、显性、对象更为具体的传播，而"交流"则通常被视为"交际"更具体的层面。鉴于皮尔斯的理论不仅适用于交际，也适用于更为宏观的传播，故本文采用"跨文化传播"的译法。

侧重点从行为到认知，再到相互协商建构意义，经历了从行为模式到认知模式，再到理解模式的发展过程。其中，互动协商的理解模式的研究、建构、发展最为困难和缓慢。因此，跨文化传播研究的著名学者古迪昆斯特（W. B. Gudykunst）认为：如何协商建构意义，以及创建更多相关的跨文化互动理论是未来跨文化传播研究的重心。目前虽已有一些互动协商模式的理论发展起来，但真正着重于传播双方或多方共同协商的理论依旧较少，多数仍是侧重于一方对另一方面的适应。将现有的跨文化传播理论与美国符号学家皮尔斯（C. S. Peirce）的符号传播理论相结合，可建构一种互动协商构建意义的有效跨文化传播新模式——角色模式，为跨文化传播及其研究带来新的启发。

一　角色比喻

在当前众多的跨文化传播理论中，戏剧和角色是常见的比喻。意义协调理论把生活比作"没有导演的戏剧"[①]；最早系统讨论面子的高夫曼（E. Goffman）认为人们与他人交往时就像演员在进行表演；言语代码理论将传播阐释为关系中上演的戏剧性脚本，学者则是作为评论家来发现传播者的意图，等等。"角色"也经常被研究者们提及和使用，比如霍夫斯泰德（G. Hofstede）在论述文化维度时，其中的男性化社会/女性化社会维度就是表明性别对社会角色的决定程度；金敏善（Min-Sun Kim）在阐释谈话制约时也涉及了社会性别角色；西田（H. Nishida）总结的八个社会互动文化图式中就有一个是"角色图式"；丁允珠（Ting-Toomey）在讨论身份一致性和变异性的辩证关系时，就提到文化适应包括新移民对新价值观、规范和文化符号的适应，以及培养新的角色和长期的技能训练；库帕克（W. Cupach）和今堀（T. Imabori）的身份管理理论表明身份是在很多机械性的活动中形成的，比如将自己归属于某个群体，并且还带有一定的社会角色。在跨文化传播能力的研究和论述中，"角色"也

---

① 严明：《跨文化交际理论研究》，黑龙江大学出版社 2009 年版，第 59 页。

被频繁使用，如鲁本（B. Ruben）提出的有效传播的七大行为要素中，其中第五个就是能够在特定的群体中扮演相关角色并完成相关人物的角色行为；马丁（J. Martin）和中山（T. Nakayama）在论述他们提出的跨文化传播能力模式时就谈到了角色扮演，跨文化传播者要能根据不同语境调整自己的身份等。

由此可见，戏剧和角色是众多学者关于传播交际的某种共同认知。在皮尔斯的符号理论中，角色同样是一个重要的比喻，是人们能够相互理解的前提。对于人类来说，角色、戏剧是世界、生活、社会、传播共同的图像、共同的隐喻。皮尔斯对戏剧和角色的隐喻情有独钟，角色互换贯穿在符号、社群、传播交际和探究形式条件的论述中，而角色的隐喻更是几乎贯穿皮尔斯的整个符号理论。皮尔斯把自己建立在三元范畴基础上的形而上学阐述为"浩瀚的宇宙戏剧"①；在论述社群的对话条件时，他有这样一段表述：

> 让他试着为解释者的概观（panorama）指定一个地方……他意识到这些碎片（观念）应该与解释者的概观相连接，并因此他会从解释者的角度去表达他的符号。而解释者也要在其生命中找到一个地方，使得他的观念可以在此与发出者的那种观念相一致，也与所有那些在紧急错误发生时所进行的"服饰改变"（changes of costume）相一致。为此，他不得不经历一次类似的迂回过程……②

正是这种"服饰改变"创造了对话的可能性，使得纠正式的角色互换成为可能，而这正是探究发生的关键所在。服饰改变意味着角色的改变，意味着一系列身份、关系和定位的改变。在皮尔斯看来，能够改变

---

① ［美］约瑟夫·布伦特：《皮尔士传》，邵进强译，上海人民出版社 2008 年版，第 462 页。

② Charles S. Peirce, *Annotated Catalogue of the Papers of Charles S. Peirce*, Richard Robin (ed.), Amherst: University of Massachusetts Press, 1967, pp. 198 – 199.

服饰，能够进行角色改变和互换，才能够相互理解。皮尔斯曾区别过实在和存在，认为存在就是在其环境里与跟他类似的其他事物相作用，而实在则是一个物体独立于任何个别的人对于它的看法。由此，存在依赖关系。

由于存在的意义是通过符号的叙述显现的，角色归根结底就是对人的某种身份、关系、定位的标识和叙述，人的身份、关系、定位正是通过这种标识和叙述才真正显现出意义。自从 1934 年美国社会学家米德（G. H. Mead）用"角色"来说明个体在社会中的身份和行为，此后"角色"就广泛地运用于社会学与心理学。因此，角色是在本质上反映了一种社会关系，具体的个人是特定角色的扮演者。传播是人类关系或社会性的直接显现，关系和定位都在传播中得到发展。因此，角色一词可以说是对人的社会性本质的比喻，也是对传播本质的揭示。

二　角色意识

角色意识是人们在承担某种角色时所折射出来的能够感知的特征总和，以及相关的感知处理活动。在承担角色时，人们需要调整关注焦点，明确意识到社会及他人对自己行为的期待，努力用角色意识去引导做什么和不做什么。角色意识从某种程度上来说，是一种约束自我的形态。树立并强化角色意识，有利于角色的成功。在跨文化传播中，要建立起真正的互动协商的传播模式，传播者应时刻意识到自己身处跨文化传播的特定关系中，是一个跨文化传播者，应遵循特定的行为规范和行为模式，有效地进行跨文化传播。

角色模式作为一种互动协商建构意义的有效传播模式，传播者首先应该建立作为有效传播者的角色意识，与其他传播者形成某种特定的共同体。这种共同体既是意义共同体，也是利益共同体。依据皮尔斯关于有效传播条件的论述，传播共同体是有效传播的形式条件之一。首先，共同体成员要具备理解能力，能够互换角色解释彼此所使用的符号体系。其次，共同体成员间必须存在实际的交际联系，也就是说彼此作为发送者与解释者，双方之间必须存在某种特定的传递。这主要是强调交际的意向性，即成员对于交际是有意向的。再次，成员间的联系要被确定为"我们的"，即在某种意义上得到某种认同或达成某种共识。除此，共同体成员还应该具备以下感情：首先，真正投身于这个传播团体的意愿；其次，认可将这种意愿作为最高意愿的可能性，换言之重视共同体，认可共同体的利益作为最高利益；再次，具有对不断协商达成具有真正合理性的一致意见的渴望。如此，共同体成员应具有以下预设：首先，正确的共识是存在的；其次，这种正确的共识是可以达成的；再次，共识是可以通过理性协商探讨达成的；从次，错误和分歧都是可能的；最后，理性协商探讨是达成共识的好方法。

正如金荣渊（Y. Y. Kim）在阐述跨文化适应的个人传播能力时，就认为个人的内在动机在影响跨文化适应的所有要素里面是最为关键、作用最大的。如果传播者没有达成共识或消除不确定性的意愿，不具备有效传播者应该有的角色意识，用贾尔斯（N. Giles）的话来说那就是背离，即传播者强调彼此间的差异，并不关心是否与对方适应，也就不会产生真正的联系。① 在皮尔斯那里，这也根本不能称其为传播。

只有当跨文化传播者树立了上述这样的角色意识，形成了意义与利益共同体，有效传播才是可能的。有效跨文化传播者的角色实际上是有效传播共同体中传播者的某种共同身份。不少学者对身份有较多论述，不过他们所说的身份，主要是指传播者在跨文化社会中的具体文化身份。"角色"意味着个体在特定的社会关系中的特定身份、行为规范和行为模式。"角色"一词常让人觉得与真正的自我有某种距离感，在跨文化传播中，保留这种距离感，恰好有利于缓解人们对于被同化而失去自我的焦虑和恐慌。有效跨文化传播者的角色作为一种共同身份，它的确定是身份管理理论中所说的"身份管理"的基础和保障。角色意识是这种共同身份确定的基础，也是其得以保持的保障。

---

① 严明：《跨文化交际理论研究》，黑龙江大学出版社 2009 年版，第 90 页。

因此，当传播者不具备这样的角色意识时，就得引导或说服他们进入有效传播者的角色。在这个过程中，需要了解、理解对方原定的身份、目标，了解、理解对方的逻辑推论规则和方法，找到其逻辑推论的错误或漏洞。绝大多数拒绝者之所以持有错误或片面的信念，往往都是由各种原因形成的逻辑推论错误造成的，只有耐心给他们指出来，才能让其明白和接受自己的错误，进入有效传播者的角色，明确角色身份，形成共同体。在这个过程中，W. 皮尔斯（W. Barnett. Pearce）提出的"LUUUTT"[①]模型可以比较有效地帮助收集信息，特别是其中的三个"U"——未讲述的故事、未听过的故事和未知的故事，往往潜藏着突破口。

三　角色行为

角色行为是角色表现出来的全部可观测行为，它是包括一系列行动的行为过程，受自我意识影响，具有完整性和统一性。在角色模式中，不管是形成共同体的过程，还是作为共同体成员进行传播的过程，留心、角色互换、自我纠正这三个关键性行为都应贯穿整个程序。

"留心"是古迪昆斯特有效沟通理论中的一个概念，很多学者都对此提出了自己的看法。比如朗格（E. J. Langer）1988 年提出创造新的类别就属于"留心"的范畴。再比如丁允珠认为"不同身份认同群体之间的意义协商过程是复杂的，对此保持敏感"也是"留心"的一个内涵。[②]实际上，"留心"，或者说是对整个角色行为的预想与考量，是对整个传播过程及其中的一切保持一种反观和反思的状态，是角色意识在传播行为中的具体体现。

第一，要留心"出场"。出场是一种整体印象，会引起传播者的情感

---

① "L"表示"已经历的故事"（stories Lived），接下来的三个"U"分别表示"未讲述的故事"（Untold stories）、"未听过的故事"（Unheard stories）和"未知的故事"（Unknown stories），最后两个"T"表示"已讲述的故事"（stories Told）和"故事的讲述"（story Telling）。

② S. Ting-Toomey, "Anxiety/Uncertainty Management Theory", in S. W. Littlejohn, & K. A. Foss eds, *Encyclopedia Of Communication Theory*, Thousand Oaks, CA: Sage, 2009, p. 38.

反应。在出场这一环节，大量非言语符号起着关键作用。留心出场应尽可能广泛地了解对方的文化习俗，注意现场所有可以观察到的信号。留心自己的出场，是通过角色互换和自我纠正保证不存在冒犯他方禁忌、引发误会的信号，尽量给予对方一个好的印象。留心他人的出场，是尽量通过对方的出场搜集信号，了解对方的实时情况进行自我调整和自我纠正。留心出场，是众多跨文化传播理论中消除不确定性的重要一步。第二，要留心表达。表达过程当中应当角色互换，应使用共同体的话语体系。如要使用该体系之外的话语，应主动用体系内的话语进行解释。在表达过程中，如非交流所需，应该消除表达当中各个层面的不确定性。第三，要留心信息的传递。传递有时是一个非常复杂的环节，在很多案例中，造成信息严重失真的干扰就来自这个环节。传播共同体成员应随时进行角色互换，观察、感受和分析信息的传递是否存在干扰。第四，要留心理解。解码的过程中应当注意角色互换，切勿只按自己民族或文化的符号体系来进行理解，应按对方的符号体系来尝试理解。第五，要留心解释。从传播的角度看，反馈实际上会再次包含传递环节等在内，但在这里强调的是接收者呈现的解释。依据皮尔斯的观点，理解针对的是符号的对象，而解释针对的是符号的解释项。那么，解释和理解一样，应当是角色互换式的。

在角色模式中，与留心同样重要的就是角色互换和自我纠正。有效传播要达成传递的确定性，角色互换和自我纠正必不可少。在皮尔斯看来传播的基本目的就是要达成解释的零自由，即发送者与接收者达成对意义的一致意见。由此，角色模式的传播过程是发送者与解释者不断互换角色进行对话的过程，就像一个圆锥形的螺旋，一种盘旋上升的朝向一个固定的点的运动，这个点表示完全的确定，不再存在发送者与解释者之间的解释的自由。皮尔斯认为这种对话过程是一系列由发送者和解释者演示的明确的标准、规则、责任和义务，从某种意义上来说就是设定言语行为的理论。皮尔斯认为人类为了达到某个目标会纠正他们的行为，角色模式作为一种有效传播模式，其过程必须具有这种纠正的特质，即为了达成目标而意向性地选择和变化自己的想法和行为。由此，信息传播的一次往返，或者说传播行为的一个回合，或者说整个有效传播的过程，都可以用下面图1中的锥形螺旋来进行表示和分析。

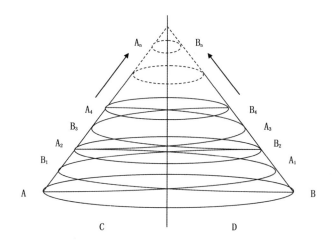

图1　有效传播的过程

在图1中，A 和 B 代表两个传播者，A 与 B 进行角色互换，但是因为种种因素并不能完全成为 B，就像读者意图和作者意图不能完全重合。不过在皮尔斯那里，他认为 A 和 B 最终是可以重合的，但要经历一个如图这样的过程。由此，角色互换，A 抵达的是 A_1 的位置，而在此之后 A 进行自我纠正，对原先的自己进行调整，到达 A_2 的位置。如图所示，A 对自己的纠正是以自身作为基础，B 作为参照，因此 A_1 离 A 的距离近于 B。不管外在表现如何，这是真实的自我纠正和调适的情况。当然，在一些简单的易于达成共识的交际中，A 与 B 的距离原本就近，这个现象可能不会如图这样明显地显现、一目了然。同样的，B 也进行和 A 一样的角色互换和自我纠正。随着交流的继续，A 继续与 B 进行角色互换，抵达 A_3 的位置，然后继续进行自我纠正，到达 A_4 的位置。B 的行径变化与 A 类似。以此类推，A 和 B 最后会越来越接近以至于重合。当他们重合

时，也就是达成共识或一致意见的时候。我们同样也可以用这个图来看 A
和 B 的身份的变化，A 和 B 在传播过程中不断协商身份，当 A 和 B 在顶
点完全重合时，他们协商建立起了共同的异于各自旧身份的新身份。在
一个共同体中，很多时候不止两个或两方交际者，而是更多，那么在角
色模式中，他们也会有和 A 与 B 相似的变化。

　　这个螺旋上升的圆锥模型可以揭示以下几个问题：首先，共同体的
成员只要他们进行角色互换和自我纠正，就会形成一个公共的话语体系，
即图 1 中的整个圆锥体；其次，只要进行角色互换和自我纠正，成员间
的差异就不再是阻碍，如 A 虽然与 B 进行角色互换，并不能完全与 B 重
合，只能抵达 A_1，但是我们看到这并不影响最后的"汇聚"，甚至在某
种角度上来说，反而是增加了 A 与 B 之间的拉力，利于他们在更为公共
和客观的空间"汇聚"；最后，只要进行角色互换和自我纠正，差异最大
的成员间的差距将决定锥底圆面的直径，最相异的成员差异越大，锥底
圆面面积越大，覆盖面越大，也就意味着最后形成的共识的基础越广泛，
由此，差异越大越是一件有利的事。这也正是皮尔斯认为探究的共同体
应该无限地扩大的重要原因。这种思维和视角有利于将传播中的弊端转
化为利端。在实际的有效跨文化传播过程中，传播者呈现出的行为模式
和程序也正是如此。相较于 W. 皮尔斯提出的蛇形模式，角色模式更加优
越的地方就在于它更加细致、更加准确、更加立体和完备地展现了有效
传播的行为过程，并同时揭示了传播中的一些深层问题。

四　角色能力

　　角色能力即角色模式所要求的跨文化传播能力。关于跨文化传播能
力，国内外学者都有研究，尤其是国外学者，研究较多，例如前面提到
的鲁本、金荣渊、马丁和中山等。本文拟从分析跨文化传播过程中对传
播者产生影响的因素来探讨研究跨文化传播能力问题，将更有助于提升
主体的跨文化传播能力。在现有研究中，对这些影响因素的分析常常存
在分类范畴不一、范围重叠以及有所遗漏等问题。因此，首先需要在几

个重要维度上厘清一些基本元素，再进行分类。一是时间维度，现实中会影响传播的在时间上只有过去的和现在的。过去对未来的想象属于过去，现在对未来的想象属于现在。二是空间维度，对于传播实践来说影响在空间上来自于此处还是他处。三是数量维度，即对于传播者来说影响来自于个体的还是群体的。这三个维度的六种基本元素组合出来就应该有八种影响传播者的因素。

第一，过去的此处的个体的因素，指向的是传播者自身的个体因素，比如传播者个人的身心状态、应变能力、重视程度等。第二，过去的此处的群体的因素，指向的是传播者在此次传播中所受的群体因素的影响，比如总体思维方式、担负的责任与任务等。这里所说的影响是直接针对该次传播的，是非常显性的，比如传播者采用一种什么样的受群体文化影响的传播策略，或来自群体的关于这次传播的责任感、荣誉感等。第三，过去的他处的个体的因素，指向的是传播者所具备的与其他群体成员相区别的个体因素，比如个人生活经历、个人喜好、个人心理特质等。第四，过去的他处的群体的因素，指向的是较为稳定的影响个体的群体性因素，比如文化传统、政治制度、民族习俗、社会阶层等。第五，现在的此处的个体的因素，指向的是传播者个体方面的突发现象或事件，比如突发的身心不适、感受或想法的改变等。第六，现在的此处的群体的因素，指向的是来自群体的突发现象或事件，比如新指令的突然到达，群体决策的突然改变等。第七，现在的他处的个体的因素，指向的是当下发生的关于传播者个体的突发现象或事件，比如亲人突发意外等。这种情况往往会成为第五种情况的诱因。第八，现在的他处的群体的因素，指向的是当下发生的群体性的突发现象或事件，比如突发的政治或军事事件、舆论等，具体的如针对该次传播的集会、游行等。

以上八种因素的分类虽然显得比较琐碎，但越是精确区分越是有利于有针对性地调控和纠正，也越有利于有针对性地进行传播能力的训练和提升。针对以上八种因素，角色模式的传播者需要具备相应的角色能力。针对第一种因素，传播者应当具备责任心、应变能力。针对第二因素，传播者应当明确任务，了解各自文化的思维传统。针对第三种因素，传播者应当了解各自的个人生活、个人遭遇、个人喜好、个人心理特质、个人交际风格等情况。针对第四种因素，传播者应当了解彼此的文化传统、政治制度、民族习俗、社会阶层等情况。针对第五种因素，传播者应当预防自身的突发情况，并随机应变对方的突发情况，排除干扰。针对第六种因素，传播者应当能够应对交际中突发的重大变化，及时调整策略和目标。针对第七种因素，传播者应当能够恰当处理个人与集体利益的关系。针对第八种因素，传播者应当能够作出恰当调整、控制全局。

在上述基础上，综合已有的研究成果，可将角色能力分为情感、认知、行动三类。第一类，情感能力，包括责任心、耐心、冷静、坚持、克制等。情感因素是传播当中非常基础的一个要素，这也是为什么人们在传播中总是习惯首先沟通感情、奠定下感情基础的原因。当然，我们这里所说的情感不仅是相互喜欢或厌恶的情感，而更是对传播、对共同体、对达成目标的情感，正如第二部分中所述：自愿参与到传播共同体中；将共同体的利益视为最高利益；渴望通过协商达成一致意见。这种情感的建立与沟通是传播者角色意识的显现，也是有效传播的保障。传播者对于传播应该有责任心、有热情；对其他传播者、交际中的误解有耐心；在困难面前能够冷静面对，克制任何负面情绪，坚持有效传播的角色规范和模式，对传播保持信心。

第二类，认知因素，包括观察、学习、理解、领悟、融会贯通等。正如第二部分中所述，传播者应具有以下认知上的预设：共识是存在且可以达成的；共识可以通过理性协商探讨达成；错误和分歧是可能的；理性协商探讨是好的达成共识的方法。传播者应当能够知己知彼，包括各自的个体情况和群体情况，如前面提到的个人生活经历、个人喜好、心理特质、交际风格、文化传统、语言体系、政治制度、民族习俗、社会阶层等。有效传播者应当善于观察，通过观察获取更多信息，并具备良好的理解领悟能力，不仅是针对前面所提到的诸多内容，更是要对传播现场的实时情况有敏锐准确的理解和领悟，并在此基础上融会贯通，获取更多新信息，促进传播的有效进行。

第三类，行动因素，包括实施、应变、协调等。在传播过程中，传播者的行动应当遵循角色行为规范或模式，采用正确的方法进行传播。传播者不应当固执己见，不应当强加于人，不应当盲从经验，而应该广泛考虑各个方面的因素，听取各种意见，耐心地摈除无知和错误、狭隘与片面，寻求共识、事实的全貌和整体平衡，达成一致意见。想要成为一个有效传播者，只有好的想法和策划是远远不够的，如何将想法落实为得体有效的传播行动，良好的语言表达、礼貌的行为举止等都是应当具备的。除此之外，传播中特别突出的就是对应变和协调的要求。对于突如其来意想不到的情况，传播者要能够灵活巧妙地应对，化解冲突与危机，与他人保持和谐，掌控住事态和局面。

结　语

角色模式作为一种互动协商建构意义的有效跨文化传播模式，其构建和研究具有重要的价值及意义。首先，它充分揭示传播的本质，传播既是人类存在意义的产生方式，也是存在意义的自身所在。其次，揭示了有效跨文化传播的具体行为方法和程序，相较于已有的理论，角色模式更加细致、立体和完备地展现了有效传播的行为过程，启迪新的思维方式。再次，揭示了有效跨文化传播者应具备的跨文化传播能力，相较于已有的理论，提出了更精细的跨文化传播能力训练及提升的方向。然后，将角色模式的应用细化，将现有的跨文化传播研究与其他领域的研究结合起来，可相互参照，获得启示。最后，角色模式是一种真正互动协商建构意义的跨文化传播模式，它触及跨文化传播实践中经常存在的疑难问题，追问更为宏观层面的原因，同时也提供具体的解决方法。

角色模式作为一种有效的互动协商的跨文化传播模式，属于跨文化传播理论研究的第三类或者第三个阶段——理解模式。它既涵盖了行为模式和认知模式的内容，又将其升华到了互动协商构建意义的层面。对它的建构和研究，可促进跨文化传播理解模式的发展，为我国和世界的跨文化传播研究及实践作出积极贡献。

区域文化与现代中国文艺

主持人：王昌忠

主持人语：

"一方水土养一方人"，"方"即地理空间，"水土"即自然环境；因而，这句话的本意是特定地理空间中的特定自然环境养就了特定状样的人。"文学是人学"（触类旁通为"文艺是人学"），指的是文学（文艺）书写人和为人书写。将这两个命题连在一起则可以认为，作为反映人、表现人和写给人的文艺话语，与地理空间、自然环境存在着关联，某种程度上甚至是地理空间、自然环境的产物。尽管"区域文化"中的"区域"的外延在不断拓展，如政治区域、经济区域、文化区域等，但其首要和基本所指当是地理区域即地域。正因为如此，区域文化通常等同为地域文化；相应地，区域文学（文艺）通常等同为地域文学（文艺）。区域文学（文艺）等同于地域文学（文艺），其实也正表明，文学（文艺）的状貌和品性受到生产、消费它的地域特征（地理空间及其中的自然环境）的影响和制约，同时自身也被纳入其中成为地域文化的有机构成。当然，文化是人独有的，表征为人的物质生活和精神生活的综合。特定区域的人的生活构成区域文化。之所以说区域文化等同于地域文化，就因为特定区域的人的生活方式生发、决定于该区域的地理空间、自然环境。在一体化、大同化成为社会文化趋势的背景下，相对偏僻、边缘的所谓边地，以及民族性、传统性的存在，其地域特色愈发突出，越具有地域文化（区域文化）的价值意义；边地的、民族化的文学艺术，与边地的、民族化的地域文化（区域文化）的关系也更加紧密、明显。

现代中国文学（文艺），以"现代"著称、有着鲜明的现代性，从发生学看也确实是西方、异域"影响"的结果。然而，中国现代文学（文艺）只能是"中国"的文学（文艺），更进一步，中国境内不同地域的现代文学（文艺）只能是"这一个"地域的现代文学。中国现代文学（文艺）整体也好，中国现代各地域的文学（文艺）也好，都在生成上受到"中国"这一大地域和具体小地域的影响和作用，也都展显出浓郁的地域文化特色；而且，出产地的地理位置、自然环境越特殊（如边地），民族文化品格越浓郁，作品所受到的影响和作用越大、具备的地域、民族风格也越强烈。本辑所选两篇论文的考察对象，正好契合这一特点。王太军、颜同林《贵州经验的文学书写——论欧阳黔森小说的边地叙事》论述的是生成于贵州这一边地的欧阳黔森小说，胡秋岩《中国小号作品的民族音乐风格研究》观照的是中国小号作品的民族化。就此而论，两篇论文对于说明、阐释区域文化与中国现代文学（文艺）的关系，是有说服力、可信度的。

任何文学艺术样态，都是内容和形式的统一体，即内容和形式共生互动形成了完整、有机的文学艺术。所以，地域文化和民族文化对于文学（文艺）的作用和影响，施加在内容和形式（以及由此造就的美学风格）两个方面；文艺作品的地域色彩、民族品质，通过内容和形式（美学风格）两个维度得以体现。探究地域文化、民族文化与文学（文艺）的关系的合理、有效途径，应该是分别发掘、各自透视内容和形式与地域文化、民族文化的关系。同时，基于考察对象的内容和形式各自与民族文化、地域文化的疏密状况，又需要在内容和形式之间选取言说的侧重。《贵州经验的文学书写——论欧阳黔森小说的边地叙事》着重论及的是边地作家欧阳黔森小说的内容（"事"）与贵州这一边地的地理环境（空间景观）、生命形态（人性、人格）的内在联系，其间也涉及小说的审美气象与贵州这一边地的文化风情的关系。《中国小号作品的民族音乐风格研究》则以中国小号音乐如何吸纳、移植地域文化（尤其是地域文化特质突出的少数民族文化、民间文化）中的音乐因子，观照了文艺形式与地域文化的关系。通过这两篇论文，不仅可以对作为研究对象的欧阳黔森小说的边地文化特征、中国小号的民族文化诉求有较为到位、准确理解，也可以从一般意义上了解文学（文艺）与地域文化、民族文化的普遍关系。

贵州经验的文学书写

——论欧阳黔森小说的边地叙事*

王太军　　颜同林**

内容提要：作为一名非文学中心地域的贵州作家，欧阳黔森小说中的边地叙事特征十分明显。在贵州长期生活的边地经验，构成了欧阳黔森文学创作的重要内容，他将贵州独特的地理环境，转化为自己小说中充满异域风情的空间景观，执着地书写着边地空间里刚健质朴的生命形态，凸显出一种具有异质性的边地生命伦理和审美气象。考察欧阳黔森小说边地叙事的写作内核，可以发现其带有明显的"取"与"舍"的价值倾向，即撷取边地健康善良的人性、舍弃现代屠弱病态的人格，并期冀带有英雄主义色彩的边地异质生命形态，能够为坠入庸常的凡俗人生树立正确的价值导向。

关键词：欧阳黔森；小说；边地叙事；"取"与"舍"

随着中国当代文学生态重要结构性变化的发生——"边缘的崛起"①，

* ［基金项目］贵州省哲学社会科学规划重点课题"贵州当代小说资料整理与研究"（21GZZD24）。

** 作者简介：王太军（1994— ），男，陕西汉中人，贵州师范大学文学院中国现当代文学专业在读博士研究生，主要从事中国现当代文学、贵州文学研究。颜同林（1975— ），男，湖南涟源人，贵州师范大学文学院二级教授，博士生导师，贵州省文艺评论家协会主席，贵州省核心专家，贵州省高校哲学社会科学学术带头人。主要从事中国现当代文学研究。

① 刘大先：《"边地"作为方法与问题》，《文学评论》2018年第2期。

评论界越来越多的研究者将目光投向了原本处于文学话语"中心"和"集散地"之外的边地，开始挖掘和批评长期处于非文学中心地域的作家作品和创作现象，并且已经取得了较为丰硕的成果。"边地"，顾名思义，就是指非中心地域，在地理、政治、经济和文化上的意义上，具有远离中心视野而充满神秘色彩的意思。"边地""边地书写""边地叙事"等概念的提出和厘定，对于中国当代文学研究中作家作品的分类研究、文学的分时段研究、作家的个案研究、地域性的群体研究等既往路径而言，是具有创新意义的，为建构当代文学研究提供了新的话语空间。① 基于此，从"边地"视角介入贵州作家欧阳黔森的小说作品，研究文本中的边地叙事，相较于现有的研究内容，自然不失为一条行之有效的阐释新径。

贵州深处中国西南腹地，长期以来都是远离政治、经济、文化的非中心地域，自然也就成为文学上的"边地"了，这不必多说。欧阳黔森1965 年出生于贵州铜仁，铜仁位于贵州省东北部，东邻湖南省怀化市、北与重庆市接壤，属于黔湘渝三省交接地带，文化上不免带着些湘渝的味道。自小经受三地文化熏陶的欧阳黔森，长大后又成为地质队员，辗转于西南边地，走遍了武陵山脉、乌蒙山脉、横断山脉和五岭山脉。② 边地驳杂的文化带来了相异的价值体系和人生观念，并且彼此间经常性地相互排斥又相互妥协，这丰富并延展着作家的边地思维，加之在湘黔边地山区里长期的寻矿经历，形塑了欧阳黔森的边地经验。因而，综观欧阳黔森的文学创作，其边地人生经历和生命体验成为他小说的主要题材和重要内容也就不足为奇了。考察欧阳黔森小说的边地叙事，可以看到，黔地独特的自然景观和人文景观，经过作家的文学书写，被建构成了文本中间独具异域风情的空间景观，而黔地环境下所形成的刚健质朴的生命形态，也成为小说中极力表现的对象，既凸显出边地具有异质性的生

---

① 雷鸣：《映照与救赎：当代文学的边地叙事研究》，人民出版社 2013 年版，第 2 页。
② 颜水生：《感觉意识形态与风景的象征世界——欧阳黔森文学创作论》，《小说评论》2019 年第 2 期。

命伦理，又带来了焕然一新的审美气象。欧阳黔森小说的边地叙事带有明显的"取"与"舍"的价值倾向，他致力于撷取蛮荒边地里健康质朴的人情人性、舍弃现代文明下孱弱病态的委琐人格，希望边地里原始粗犷的生命形态，能够为现代社会里日渐萎靡、坠入庸常的凡俗人生提供有益的参考，引导人们建立正确的价值导向。

一　边地地理环境与小说的空间景观

贵州是全国唯一没有平原支撑的省份，河谷深切、山峰林立，素有"八山一水一分田"的说法。独特的自然地理环境带来了山川阻隔、交流困难的"先天"缺陷，使得贵州文化在以中原为中心的文化历史格局中，一直是偏安一隅、少为人知，渐渐落后于其他地区。但也因为如此，贵州文化较少受到中原文化的熏染，较大程度地保持了自身的原始性和完整性，形成以区域内居住的少数民族文化为主体的独特地域文化。奇特的自然环境和多彩的民族文化，为文学家们提供了丰富的审美体验和审美借鉴。欧阳黔森生长于黔东铜仁，自小经受贵州山水的丰厚浸润，其文学创作带有鲜明的黔地地域色彩，这投射到文本上，就是黔地独特的地理环境成为他小说中风情迥异的空间景观。

先来看自然环境。自然环境对文学创作的影响，首先就体现在为文学家的创作提供了写作题材。于欧阳黔森而言，对黔地独特自然环境的描写，是他小说里不可或缺的一部分。在黔东北武陵山脉主峰梵净山下的小城里长大的欧阳黔森，对于梵净山有一股永远难以割舍的感情："他无数次登顶梵净山但仍痴心不改，梵净山令他魂牵梦萦，使他的心灵充满人性本身最为瑰丽的自豪感。"[1] 这体现在文学创作上，就是欧阳黔森作品里蕴含着深深的"梵净山的情结"[2]。中篇小说《穿山岁月》就是作

---

[1]　颜水生：《感觉意识形态与风景的象征世界——欧阳黔森文学创作论》，《小说评论》2019 年第 2 期。

[2]　严天慧：《崇高的生命追求——欧阳黔森创作论》，硕士学位论文，贵州师范大学，2008年，第 20 页。

家描写梵净山的重要作品，讲述了地质队员在梵净山内进行地质勘探的野外作业经历。在欧阳黔森笔下，梵净山中有着常人无法企及的奇特景观：方圆十几里连绵不断、比人还高的茅草坡，白茫茫的一片，像一片棉花海；无边无际、起伏不断的山峦，植被茂盛，是绿色的世界，到处充满生命的气息；高差较大而颇具雄伟的河流，岸边长满了一簇簇、一丛丛如火焰般的映山红……欧阳黔森对于梵净山的感情是美好的，他对这些独特自然景观的尽数呈现，显示出其对梵净山的无比熟悉与衷心喜欢。作家在《水晶山谷》中也花费了较多笔墨描写梵净山的美丽自然景观，深情描绘了一个被大自然鬼斧神工造就的"美丽得让人流泪"① 的七色谷，这里就不展开叙述了。

　　除梵净山之外，贵州独特的喀斯特地貌也是欧阳黔森小说描写的对象，只不过相较于梵净山的雄奇秀丽，喀斯特地貌带给当地人的往往是生存的困境与苦难。小说《八棵苞谷》《绝地逢生》均描写了发生于喀斯特地区的脱贫故事，以前者为例，小说中给人印象最深刻的除了三崽寻遍石山才种下八棵苞谷的心酸情节之外，剩下的就是喀斯特地貌的美丽景观了：石漠化的山头成群结队、肃然而立，山顶是清一色的灰白色，就像是海面上的层层浪峰，涌动起来蔚然壮观；山体多由石灰岩和白云岩构成，裸露在外的部分布满着纵横交错的纹理，甚至有晶莹剔透的水晶星星点点的生长其间。虽然美丽，却无益于人的生存，当地人依托于国家的移民搬迁政策才得以摆脱贫困。如梵净山一般，贵州喀斯特地貌也被欧阳黔森建构成了边地空间景观，带给读者独特的审美体验。

　　黔地自然地理环境不仅直接作为欧阳黔森小说的写作对象、故事背景出现，而且也是文本叙事的重要行文线索。贵州矿产资源丰富，种类繁多，加之欧阳黔森有过八年的寻矿经历，因而对矿产的知识性描述，也是欧阳黔森小说的重要内容，甚至是其文本叙事的重要线

---

① 欧阳黔森：《白多黑少》，贵州人民出版社 2006 年版，第 99 页。

索。他曾经颇为自得地说："我的小说创作，几乎有一半以上是与地矿有关的。"①《水晶山谷》中描写了一种名叫"紫袍玉带石"的玉石矿产，作家科普性地介绍了紫袍玉带石的形成、历史和典故，郑重说明了玉石的不菲价值。但也正因为这种价值，才致使水晶山谷被开采殆尽，变得一片狼藉，在这个意义上，称紫袍玉带石是小说故事发展的主线索并不过分。在将矿产资源作为叙事主线索之外，欧阳黔森部分小说中也将其作为辅助性的叙事内容和动力，对于完善小说情节、推动故事发展同样具有不容忽视的作用。短篇小说《断河》讲述了一个因比刀而引发几代人恩怨纠葛的故事。小说前半部分写快意恩仇，结尾却转向对断河地矿的叙述：断河由于出产丹砂而逐渐发展成为汞都，但最终却因为汞矿石枯竭而宣布破产，开采完汞矿的土地无法复垦，由此给小说人物命运带来意想不到的变化。这种插入对汞矿的叙述，一方面使得原本纯粹的古典武侠故事被掺杂进了些许现代色彩，另一方面也令小说文本具有了深刻的生态意蕴，拓展了故事的意蕴层面。

黔地的自然景观是欧阳黔森小说创作写之不尽的取材对象，他在文本中将黔地塑造成独一无二的文学地理空间，呈现出了极具边地风情的空间景观，因而在阅读欧阳黔森小说的过程中，读者很容易就会沉浸在美丽的边地景观中难以自拔。在自然环境之外，人文环境也是欧阳黔森笔下边地空间的重要组成部分，它与作家小说创作之间的关联更为紧密，对于创作题材、创作风格等均有深刻影响。

贵州作家潘年英从地理学的意义上将贵州文化形态分为三个大的板块：以黔东南为中心的"黔东南块"、以黔东黔北为中心的"黔东北块"、以黔西黔南为中心的"黔西南块"，其中"黔东北块"以"山地文化"为其显著特征，表现为零散、封闭、壮美等民族文化精神。②铜仁地处贵州东北部，按照潘年英的划分，当属于"黔东北块"，以此来观照欧阳黔

① 黄远石、罗元涛：《"地质队员都干过，还怕干编剧？"——专访省文联副主席、贵州省作协主席欧阳黔森》，《贵州民族报》2015 年 9 月 11 日第 B06 版。
② 徐新建等：《贵州文学现状与构想》，贵州人民出版社 1989 年版，第 62 页。

森的小说创作，不难发现其深受山地文化的影响。所谓"山地文化"，这里参照学者史继忠在《贵州文化解读》中的界定，在他看来，"山地文化"是一种受特定地理环境的制约和影响，人与山地密切结合后所产生的、有别于其他地区的山野与古朴的文化风貌："山地直接影响各民族的生计方式和生活方式，并赋予人们一种特殊的性格、灵感和创造力，因而许多文化现象都由'山'引发出来，具有浓厚的'山野气息'，表现出独特的'山地文化'特征。"①

前面提到的欧阳黔森部分小说中所具有的"梵净山情结"，就是一种典型的山地文化特征，在作者笔下，梵净山充满了灵性和神性，能够净化人的灵魂。除此之外，山地文化对欧阳黔森创作的影响，具体表现为对边地里古朴的生活方式与淳朴的民风民俗的描写。例如，《断河》中断寨祖辈人任侠重诺的侠士风范、好勇斗狠的剽悍民风、快意恩仇的生活方式，无不充斥着浓郁的民间游侠遗风；《敲狗》里中年汉子古道热肠、诚信守诺的人生信条，亦有着古朴的山野原始之气。《武陵山人杨七郎》是集中体现黔东北山地文化气息的作品，这篇小说描写了一个具有豪侠之气的民间奇人杨七郎的故事，他嫉恶如仇、恩怨分明，先后因为不平事而愤然出手，导致相继蹲了两次班房。杨七郎任侠之举的背后有当地尚武民风的直接影响，而这种尚武民风就是在山地文化的滋润下生成的。作者这样描写杨七郎的生活之地："三个鸡村地处武陵山脉的腹地，这里的尚武之风源远流长。村的核心价值观，当然就带有明显的尚武之气。朴素地总结起来，也很简单，就是'两仇'，分解之为：'嫉恶如仇''快意恩仇'。"② 因为村子里的尚武之气，所以表面上看起来十分莽撞、甚至有几分"愚蠢"的杨七郎，就得到了三个鸡村村民的尊重，即便是与他有着矛盾的杨老三，也被他的耿直所折服。故事的结尾写到杨七郎当众表演了在自己腿上自插一刀的举动，以此来配合杨老三找回脸面，这种行为"尽管最后还是弄巧成拙，引来误会和谑笑，但武陵山人杨七

---

① 史继忠：《贵州文化解读》，贵州教育出版社 2000 年版，第 54 页。

② 欧阳黔森：《武陵山人杨七郎》，《当代》2016 年第 5 期。

郎的民间野性精神或古典豪侠人格已经跃然纸上"①。

应当指出的是,从文化地域来谈的话,欧阳黔森创作的背后,也有着楚文化的影响。在谈到自己小说中的楚文化因素时,欧阳黔森说过:"贵州建省仅六百年,铜仁府原隶属于湖广行省的武陵郡与黔中郡,属楚文化范畴。我的小说带有楚味,也是一种必然。"② 楚文化博大精深、意蕴深厚,这里仅借用其一个突出的特点——"信巫鬼,重淫祀"③,来简单地论证一下欧阳黔森小说中的"楚味"。小说《穿山岁月》中,地质队员入山进行勘探工作时,雇用了一个当地民工带路,民工进山之前,竟然活生生地削掉一只红公鸡的头来祭祀山神,作者描写到:"那鸡没有了头,居然奇怪地摇动着翅膀在土地庙前跑了一个圆圈,它光秃秃没有了头的脖子还在一伸一扬,似乎还想破啼报晓。血从削平的刀口处血箭一样射出,竟然在它跑的圆圈外围喷洒出一个更大的血圈。"④ 见到如此异相,带路的民工才肯进山。这种对祭祀方式、祭祀场景的描写,一方面使得文本具有了楚文化味道,为小说增添了些许神秘色彩,带给读者以神秘体验,另一方面也昭示了边地人敬畏自然的生态伦理,表现出对山地文化、神性文化的认可。

黔地地理环境是欧阳黔森文学创作的母体,无论是雄奇秀丽的自然环境,还是以地域文化为主体的人文环境,均是欧阳黔森小说着力书写的对象。这种对异域文化和异域生活的深情描摹,呈现了边地文化的多样性,使得其作品被打上鲜明的"黔地印记"。自然景观与人文景观的联袂登场,构筑起欧阳黔森小说中迥异于中原文化的边地空间景观,在给读者新奇的阅读体验和独特的审美享受之外,也给当代文学带来了一些新的、具有参考意义的价值取向。

---

① 李遇春:《博物、传奇与黔地方志小说谱系——论欧阳黔森的小说创作》,《中国现代文学研究丛刊》2018 年第 7 期。

② 周新民、欧阳黔森:《探寻人性美——欧阳黔森访谈录》,《小说评论》2015 年第 5 期。

③ (汉)班固:《汉书》,浙江古籍出版社 2000 年版,第 576 页。

④ 欧阳黔森:《白多黑少》,贵州人民出版社 2006 年版,第 179 页。

二　异质生命形态与小说的文学书写

边地独特的地理环境滋生出迥异于中心文化的异质人生形式和生命伦理。正如有学者说的那样，"自然地理风景之外，地域文化的核心是人文地理环境，边地的民俗风情、语言乡音、神话传说、民间故事等综合形成的人文环境是孕育故事的温床，不同的故事里又包含着不同的人物和人生"①。欧阳黔森长期生活在贵州边地，对于边地里"不同的故事""不同的人物和人生"相当熟悉，因而对边地异质生命形态的文学书写就成为他小说创作的重要内容。他立足地域，书写边地里传奇人物的传奇人生，发掘出了民间豪侠、乡村干部、地质队员三类边地生命形态，呈现出不同于现代社会伦理的民间野性精神和民间文化人格，带来了焕然一新的审美气象。

《断河》集中表现了欧阳黔森对偏远边地里粗犷剽悍的民间豪侠式生命形态的书写，作者截取时代断面讲述历史变迁和人物命运，在中篇小说的篇幅里容纳了断寨百余年的历史和三代人的命运。《断河》中最出彩的人物形象自然不是生性胆小怯懦的麻老九与日渐堕入庸常、泯然众人的麻老大，而是充满着江湖气的侠客式人物老刀、老狼和龙老大。小说里的老刀说一不二、刀法绝顶："一头野猪毛似的黑发，一身古铜色的横肉，站在哪儿都是一堆力的肉阵。每当人们出口称赞他时，他眉一扬，横肉一抖，然后从他厚实的粗唇中咬出：'无他，唯手熟耳。'"② 欧阳黔森十分善于塑造人物形象，"一扬""一抖""咬出"这一系列的动作描写，就让小说人物充满了豪气。老狼也是出了名的刀客，他的刀又快又准，且胆大包天，作者描写老狼"浓眉大眼，一堆黑肉凸起来，油亮亮能看见人影"，他"一次与一头云豹相遇，只用了两刀，一把刺中喉咙，

---

① 李小红：《王华小说边地书写的特征及创作价值》，《贵州民族报》2021 年 9 月 24 日第 B04 版。

② 欧阳黔森：《欧阳黔森短篇小说选》，贵州人民出版社 2014 年版，第 30 页。

一把刺中心口"①。寥寥几语，这一人物彪悍的形象就跃然纸上。如果只是描写老刀和老狼刀技高超、性格剽悍，那对于表现民间豪侠式的生命形态远远不够，作者进一步安排了两人因为争夺梅朵而进行生死决斗的情节。老刀和老狼身手相当，谁先出手都会先结束对方性命，但两人都讲究江湖习气，自恃身份不肯先出刀，因此只能以抽签的方式决定出刀顺序，并且明知必死也坚决恪守规矩和道义。颜水生评论时说："老刀与老狼表现了中国古代侠客的典型性格，他们武艺高超但都遵循江湖规矩，逞英雄之气绝不贪生怕死。"② 的确，老刀、老狼两人豪气义盖云天，为小说的传奇色彩和武侠色彩增色不少。

欧阳黔森对老刀和老狼传奇人生的书写，实际上展示了洋溢着山野剽悍气息的民间豪侠式生命状态，寄予着父辈希望长大的龙老大，身上自然也缠绕上了这份豪侠之气，但不同的是，他还兼具进京勤王的勇气和占山为王的匪气。八国联军攻占北京时，龙老大已经十八岁，他自感责任重大，于是愤然起身，满怀悲壮的孤身一人进京勤王，一去十二载。龙老大归乡祭奠完父母后，逼迫黑湾寨寨主小凤退位，自己上位出任寨主，占山为王、割据一方，成了乱世中的一代枭雄。另一方面，心狠手辣的龙老大却信守诺言，煞费苦心的为弟弟麻老九安排生计，他明面上打压老九，实际上却是保护其过上平稳的生活，完成了对母亲临终前的承诺。《断河》中塑造的老刀、老狼、龙老大三个人物形象，承载着黔地民间任侠重义、豪气干云的侠义文化，展示了边地里不一样的人生形式和生命形态，呈现了一种典型的重情好义的民间文化人格。

除却这种任侠重情的古朴生命形态，边地乡村社会里达观、狡黠、极有生命韧性的底层人民生存方式和生命形态，也是欧阳黔森在小说中着力表现的。小说《村长唐三草》塑造了一个新时代的基层农村干部形象，他的身上集中表达了作家"对社会现实生活中的民间文化人格及其

---

① 欧阳黔森：《欧阳黔森短篇小说选》，贵州人民出版社 2014 年版，第 30 页。

② 颜水生：《传奇叙事与形式的辩证法——欧阳黔森小说论》，《贵州师范大学学报》（社会科学版）2019 年第 2 期。

地方性文化形态的推崇和欣赏""展示了民间地方性文化人格的魅力"①。小说里唐三草本名唐万财，"三草"的绰号来自于他爱情和婚姻的挫败，与妻子离婚后，他先后用"兔子不吃窝边草""好马不吃回头草""天涯何处无芳草"三句话为自己的尴尬处境开脱，在令人发笑之余，隐含的却是唐三草乐观的人物性格和达观的人生态度。在桃花村这个穷山恶水之地，薪资稀薄、事务繁多而且还费力不讨好的村主任职位，却被唐三草毛遂自荐地接过，这表现出其极大的生活勇气和魄力。走马上任后的新村长，不仅在乡村发展过程中目光长远、决策准确，体现出其经济头脑和发展头脑，而且在工作中与上下级的巧妙斡旋，也彰显出其狡黠的处世智慧。在与同事的相处中，唐三草多次以言语消除村支书心中不快，并将在上级面前表功的机会让给支书，巧妙化解了村干部之间的矛盾冲突；在面临上级领导的批评时，他先自表功绩，讲述桃花村的巨大变化，引起领导对自己成绩的重视，之后又言语诙谐、插科打诨，彻底消解了领导心中的怒意；而在面对无良村民的无赖举动时，他一边摆酒劝说，一边请人说情，恩威并施、双管齐下。不难看出，唐三草处理问题的方式，带有强烈的民间色彩，滑稽与严肃并举，积极的应对与消极的应付结合，彰显着一种狡黠的民间生存智慧。欧阳黔森塑造唐三草这样一位新时代黔地乡村干部形象，除了表现出对乡村和农民的关注，也表达出自己对这种达观、智慧、极富生命韧性的民间生命形态和文化人格的赞赏。

欧阳黔森将目光聚焦在贵州这片土地上，呈现黔地民间文化人格，书写边地理想生命形态，其中地质人粗犷豪迈、乐观无畏的生活方式和生存状态，也是作家在小说中所详细描写的，体现着作家崇高的生命追求。《穿山岁月》中地质队员们进山工作的遭遇和应对方式，便呈现出来一种刚健质朴的生命形态，带给读者异样的阅读感受。小说极力描写了地质人工作中所经历的一系列艰难困苦：不仅要面临毒虫野兽的威胁，

---

① 李遇春：《博物、传奇与黔地方志小说谱系——论欧阳黔森的小说创作》，《中国现代文学研究丛刊》2018 年第 7 期。

还要应对恶劣的自然条件和极端的天气状况；一路上风餐露宿、跋山涉水，行进途中要拿工具、背样品，负重前行，既要忍受身体上的疲惫和痛苦，又要接受长期远离亲人、远离异性所带来的心理上的烦恼和苦闷。这种野外生活方式，磨去了现代人身上细腻和讲究的习气，他们生活的相当肆意和粗犷，不虚伪、不矫饰，彼此之间没有上下级之分，可以相互取笑逗乐，并且言辞粗俗、无所顾忌。有研究者评论地质人这种粗犷却又不失真诚的生命形态时说："地质队员们作为男性在野外表面上呈现其粗犷豪放的一面，这是对抗恶劣的自然环境的必然需要，他们实质上却是有着一腔热血的好男儿，他们所从事的事业是神圣的，他们表面呈现着粗犷与粗俗，内心却是优美和崇高的。"①

　　野外生活的艰辛不仅致使地质人做出粗犷豪迈的应对，而且也令其在困难面前始终秉持乐观无畏的人生信念。他们会在休息时间纵声放歌、宣泄情绪，也会彼此逗笑打闹、互相帮助；他们会在面临老虎噬人的危险境遇时，冷静应对，勇敢对峙，凭借胆气脱离险境，也会在见到森林美景时，流连忘返，诗兴大发，产生为地矿事业献身的崇高念头；他们会在路遇热情苗族姑娘时，与之对歌、言笑晏晏，也会在偶然见到如美人鱼般裸露身子的苗族妇女时，心无杂念，由衷产生对母性的敬意。乐观而无畏的人生信条，在地质人身上，表现得淋漓尽致。欧阳黔森之所以兴致勃勃地描绘地质人在森林里的境遇，表现地质人的野外工作状况，是因为他内心深处将这种粗犷豪迈、乐观无畏的地质人生命形态，视作是理想的生命形态，他不止一次地谈道"八年的找矿生涯，是一生中最苦又最值得记忆的"②，并称"我很骄傲在我的生命里有一段搞野外地质工作的岁月"③。

　　"关于生命的书写，是文学核心又常青的主题，但不容忽视的是，在

---

① 严天慧：《崇高的生命追求——欧阳黔森创作论》，硕士学位论文，贵州师范大学，2008年，第12页。

② 黄远石、罗元涛：《"地质队员都干过，还怕干编剧？"——专访省文联副主席、贵州省作协主席欧阳黔森》，《贵州民族报》2015年9月11日第B06版。

③ 欧阳黔森：《白多黑少》，贵州人民出版社2006年版，第236页。

工业化及后工业化时代里，留给生命尽情舒展的空间越来越逼仄，就此而言，更彰显出边地小说生命书写的当下意义和实践价值。"① 欧阳黔森小说中描写的民间豪侠式生命形态、乡村干部式生命形态、地质人式生命形态，都不同于现代社会里庸碌无为、凡俗琐屑的现实人生，凸显出了具有异质性的边地生命伦理，在为读者带来焕然一新的审美气象之余，也呈现了一种承载着边地文化的地方性民间文化人格。小说中对这些理想生命形态的文学书写，体现出了欧阳黔森的价值期许，即希冀黔地健康朴实的生命形式可以带给读者以有益启示。

三 "取"与"舍"：边地叙事的企望

独特的边地体验生成了欧阳黔森崇高的生命追求，透过他小说的边地叙事，我们可以看到其明显的带有一种"取"与"舍"的思想倾向：撷取边地健康善良的人性、舍弃现代孱弱病态的人格，并期冀边地里带有英雄主义色彩的异质生命形态，能够为坠入庸常的凡俗人生树立正确的价值导向。考察欧阳黔森潜藏在文本之下的叙事意图，不难看到，他"试图用'边地'的多元价值去疗救和置换衰朽的主流价值"，某种程度上，这是在"将边缘文化因子纳入到想象的共同体之中，也是在重新发明和塑造一种新的'中华民族'文化"②。

苏雪林在评价沈从文时说："沈从文虽然也是这老大民族中间的一分子，但他属于生活力较强的湖南民族，比我们多带一分蛮野气质。他很想将这分蛮野气质当作火炬，引燃整个民族青春火焰，所以他把'雄强'、'犷悍'，整天挂在嘴边。"③ 沈从文寄希望于少数民族血液中的"雄强"和"犷悍"基因，想将其注入衰颓萎靡的国民性中，激发出新的活力，从而实现民族振兴，因而他的文学创作刻意推崇勇敢、肯定野蛮，书写湘西社会民众生命里的野性力量和原始活力。深受沈从文影响的欧

① 于京一：《论新时期边地小说中的生命书写》，《当代作家评论》2020 年第 3 期。
② 刘大先：《"边地"作为方法与问题》，《文学评论》2018 年第 2 期。
③ 苏雪林：《苏雪林文集》第 3 卷，安徽文艺出版社 1996 年版，第 353 页。

阳黔森，其创作也呈现出类似的努力，他希望黔地里刚健质朴的生命形态，能够为现代社会里日渐萎靡、坠入庸常的凡俗人生提供范式。在前面的表述中已经详细谈到了欧阳黔森小说中呈现出来的三种生命形态：任侠重义、带有山野气息的民间豪侠式生命形态；达观、智慧、极富生命韧性的乡村干部式生命形态；乐观无畏、刚健豪迈的地质人式生命形态。相较于现代社会里的现实人生而言，它们都是欧阳黔森书写的理想生命形态，是为现代凡俗人生与孱弱人格提供的参照范式，蕴含着作家崇高的生命追求，体现了作家为促使现代人健全人格与健康人生所做出的努力。

欧阳黔森往往喜欢在小说中书写两种截然不同的生命形态，一种如前面所言，是寓涵着作家崇高生命追求的理想生命形态，像《断河》里好勇斗狠、重情重义的老刀、老狼、龙老大，《武陵山人杨七郎》中憨直爽快、疾恶如仇的杨七郎，《村长唐三草》中乐观豁达、机智狡黠的村主任唐三草，《穿山岁月》里无所畏惧、勇往直前的地质队员等；另一种则与之相反，完全是作为对立面呈现出来的生命形态，或者人格怯懦、孱弱，生活庸常、琐碎，或者精神失落、价值失守，沉迷于物欲与情欲之中，如《断河》中的麻老九、麻老大，《非爱时间》里的黑松、陆伍柒等。比较两种生命形态的对照关系，不难发现欧阳黔森对前者的推崇与对后者的批驳，以及意欲以前者拯救后者的意图。再以《断河》为例，小说中的麻老九，生性懦弱、逆来顺受，父辈的英勇与荣光，在他身上荡然无存。麻老九终生生活在龙老大残酷的庇佑之下，既不敢奋起反抗，也不敢私自逃离，甚至当龙老大为了激起他的血性，命人残忍杀害与之朝夕相伴的女人时，麻老九所做的也只是跪地求饶、大声呼喊，生不起丝毫报复之心。更令人惊讶的是，当龙老大伏法、自己摆脱了一直以来的束缚时，麻老九反而无所适从，失去了活下去的支撑，很快悄然而逝。小说安排麻老九是梅朵与路人媾和而生，未尝没有暗示英雄血脉断裂的意思。随后成长起来的麻老大，生活在新社会的和平环境下，身上也失去了祖辈父辈的血性，堕入庸常，成为一名汞矿工人，工作三十几年后正常退休。麻老九的懦弱、麻老大的平庸，与老刀、老狼一辈人的好勇斗狠、恩怨分明，形成一组鲜明的对比，从这种彼此的对照中可以发现欧阳黔森对英雄逝去、血性不复的惋惜，作者借此传达出一种以粗犷生命形态挽救凡庸人生的期许。

除却以理想的生命形态为现实人生提供参照范式外，欧阳黔森将更多的笔墨放在了对人性的讨论上，他探寻人性善，拷问人性恶，并且引导人们向善去恶，这同样体现出一种"取"和"舍"的倾向。以《非爱时间》为例，小说中的陆伍柒，一开始沉迷于物欲与情欲之中不可自拔，但当得知自己身患艾滋病、不久于人世后，他幡然醒悟，决心全力弥补自己之前所带给别人的罪恶。陆伍柒的补偿对象是曾经深爱着自己、又被自己深深伤害的梅青杨，他决意迎娶梅青杨，在自己人生的最后阶段给予她爱情，并且将自己死后的遗产全部划分在她的名下。且不说陆伍柒的安排是否会给梅青杨带来二次伤害，仅谈论他的出发点，无疑是善意的，是对之前所作所为的由衷悔过。陆伍柒这种向善去恶的改变，体现着作家的理想追求。《水晶山谷》中的田茂林，屈从于金钱利益的诱惑之下，帮助杜鹃红、李王等人建立玉石加工厂，肆意开掘破坏自己曾经真心爱护过的七色谷，导致美丽的水晶山谷狼藉一片、不复存在，并且严重破坏了当地的生态环境。田茂林助纣为虐的行为遭到白梨花的极力反对，甚至不惜为此与之决裂，这终于唤醒了迷醉在发财幻想中的田茂林，他面对已经无法恢复昔日美丽的水晶山谷，毅然选择了与之共存亡，在一次开矿爆破中葬身谷内，将自己的生命补偿给了因自己而消逝了的水晶山谷。田茂林的自殉举动是对自我生命的救赎，他由此完成了从恶到善的转变，而这种转变，正是作者想要表达出来的理念：向善去恶，或者说"取"善"舍"恶，才能实现生命的价值。

在善良的感化下，人性恶逐渐褪去，人性善得以升华，是欧阳黔森小说中常见的行文思路。长篇小说《绝地逢生》中不少人物身上都体现着这种向善去恶的人生转变，比如作为个体户富起来的蒙二棍，在父亲蒙幺爸与恋人韦号丽的影响和教育下，不仅将自己的营业所得先后无私地投入进盘江村的发展建设中，而且在为村办企业的筹办和营销过程中奔波忙碌、劳心劳力，甚至付出了自己年轻的生命，为村民集体致富做出了巨大奉献。蒙二棍的身上其实存在有自私自利的一面，他一开始对于集体的发展并不热衷，很多次的为村民付出都是出于父亲的要求，或是为了让恋人开心，但在这个过程中，蒙幺爸的无私、韦号丽的善良，都在潜移默化地影响着蒙二棍，让他逐渐意识到集体利益的重要性，从而心甘情愿的以集体利益为重。除蒙二棍之外，小说中的王结巴、黄强富、刘小红、马晓华等，均是如此，这众多的人物形象，共同完成了作者"取"善"舍"恶的写作意图。

应该指出的是，欧阳黔森小说里还弥漫着一股英雄主义情结。英雄与英雄主义题材的小说占据了欧阳黔森全部小说作品的绝大部分，他多次谈道"我是一个富于英雄主义情结的人"①，"在这个渴望英雄的年代里，我也渴望英雄"②。相较于其他当代作家，尤其是崇尚知识分子写作的中青年作家，欧阳黔森明确地将自己的创作冲动界定为英雄主义，并且"从不忌讳这个定性，非但不忌讳，在所有创作中，关于这一层意思他还说得非常自信和明晰，甚至有点高调、张扬，从不遮遮掩掩，也从不顾忌因附丽主旋律或主流意识形态而可能被人认为是丧失知识分子的主体性或批判意识"③，表现出其与众不同的创作个性。在欧阳黔森的小说里，英雄人物主要表现为两种身份，一种是"卡里斯玛"式的，具有轰轰烈烈的丰功伟绩，是万人瞩目的"一群之长"，如《奢香夫人》中心怀家国大义、民族情怀的奢香，《雄关漫道》中带领队伍腾挪转移、突出重围的贺龙，《绝地逢生》中心志坚韧、绝不退缩的蒙幺爸等；一种是"小人物"式的，他们尽管生活平凡、琐碎，却具有常人难以企及的优秀品质，并往往在某些时刻做出令人惊讶的英雄举动，如《血花》中舍己

---

① 王士琼、欧阳黔森：《欧阳黔森：一部小说背后的四级跳》，《当代贵州》2006 年第 24 期。
② 欧阳黔森：《水的眼泪：欧阳黔森选集》，广西师范大学出版社 2017 年版，第 78 页。
③ 杜国景：《欧阳黔森的英雄叙事及其当代价值》，《当代作家评论》2016 年第 2 期。

救人司机老杨、《丁香》中为心上人愤然出手的地质诗人、《心上的眼睛》中痴傻却崇敬军人的丁三老叔等。对这两种不同英雄范式的书写与塑造，表现出欧阳黔森理想主义者的写作倾向，体现了作家英雄主义的价值导向。

在欧阳黔森的小说里，边地刚健质朴的生命形态，是为现实人生所做出的理想范式，他希望借此为现代人孱弱怯懦的血液里注入蛮野和血性的基因，促使现代人健全人格、健康人生。这之外，善与恶是人性中最朴素的两极，欧阳黔森对于边地人物人性善的直接铺陈与人性恶的无情揭示，并且执着地书写由恶向善的过渡转变，则是出于向善去恶的创作理念。而对英雄主义的附丽书写，则彰显着欧阳黔森毫不掩饰的价值导向。无论是对理想生命形态、人性之善和英雄主义的"取"，还是对现代孱弱人格、人性之恶和庸俗人生的"舍"，均表达着欧阳黔森的一种叙事企望，即希望能够以前者救赎后者、以边地充盈中心，体现出作家追求崇高、向往英雄的价值观念。

余　论

与文学话语"中心"和"集散地"的文学创作相比，边地文学创作显然需要得到更多的关注与重视，应该将其置于中国当代文学总体进程中加以评价分析，毕竟"中国文学不只是'中心中国'文学，中国文学还包括'边缘中国'文学——正是'边缘'与中心一起凝聚成了中国这个整体"①。但需要特别强调的是，"中心中国"文学与"边缘中国"文学并不是二元对立、彼此割裂的，它们中间有着千丝万缕的联系，始终保持着或隐或显的共振关系，即中心文学创作持续地"辐射"着边地文学，引领着边地文学的大体走向；而边地文学创作也"反哺"着中心文学，为中心文学带来了异质的价值取向与独特的审美气象。充分认识到两者的差异和联系，关注中心文学创作的同时，同样不忽视远离中心的

---

① 彭兴滔：《西南边地与现代西南边地文学》，《云南社会科学》2017 年第 6 期。

其他地域、民族、语言的文学创作，这对于不少学者提出的"建构中国当代文学的整体意识""重绘中国现当代文学版图"而言，具有举足轻重的作用与不容忽视的价值。回到欧阳黔森的小说上来，可以说，他的创作正好体现了中心文学与边地文学的"辐射"与"反哺"关系。具体而言，欧阳黔森的小说创作中既有与中心文学相呼应的关注社会现实发展、探讨人的精神世界、回应理想主义价值归宿等的书写，又有深刻的边地叙事特征，如描绘边地独特空间景观、书写边地生命形态等，带给中心文学一种陌生的"异域"审美气象，起着丰盈、中和中心文学的作用。我们在研究他的小说创作时，除了探讨他与国内其他作家，尤其是中心文学地域作家的共性，更应该挖掘他的个性，因而从"边地"视角讨论欧阳黔森小说创作，可以说是一个深究其创作个性的较为契合的方法，可以看到以往研究中被遮蔽的地方。

中国小号作品的民族音乐风格研究[*]

胡秋岩^{**}

内容提要： 中国小号作品民族音乐风格的发展历程已近一个世纪，不同时期的作品都具有独特的民族音乐特点，主要体现在民族曲调的运用、民族乐器的模仿、民族调式的融合、民族节奏的贯穿等四个方面。中国小号作品要与民族文化相融合，在创作实践中要兼顾音乐的民族性与世界性，突出音乐的多元化，采用新的作曲手法与音乐理念，不断进行民族音乐风格的探索与实践，才能创作出具有中国人文精神和思想内涵的优秀中国小号作品，从而更好地弘扬民族精神与文化。

关键词： 小号作品；民族音乐；探索历程；风格特点；发展路径

一 中国小号作品民族音乐风格的探索历程

小号艺术在中国发展已近一个世纪，其音乐作品创作带有显著的时代烙印，不同时期的作品都具有民族音乐风格特点。每个时期的经济、

* ［基金项目］：重庆市教委人文社科重点项目"当代交响管乐作品的民族音乐风格研究"（22SKGH084）。
** ［作者简介］胡秋岩（1981— ），男，重庆师范大学音乐学院副教授，硕士生导师，研究方向为音乐表演与音乐理论。

文化、社会发展对小号音乐产生不同的影响，不同时代背景下中国作品创作民族化形式呈现出迥异的特性。

（一）起源与萌芽期

清朝末年，中国开始学习西方的先进文化和科学技术，西方音乐逐渐传入我国，西洋管乐艺术也在华夏大地上生根发展，小号作为西洋管乐的一员开始为国人所熟悉。在新的文化思想与社会潮流的影响下，国人对西方音乐文化产生了浓厚的兴趣，新颖的艺术形式带来强烈的听觉与视觉冲击，西方管乐艺术开始登上中国的历史舞台。由于清末闭关锁国的政策导致中外文化交流的闭塞，管乐作为西方舶来乐器，其演奏与乐谱资料极为匮乏。据考由美国人金楷理（Carl T. Kreyer）口述、蔡锡龄笔记的《喇叭吹奏法》，是为军乐队训练需要而翻译、刊行的最早的中文管乐教材，1877 年由上海江南制造局刻印出版。该书介绍了小号及其简单乐理，讲解了吹奏的一些基本要领，并附有包括一首"英国腔调"在内的简单的练习曲。这个时期的管乐创作发展受新军军乐、教会学校、学堂乐歌的影响很大，在创作中常采用"填词配曲"的手法。当时袁世凯效仿德国陆军的训练方式来训练北洋新军，并模仿其军队建制创建了一支军乐队并在天津成立"军乐传习所"，邀请时任正定知府的李映庚兼任所长并教授军乐。李映庚于 1908 年创作的《军乐稿》是一本军乐专著，共有 4 卷，其中卷一为表，卷二为军歌，卷三为军中散曲，卷四为曲谱。作者依据中国传统曲调"昆曲"的旋律改编，并采用传统的"填词配曲"的编创手法，将歌曲和音乐作品改编为军乐曲，以供"新军"管乐队训练与演奏使用。① 《军乐稿》中用管乐演奏民族曲调，是中国民族新军乐创作的尝试，也是国人最早开始对管乐及小号声部创作和民族音乐演奏的尝试，但不是真正意义上的成熟作品而是一种萌芽状态的初探。

---

① 陈建华：《西方管乐艺术论稿》，中央音乐学院出版社 2011 年版，第 34 页。

民国时期，由于社会与政局动荡不安，新旧思潮交替与冲突，经济与文化发展缓慢，管乐艺术的发展态势更为迟缓。上海工部局乐队、教会学校以及在重庆复兴关成立的陆军军乐学校等，为当时培养了一些小号演奏人才，但在全国范围来看从事小号音乐作品创作的音乐家极少。由于当时小号仅作为礼仪典阅和乐队伴奏乐器，在国民党军乐队、国统区舞会娱乐场所等地方，演奏一些外国名曲，或演奏一些美国20世纪二三十年代的爵士乐、百老汇音乐以及当时中国的流行歌曲，小号并没有作为独奏乐器、主流乐器登上历史舞台，小号音乐创作呈现出迟缓的态势。当时也零星出现了一些管乐作品，其中包含一部分小号曲谱，譬如1920年中国音乐刊物《音乐杂志》上刊载了郝杰编写的《步号曲谱》；1922年黄县军乐研究会汇编的军乐曲集《步号进行曲》；1931年戴逸青编创军乐曲《从戎回忆进行曲》等。当时虽然没有出现真正意义上小号作品创作活动，但表明国人已经开始对小号创作如何与民族民间音乐相融合，进行了相关的实验与探索。

（二）探索与发展期

新中国成立以后，政治的稳定与经济的发展促使文化艺术蓬勃发展，音乐事业百废待兴，管乐艺术发展面貌焕然一新，全国各地纷纷建立起专业音乐学院与高等院校，音乐教育事业进入正轨有序的发展轨道，开始进行音乐人才的培养，小号音乐创作因此开始走上正规的发展道路。建国初期的小号音乐作品创作集中在50年代末60年代初，以小号演奏家为创作主体，缺少专业作曲家参与，因此其题材形式与作曲手法比较单一，主要体现为：旋律移植、简单编创、主题变奏、回旋变奏等四种形式。

旋律移植，是指将原有的乐曲及民歌，完全或者改编移植到小号作品中，其曲式结构简单，旋律简明通俗且富有歌唱性，如朱起东创作的《阿拉木汗》《秋收》等。简单编创，是指原创或改编一些短小乐曲与民歌，其结构以单三部曲式为主，旋律富有歌唱性与舞蹈性，一般使用简单的加花变奏手法，如许林创作的《青海谣》、朱起东创作的《喜相逢》等。主题变奏，是指运用变奏手法对乐曲及民歌主题进行发展与创作，其作品框架结构相对统一，一般由华彩引子、抒情主题、单吐、双吐、连线吐音、三吐、大跳回音等六大部分构成，每段融入小号的各种演奏技术来发展音乐，如黄日照创作的《内蒙民歌变奏曲》等。回旋变奏，是指运用西方回旋曲式结构对乐曲与民歌进行创作，其音乐结构为：A + A1 + A2 + A3 + A4……，其音乐结构简单统一，每个变奏融入一项小号演奏技术，如刘庄创作的《回旋曲》等。这个时期的小号音乐作品的创作大多取材于民族民间音乐，有的根据青海民歌"花儿"改编，有的根据内蒙古民歌改编，或者取材于山西戏曲音乐"二人抬"，大多依据中国五声调式与民族调式创作，音乐形式虽然简单但极具民族韵味，在追求民族音乐特色的同时，充分发挥了小号的演奏技巧和音色特性。

1966—1976 年，在当时各种革命题材和样板戏音乐形式推广与发展中，小号音乐创作的民族化得以缓慢发展。这个时期大部分小号作品创作都是突出革命性与歌颂性的主题、融合样板戏与民间音乐，以传统创作技法运用为主。如根据样板戏《龙江颂》的序曲改编的独奏曲《总路线放光芒》；根据同名革命歌曲改编的《咱们的领袖毛泽东》等。虽然在此期间小号音乐作品创作出现了曲折，但其民族化创作的发展依然砥砺前行。

（三）继承与创新期

1978 年至今，改革开放后经济与文化的飞速发展，促进了国际之间的音乐交流与合作。中外音乐院校之间的交流与互访，音乐会与学术讲座的增多，使我们的音乐眼界与视野得以开阔，创作水平与理念层次得以提高。随着专业作曲家逐渐开始投入到小号音乐作品的创作中来，小号作品的创作理念及创作手法等方面有了进步提高。作品的题材广泛、体裁多样，突破以往作品移植，形式单一，表现手法简单，常采用变奏形式等创作局限。这个时期的作品创作主要分为以下两类。

　　第一类，继承传统，突出民族性。作曲家们开始探索中西结合的发展之路，考虑如何运用西方传统作曲技法创作有中国特色民族音乐风格的小号作品，使它们既能体现出现代作曲水平的艺术性与层次性，又能兼顾民族音乐与文化内涵的体现。作曲家们有效利用民族调式、民族旋律、民族节奏、民族乐器的特色，并以此为音乐素材与主题，创作出具有时代气息与中国特色的优秀小号作品。此类作品从创作手法上来看比较传统，曲式结构、调式和声与旋律色彩具有浓郁的民族韵味，如罗平创作的《帕米尔的春天》取材于新疆歌曲，作品运用新疆特有的 7/8 拍节奏，充满动感的舞蹈律动，生动形象地展现了塔吉克族人民纯朴豪放的性格和载歌载舞的欢乐情景。还有些作品中模拟出马头琴的演奏特点，此外还有《春天的歌舞》《天山新歌》等。

　　第二类，中西融合，寻求突破。作曲家们力图突破传统创作手法，将民族性和交响化融为一体，使用现代的作曲手法、采用新颖的风格题材、运用特色的音响效果与色彩来创作音乐作品，大量现代派、无调性的新作品应运而生。此类作品是希望通过新的艺术形式与作曲技法，表现中国民族音乐风格与文化内涵，寻求中西文化融合意识下的突破。如陈黔创作的《裂距》，是一首极具现代音乐风格的作品，使用了如"花舌""快速泛音"等现代小号演奏技术，"泛调性""音流"等现代作曲技法，从音响上形成一种特殊的听觉效果，描绘了古老文明与现代思潮的冲突。作品主要由三个乐章构成。第一乐章：抗争（粗野的快板）。乐曲开始部分，是大段无调性、半音旋律的音流乐句，节奏变换频繁且调性游离不定，表现出内心的急促与不安，也表现出一种拼搏与抗争精神。第二乐章：挽歌（忧伤的慢板）。乐曲由远及近伴随着民族传统打击乐的锣鼓节奏，曲调神秘而忧伤，小号旋律空洞而悠远，具有很强的中国元素，体现出灵魂深处的思考。第三乐章：激情（轻狂的快板）。旋律跌宕起伏且激情澎湃，蕴含着现实与理想的冲突、内心与外界的斗争，引发灵魂深处的问答。又如金萍创作的《冷杉》、施王伟创作的《序曲》都使用现代作曲手法，使用 C 调小号，突破传统的调式感，旋律性不强，突出情绪、氛围与色彩的表现；郭思达创作的《怀念》，是小号与爵士乐队作品，以抒情的布鲁斯音乐为素材等。

二　中国小号作品的民族音乐特点

"民族音乐能体现民族的文化和精神，我们学习西方小号艺术的同时也要兼顾中国的民族文化，这要求我们熟悉自己的民族文化、民族语言、民族音乐等，才能更好地创作中国作品。把握中国作品的民族音乐风格，要了解中国文化的审美情趣和美学表现特点，只有深入了解中国传统文化，才能理解领会作品中所体现的民族性格和文化内涵。"[①] 中国小号作品的民族音乐风格特点主要体现在民族曲调的运用、民族乐器的模仿、民族调式的融合、民族节奏的贯穿四个方面。

（一）运用民族曲调

民族民间曲调是小号作品创作中常使用的重要素材，常作为主要动机或旋律贯穿作品始终。新中国成立初期的小号作品基本由小号演奏家自己编创而成，常采用简单的移植改编手法，在民族民间曲调上发展创新，并以中国五声调式为基础，加入民族性的和声，具有结构简单、旋律优美、易于演奏、民族风味浓郁等特点。小号作品一般采用民间器乐曲传统旋律展开手法，如重复、变奏、对比、展开等，主要可以概括为三种常用手法：第一种，固定曲式结构的变奏手法，如加花、变换节奏与旋律、变换演奏技巧、变换音区音位、变换头尾等；第二种，改变曲式结构的变奏手法，如板腔型变奏、扩充型变奏、减缩型变奏、填充型变奏、综合型变奏等；第三种，改变调式调性的变奏手法，如移调变奏、借字变奏、转调变奏等。[②]

民族曲调的运用主要分为两类：第一类，旋律移植与改编。一般为

---

①　胡秋岩：《中国戏曲音乐与西方古典音乐的融合——陈其钢小号与乐队协奏曲〈万年欢〉的音乐与演奏分析》，《星海音乐学院学报》2020 年第 3 期。

②　袁静芳：《民族器乐》，高等教育出版社 2004 年版。

一部曲式，如朱起东先生所移植改编的《阿拉木汗》，原本是一首新疆维吾尔族民歌，具有"赛乃姆"音乐特点，旋律欢快诙谐富有舞蹈性，充分使用小号的连线吐音技法，表现生动活泼（谱例1）。第二类，旋律加花与变奏。一般为单三部曲式，曲式结构简单，A－B－A的三段体乐段结构，首尾慢板乐段具有较强的抒情性，中间快板乐段常使用小号快速演奏技术呈现欢快情绪，与慢板的主题形成鲜明对比。此类运用民族曲调创作手法的作品还有很多，如《秋收》中的陕北信天游民歌曲调素材，《降B大调小号协奏曲》（刘三姐）中的柳州民歌素材，以及《青谣》中的青海民歌"花儿"素材等，以及《月光下的舞步》中西南弥勒西山彝族阿细人的《阿细跳月》曲调等。在小号作品创作的初期，作曲家没有音乐传统和实践经验作为指导，创作构思完全建立在西方传统作曲技法的基础上，进行一系列的实验性尝试，探索如何运用民族音乐与民间曲调来创作，作品虽然从艺术层次与审美倾向上看较为单薄，但是所取得的经验却为我们建立自己的民族音乐风格创作体系打下坚实的理论基础。

（二）模仿民族乐器

民族乐器的模仿是小号作品创作中具有独特中国韵味的技术展示。我国民族乐器种类繁多，先秦时期就出现了依据乐器制作材质的八音分类法，如竹类乐器（竹笛、萧）、匏类乐器（笙）、丝类乐器（二胡、马头琴）等民族乐器，可以表达我们独特的民族音乐与传统文化。小号属于西洋管乐器，其艺术形式在欧洲发展已近四百年，承载着西方的音乐与文化。中西文化的交流与碰撞，可以引发两者的融合与发展，那么如何使用小号演奏中国音乐？模拟中国民族乐器的音色特点及演奏方式，加强中西音乐文化的有效融合，是作曲家普遍接受与运用的创作手法。

譬如可以通过小号的大跳连音、依音、气息颤音技术来模仿二胡等民族弓弦乐器的"滑音""揉弦"技巧；通过小号的依音、滑音、快速吐音技术来模仿竹笛等民族吹奏乐器的音色；通过小号的多种弱音器的使用，模拟芦笙、唢呐等特色民族乐器的声响。这样从音色、音响、韵味等方面对民族乐器有效模仿，可以将音乐演奏出浓郁的民族特色，更好地诠释出民族音乐内涵。如《喜相逢》中频繁使用的前倚音，模仿竹笛的滑音演奏，还表现出"吐音""滑音""踩音"等技巧的运用，凸显竹笛演奏的民族韵味，充分表现出北方浓郁的民间音乐风格特点；《草原小诗》中使用舒缓的大跳连线，模仿马头琴的滑弦演奏，塑造曲调悠长、空旷深邃的草原音乐意境，充分展示出蒙古族的音乐特点；组曲《清水江畔》第三首《月夜笙歌》中，使用弱音器以模仿芦笙的声音。芦笙属于苗族民族乐器，其声音具有明显的民族特质，小号通过改变音色来模拟芦笙演奏，使苗族音乐呈现出不一样的韵味，令人耳目一新的感觉。最具代表性的作品应属《卡巴耶》，使用个别单音的气颤和揉键演奏，用以模仿萨塔尔等弦乐器的揉弦音色等，描绘出新疆维吾尔族音乐的异域风情。此作品采用浓郁的新疆音乐旋律和节奏素材进行创作，不同于以往小号作品的旋律移植和改编手法。它运用现代作曲技法创作而成，不仅呈现出浓郁的异域风情，还具有一些爵士音乐的特点。作品中有很多模仿弦乐揉弦和新疆民歌人声演唱的小滑音，很多超吹和高泛音演奏方法，节奏复杂而多变，作品表现了他乡遇亲人时内心激动澎湃的情绪与热烈狂欢的舞蹈场面。

（三）融合民族调式

小号作品中呈现出民族特有调性色彩，凸显民族特色。"把握民族民间音乐的风格，要了解中国传统文化的审美情趣和美学表现特点，才能理解领会作品中所体现的民族性格和文化内涵。中国民族民间音乐的调式调性体现的是音乐艺术的抽象性和含蓄性，中国艺术追求写意，注重的内心的情感表达和精神传递，作品常表达某种意境和韵味。中国的民族调式调性的旋律以线性思维为主，注重横向织体的表现力。"[①] 如《阿细跳月》中使用的降 B 宫五声调式和 C 宫五声调式；《壮乡乐》中使用

<hr>

① 胡秋岩：《中国戏曲音乐与西方古典音乐的融合——陈其钢小号与乐队协奏曲〈万年欢〉的音乐与演奏分析》，《星海音乐学院学报》2020 年第 3 期。

的 C 商五声调式和 F 徵五声调式，还加入了变徵和清宫两个变音；降 B 大调协奏曲《刘三姐》，汲取柳州山歌"柳柳罗""棒冬棒"等素材，采用广西音乐特色的商、徵、羽、角调式。作品中旋律的歌唱性与抒情性很强，民族色彩浓郁，凸显民族韵味。

中国的戏曲音乐源远流长，各地戏曲种类繁多，曲牌唱腔不胜枚举，是音乐创作的源泉与宝库，为我们提供丰富的创作灵感与素材，因此民族民间中的戏曲音乐也融入创作中。如《万年欢》音乐取材于昆曲曲牌；《喜相逢》作品取材于"山西梆子"和"二人台"等戏曲过场曲牌；《献给人民公社》使用东北蹦蹦音乐素材创作；《花灯》取材于云南、贵州民间花灯调与广西彩调中的曲牌；《F 大调协奏曲》取材于皮影戏音乐等。

（四）贯穿民族节奏

民族民间音乐的节奏特点是小号作品创作中最具个性和活力的因素，能有效地组织和体现作品的构架。民歌节奏根据语音节律提炼而来，也是民歌旋律形成的基础。许多少数民族的音乐具有舞蹈性，如《月光下的舞步》中使用的云南彝族支系阿细人的 5/4 拍子舞蹈节奏、《牧羊姑娘》中使用的新疆少数民族 7/8 拍舞蹈节奏等，使得音乐具有动感和活力，可以烘托出独特的民族魅力。速度和节奏具有亦张亦弛的弹性特征，它们是作曲者根据情感需要作出调整，这是作品创作中引子和尾声部分的常用手法。很多少数民族的音乐作品中都有这种类似的创作特点，譬如在蒙古族民歌音乐中所表现出的粗犷豪放性格特点，这与地域文化特征和游牧民族生活习俗有密切关系。在辽阔草原上生活的游牧民族，面对苍茫的大地与皑皑白云的苍穹，引吭高歌出粗犷悠远的长调，其旋律悠长并且伴随着自由洒脱的节奏。作曲家在音乐作品创作中将其进行艺术性的加工与处理，便形成了这种自由舒缓的民族性节奏。例如由蒙古族民歌改编的《嘎达梅林》作品开始部分和结尾处都是使用了自由的节奏，通过华彩乐段的小号技术性和音乐性的展示，进而充分抒发作品的音乐情感与思想内涵。

三 中国小号作品民族音乐风格的发展路径

小号作品的音乐创作取得了瞩目的成就，较好地体现出了民族文化与内涵，小号作品的创作理论也得到了初步建构，但是在艺术表现手法与美学层次上依然欠缺，民族元素的艺术融合形式与方法需要进一步研究与提升。推动小号作品创作的民族音乐风格发展，还需要鼓励作曲家的民族化创作倾向，使民族音乐风格与演奏及教学相融合，积极探索民族音乐风格的多元化发展途径。

（一）鼓励作曲家的民族化创作

中国小号音乐作品的创作自新中国成立迄今已逾七十年，从萌芽与探索时期到继承与创新时期，由简单移植改编的单三部曲式到大型现代派协奏曲的问世，表明创作手法日趋成熟，创作思维日渐先进。作曲手法的多样性与表现形式的多元化，使得民族音乐风格的创作成绩斐然，涌现了许多具有时代气息与民族特色的优秀作品，体现出多样化的音乐体裁与风格，标志着民族化创作日趋走向成熟。然而，综观这些作品虽然数量繁多，却多以小型曲式结构为主，少有大型经典之作，像俄罗斯小号作品《降 A 大调小号协奏曲》（阿鲁秋年）、法国小号作品《协奏曲》（托马斯）等在全世界范围享有盛誉、凸显民族性的作品还未出现。究其原因，是因为我们缺少优秀的管乐作曲家。国内很多作曲家的创作意识与重心向着交响乐、钢琴、小提琴、民乐等倾斜，小号作品创作较少，优秀的管乐作曲家更是少见。因此要激发作曲家们对小号的关注与创作热情，鼓励开展各种形式的作品委约创作或比赛征集，普及和推广小号艺术，以促成更多的优秀作品问世。在中国小号作品的创作主体中，以小号演奏家和教育家居多，专业作曲家较少，虽然所创作的作品从演奏技法和音乐表现方面尚可，但是从作曲技法和内涵层次方面来看，作品的创作思路、内容形式、技法表现等方面存在不足，缺少艺术表现力与深刻内涵。因此，我们要借鉴钢琴和小提琴等中国作品的成功创作经验，融合中国传统文化和当代世界文化，运用新的创作思路和手法，不断进行探索与实践，创作具有中国人文精神和思想内涵的优秀中国小号作品。

（二）加强民族音乐创作与演奏、教学的有效结合

中国小号作品的创作要与演奏和教学活动相结合，加强对中国小号作品的重视程度，营造中国小号作品演奏与教学的活动氛围。我们要加强对中国小号作品的重视程度，首先要引起教师和演奏者自身的重视，培养学生和演奏者对民族文化的认同感。目前国内小号专业的演奏和教学中，我们主要接触的是国外教材与作品，很少涉及中国作品。小号演奏和教学中对中国小号作品的忽视，导致作品的理解和演奏有着很大缺失。从意识形态上的认识来讲，我们受西方音乐文化影响，借鉴国外的小号教学模式、教学体系、教学理念和教学方法，实现了小号演奏艺术的继承与发展。从巴洛克到古典再到浪漫派和近现代作品，师生都能较好地理解和演奏，包括西方不同时期的音乐风格和文化背景，师生都很熟悉。有不少小号教师在教学理念上存在偏见和忽视，认为这是西洋乐器，应该演奏国外的练习曲和乐曲，不适合演奏中国作品，即使偶尔演奏，也仅限于完成乐谱表面层次，其文化内涵和民族风格，没有在演奏中所体现。这种观念上的错误认识，固然要引起我们的重视，但另外两方面的情形也不能忽视。第一，从作品的数量上来讲，与钢琴和小提琴的中国作品相比较而言，中国小号作品创作数量较少，教学和演奏的曲目可选择性上存在一定局限。第二，从训练教材方面来看，中国小号演奏教材极少且未成体系。迄今为止只有少数几本问世，如朱起东编写《五声音阶日常练习》和黄日照编写的《小号练习曲二十首》。特别需要指出的是《五声音阶日常练习》，该练习曲全部采用的是中国民族民间的旋律和调式音阶，但在普遍教学活动中却极少使用。因此，中国小号教育界急需探索出一套既能突出小号演奏特点，又能体现中国小号作品风格的演奏和教育模式，急需在演奏和教学中给予中国作品更多关注。

（三）　实现民族音乐风格的多元化

"当今世界是文化高速发展的现代化社会，艺术呈现多元化趋势，不同国家的民族文化彰显个性，通过现代化的多媒体技术、互联网技术进行高速传播。首先，我们的民族化创作要与现代化的技术融合，开阔我们的思路更新我们的理念，以新的方式诠释我们的民族文化，传播我们的民族精神。"① 随着社会的发展与生活的变化，人们对于艺术的追求也产生很大变化，对艺术层次与艺术水平有了更高的要求，科技的进步与文化的交流促使我们要寻求新的艺术形式来展现民族音乐。其次，从传统的民族音乐风格传承发展逐渐变为开放式、多元化的创新，运用新的思维、新的方式、新的手法进行民族音乐风格的探索与实践，创作出新颖的中国小号作品，才能满足当代人们对音乐的审美需求。最后，中外创作进入一个繁荣发展时期，不同题材、不同乐种、不同手法的新颖创作，诞生出很多优秀的作品，要汲取和吸收他们的成功创作经验与方法用来开拓思路与革新技术，使民族化创作获取更多的启示。通过文化艺术的国际交流，尤其是民族音乐的交流，打破地域与时空的壁垒，突破乐器种类的限制，融合古今中外的优秀民族音乐元素，借鉴国内外优秀民族音乐作品的写作经验，进行小号音乐作品的民族音乐风格创作。此外，小号作品民族化的创作还要具有延续性与发展性，在现代化的发展中需要不断进行探索前行，进行一系列的实验性创作，新的理念与新的意识需要及时更新，实践性的创作要与理论性的研究进行融合。

结　语

中国小号作品民族音乐风格的发展依然面临着诸多问题，需要我们进行深入思考并寻求发展路径。因此，中国小号作品的创作要与民族文化相融合，在实现音乐多元化的同时，兼顾音乐的民族性和世界性，将

---

① 胡秋岩：《中国戏曲音乐与西方古典音乐的融合——陈其钢小号与乐队协奏曲〈万年欢〉的音乐与演奏分析》，《星海音乐学院学报》2020 年第 3 期。

中西音乐文化有效融合。我们开启对中国小号作品民族音乐风格的研究与探索，使大家熟悉它的发展脉络以及发展规律，了解不同时期的作品创作呈现出独特的民族音乐风格，进而针对民族音乐风格与特点进行研究，总结出民族音乐风格创作的技术与特征，以便促进小号音乐作品创作民族化的发展。我们要通过运用新的作曲技法与创作形式，不断进行探索与实践，及时更新音乐理念与意识，才能创作出具有中国人文精神和思想内涵的优秀中国小号作品，从而形成我们独特的民族音乐风格特点，实现民族精神与民族文化的弘扬与发展。

巴渝学人

_____

主持人：熊飞宇

主持人语：

"巴渝学人掠影"自开栏以来，已推出重庆师范大学校内三位学人，次第是彭斯远教授、李敬敏教授和杨星映教授。专辑不但受到谱主的认可，也得到其他读者的好评，让本刊编辑部同人深为感奋，于是决定在本辑走出"自己的园地"，迎来西南大学的吕进教授。

吕公今年已八十有三矣。记得1980年冬，李泽厚在为宗白华《美学散步》作序时，开篇即诚惶诚恐地说："蒬予小子，何敢赞一言！"展阅杨东伟、熊辉的《吕进学术年谱（1939—2021）》，感觉这不但是一位耆宿沉实的学术人生，更是一幅时代的壮阔画卷。一时间，对于主持人语，竟无从措笔。

其实，《区域文化与文学研究集刊》与吕公结缘甚早。2002年4月24日至26日，"区域文化与文学学术研讨会"在重庆召开，吕公曾莅会做学术报告。会议所收论文，后经精选，结集为《区域文化与文学》，由中国社会科学出版社于2003年5月出版。吕公在其与梁笑梅合作的《峥嵘重庆——论巴渝文化与文学的现代理想》一文中，指出："区域文化是以'历史地理学'为中心展开的文化探讨。岁月的流逝虽然改变了古代区域的精确性，但这种模糊的'地域'观念已经转化为文化界分的标志"，在此过程中，空间"上升到了主导地位，成为文化存在的根据"。2009年11月14日至16日，重庆师范大学区域文化与文学研究中心重拾坠绪，再度联合《文学评论》编辑部，举办全国第二届"区域文化与文学"学术研讨会，吕公亦携文与会。会后，《区域文化与文学研究集刊》正式创刊，吕公大文《区域文化视角下的重庆文学》即刊于第1辑。文中，吕公认为区域文化研究既是"近年来学术界对在整体文化基础上研究中国现当代文学的一种深入和细化"，也是"学术界提出的'重写文学史'观念的原质性延伸"；区域文化研究是"在方法论上的一种突破"，对于流派研究、作家研究尤具意义。吕公进一步指出：区域文化研究至少应包括"四个构成部件：地理环境，语言风格，性格特征和文化心理"，从而为研究的具体开展，提供了可资参考的操作指南。2015 年 10 月 17 日至 18 日，首届"大西南文学论坛"暨四川师范大学大西南文学研究中心成立仪式在成都举行，吕公被特聘为该中心的学术顾问。他在题为"漫说区域文化与区域文学——以重庆文学为例"的发言中，重申其对区域文化研究的看法，同时也强调："区域文化研究不能泛化，区域文化不是所有文学作品研究的必不可少的视角，有的作家、流派、文学现象并没有明显的区域文化特征"，因此，"区域文化与文学在寻求自身的本体意义和价值负荷的同时"，也要"警惕自恋情结"。

吕公对于区域文化与文学研究，不但有一以贯之的理论思考，更有身体力行的学术实践。即从年谱来看，吕公为重庆本土作家所撰评论、所作序言，不胜枚举；一度时间，重庆文学界尤其是新诗园地，老树新卉俱着花，吕公的培植与诱掖，可谓与有力焉。至 2004 年 6 月，吕公主编的《20 世纪重庆新诗发展史》由重庆出版社隆重推出，被誉为"区域新诗史的开山之作"。论者曾展望该著的出版，"作为一个具有积极意义的事件"，其"带动相关区域文学史写作的辐射力与价值"，将会"日益凸现"。①

值得注意的是，地方文学、区域文化的研究，究其本质，是一种去中心化的反动。相关研究，虽然也会"从陡峭的山里挖出属于自己的光荣"，"从湍急的江中捞起属于自己的美丽"②，但在着力挖掘"小传统"、呈现"地方性知识"之际，往往因为各自为政，难免沦为一种碎片化的状态；而如果株守一隅，偏执一端，对于普同层面的一致性和"大传统"而言，更可能会起到催解的作用。正是对此有所惕戒，吕公在肯定区域文化对区域文学研究兼具起源学意义与本体意义的同时，也呼吁"整体

---

① 颜同林：《区域新诗史的开山之作——评吕进主编的〈20 世纪重庆新诗发展史〉》，《当代文坛》2006 年第 1 期。

② 吕进、梁笑梅：《深呼吸：巴渝文化与文学的现代理想》，《涪陵师范学院学报》2002 年第 4 期。

文学是区域文学的整合，区域文学是整体文学图谱中的文学；区域文学既具有异于他者的区域性，又具有同于他者的整体性"①。

纵观吕公的学术人生，早已从重庆走向全国，近年来，更以清瘦的身影，频现于海外论坛，对海华文学，尤其是东南亚华文文学，关注日多。从"区域中国"跳脱出来，信步漫游于"文化中国"，吕公的这种超迈与穿行，或许也为区域文化与文学的研究，昭示着一条正向的进路。

---

① 吕进：《漫说区域文化与区域文学——以重庆文学为例》，朱寿桐、白浩主编《大西南文学论坛》第 1 辑，中国文联出版社 2016 年版，第 48 页。

吕进学术年谱（1939—2021）

杨东伟　熊　辉[*]

　　吕进（1939.9—　），四川成都人，中国当代著名诗歌理论家。"国家级有突出贡献专家"称号及突贡津贴获得者，国务院政府特殊津贴获得者。西南大学二级教授，博士生导师。中国第一家新诗研究所创办者。世界诗歌研究会（韩国）颁发的第七届世界诗歌黄金王冠获得者，全国诗歌报刊网络联盟颁发的"新诗百年贡献奖·理论贡献奖"、世界华文诗人笔会（香港）颁发的"中国当代诗人杰出贡献金奖"获得者，世界华文诗人笔会（香港）颁发的"中国当代诗魂金奖"获得者，全国文学奖、鲁迅文学奖多届评委。历任中国文联第六届、第七届全委会委员，重庆市文联主席，国家教育部中文学科教学指导委员会委员，四川省第七届政协委员，重庆直辖市第一届政协委员，连任多届西南师范学院、西南师范大学、西南大学学术委员会主任、副主任，以及西南师范学院、西南师范大学、西南大学学位评定委员会副主席。

1939 年

　　9 月 28 日，出生于四川省成都市过街楼 110 号。

---

　　*［作者简介］杨东伟（1989—　），男，湖北兴山人，中国人民大学文学院中国现当代文学专业博士研究生，研究方向为中国现当代诗歌；熊辉（1976—　），男，四川邻水人，上海交通大学人文学院教授，博士生导师，研究方向为翻译文学与中国现代诗学。

1946 年　7 岁

9 月，入读小学。自小学时期始，在《少年报》等报刊发表文学作品。

1952 年　13 岁

6 月，从川西实验小学毕业。

9 月，入读成都市第七中学。在《红领巾》杂志发表诗歌《心愿》。

1958 年　19 岁

6 月，从成都七中毕业。在《星星》诗刊发表诗歌《太阳，太阳》。

9 月，入读西南师范学院（现西南大学）外语系俄罗斯语言文学专业。

1960 年　21 岁

4 月，大学二年级期间奉命提前毕业，担任外语系见习助教，承担公共俄语课教学任务，同时担任四川省"十年一贯制"《俄语》教材主编，画家郭克任教材美编。

1961 年　22 岁

9 月，返回大学三年级继续学习。

1963 年　24 岁

6 月，从西南师范学院外语系毕业，留校任教。

大学期间多次在《成都晚报》发表翻译作品。

1973 年　34 岁

11 月 2 日，杂文《戳穿一个大谎言——评孔子的"有教无类"》发表于《重庆日报》。

1974 年　35 岁

2 月，杂文《投枪集（三则)》发表于《四川文艺》第 2 期。

6 月，杂文《投枪集续编》发表于《四川文艺》第 5—6 期。

10 月，论文《曹操诗歌的法家思想》发表于《四川文艺》第 10 期。

1975 年　36 岁

11 月 7 日，杂文《李逵之死及其血的教训》发表于《重庆日报》。

1976 年　37 岁

7 月，诗论《新花坛》发表于《诗刊》第 7 期。

9 月，评论《需要更多好诗评》发表于《诗刊》第 9 期。

10 月，杂文《"全"，"拳"，"权"（外一则)》发表于《四川文艺》第 10 期。

12 月，杂文《红与黑》发表于《四川文艺》第 12 期。

1977 年　38 岁

1 月，与阎立言、吴庆华合著的长篇报告文学《怀念敬爱的周总理：红岩儿女的深情怀念》发表于《四川文艺》第 1 期。

4 月，杂文《新春杂感》发表于《四川文艺》第 4 期。

8 月，诗论《谈"撞车"》发表于《诗刊》第 8 期。

1978 年　39 岁

4 月 21 日，评论《文艺创作的题材要多样化》发表于《四川日报》。

4 月 22 日，评论《立片言以居要》发表于《重庆日报》。

4 月，论文《长诗〈列宁〉的艺术构思和创作手法》发表于《西南师范学院学报》第 1 期。

5 月 8 日，评论《不愁明月尽》发表于《重庆日报》。

7 月 16 日，杂文《从古人纳谏谈起》发表于《重庆日报》。

8 月 12 日，评论《马雅可夫斯基和他的〈列宁〉》发表于《重庆日报》。

8 月 13 日，评论《自出新裁》发表于《四川日报》。

9 月 24 日，散文《"记得当年草上飞"及其他》发表于《重庆日报》。

12 月 27 日，诗《毛泽东与美国友人》发表于《重庆日报》。

1979 年　40 岁

1 月，《新诗话》（三则）发表于《诗刊》第 1 期。

4 月，论文《"拿来主义"的典范——论鲁迅与俄罗斯苏联文学》发表于《西南师范学院学报》第 1 期，该文被多家杂志转载。

9 月 23 日，杂文《镜子与面子》发表于《重庆日报》。

9 月，论文《光明与黑暗，歌颂与暴露》发表于《诗刊》第 9 期。

10 月，诗话九则《说诗晬语》发表于《星星》诗刊复刊号。

11 月 1 日，杂文《说记性》发表于《重庆日报》。

1980 年　41 岁

1 月 6 日，杂文《要刮目相看》发表于《重庆日报》。

1 月，论文《真话·真情·真我·真知》发表于《红岩》第 1 期，后又发表于 1981 年《中国文学》（英文版）。

2 月，《新诗话》（四则）发表于《诗刊》第 2 期。

4 月 11 日至 15 日，出席在武汉大学召开的马雅可夫斯基讨论会，戈宝权、冰夷等诸多名家出席。向大会提交的论文《论马雅可夫斯基与未来派》整理修改后，发表于同年《西南师范学院学报》第 3 期。

4 月，论文《读郭小川抒情诗漫墨》发表于《西南师范学院学报》第 1 期。

5 月 20 日，杂文《三不与三无》发表于《重庆日报》。

6 月 1 日，论文《马雅可夫斯基和他的儿童诗》发表于《四川日报》，被"人大复印资料"《外国文学研究》1980 年第 12 期全文转载。

6 月，论文《寓万于一，以一驭万——小诗一得谈》发表于《星星》第 6 期。

7 月 18 日，评论《诗丝一束》发表于《重庆日报》。

7 月 30 日，杂文《说旧道新》发表于《重庆日报》。

8 月 8 日，散文《珞珈山漫想》发表于《重庆日报》。

8 月 26 日，杂文《新风习习话人才》发表于《重庆日报》。

12 月，论文《令人欣喜的归来——读艾青〈归来的歌〉》发表于《星星》诗刊第 12 期，首次在新时期诗歌研究中使用"归来者"一词。该文收入由中国社会科学院文学所主编、中国社会科学出版社出版的《中国文学研究年鉴 1981》。

1981 年　42 岁

1 月，《新诗话》发表于《诗刊》第 1 期。

2 月 2 日，杂文《"学而优"者之忧》发表于《重庆日报》。

3 月 23 日，文艺杂论《"站在巨人们的肩膀上"》发表于《重庆日报》。

4 月，报告文学《果园交响诗（青年诗人傅天琳剪影)》发表于《文汇》月刊，被《新华文摘》全文转载。

5 月 25 日，论文《〈毁灭〉〈十月〉及夏瑜坟上的花环》发表于《重庆日报》。

5 月，论文《马雅可夫斯基与晦涩诗》发表于《星星》第 5 期。

6 月 10 日，文艺杂论《"Yes"与"No"》发表于《重庆日报》。

8 月 31 日，论文《护短》发表于《重庆日报》。

9 月 23 日，论文《鲁迅研究的一个重要课题》发表于《重庆日报》。

10 月，诗论《读诗札记》发表于《诗探索》第 3 期。

10 月，论文《鲁迅论苏联"同路人"文学》发表于《西南师范大学学报》第 3 期，应邀在重庆市政协、重庆市文联做同题讲座。

11 月 6 日，组诗《生活杂咏》发表于《重庆日报》。

11 月，论文《反衬》发表于《星星》诗刊第 11 期，被"人大复印报刊资料"《文艺理论》1981 年第 24 期全文转载。

12 月 3 日，论文《文评三议》发表于《重庆日报》。

12 月 20 日，散文《想起了老舍的"块头说"》发表于《重庆日报》。

1982 年　43 岁

4 月，论文《会唱歌的苹果树——读傅天琳的〈绿色的音符〉》发表于《诗刊》第 4 期，后又以《绿色的音符——傅天琳的处女作》为题，刊于《文谭》第 6 期。

5 月 9 日，杂文《一字千金》发表于《重庆日报》。

8 月 29 日，《读诗手札》发表于《重庆日报》。

9 月，散文《诗香域外来——记诗歌翻译家邹绛》发表于《文谭》第 9 期。

9 月，评论《诗神永远年轻——读方敬〈拾穗集〉》发表于《星星》诗刊第 9 期。

10 月 7 日，诗论《诗的职责》发表于《重庆日报》。

10 月 17 日，《读诗手札（二）》发表于《重庆日报》。

10 月 28 日，《读诗手札（三）》发表于《重庆日报》。

10 月，论文《余薇野的内部讽刺诗》发表于《星星》诗刊第 10 期。

10 月，评论《新诗话三则》发表于《诗刊》第 10 期。

10 月，诗学专著《新诗的创作与鉴赏》由重庆出版社出版。这是吕进的第一部专著，亦是其成名作，之后多次印刷，累计发行量达 4 万余册，创下同时期诗学著作的新高。对此书的评论较多，多种诗学著作、写作学著作列出专章讨论。此书同时获四川省政府社科二等奖，重庆市政府社科二等奖。

11 月 4 日，《读诗手札（四）》发表于《重庆日报》。

11 月，评论《拾穗集》发表于《诗刊》第 11 期。

12 月，论文《论新诗语言的精炼美》发表于《诗探索》第 4 期。

1983 年 44 岁

1 月，评论《〈山杜鹃〉的结构艺术》发表于《红岩》第 1 期。

2 月，报告文学《光的追求——诗人方敬素描》发表于《文汇》月刊第 2 期。

2 月，《诗话二则》发表于《诗刊》第二期。

3 月 15 日，译作《在马克思家里做客》发表于《重庆日报》。

4 月 29 日，杂文《两个数字之间》发表于《重庆日报》。

4 月，论文《论诗美》发表于《西南师范大学学报》第 1 期。

5 月 1 日，杂文《"尾巴"辨》发表于《重庆日报》。

5 月，评论《洁白的云朵——王尔碑散文诗谈片》发表于《文谭》第 5 期，该文是王尔碑诗集《行云集》的序言，后者由重庆出版社 1984 年 10 月出版。

6 月，评论《春日的秋歌——〈林希的诗〉》发表于《星星》第 6 期。

8 月，论文《写诗与读书》发表于《诗刊》第 8 期，后被菲律宾《世界日报》转载。

8 月，翻译诗论《艾青的诗》发表于《文谭》第 8 期。

9 月，诗论《新诗话》三则发表于《诗刊》第 9 期，后被菲律宾《世界日报》转载，自此吕进的诗歌思想与学术影响力开始跃出国门，走向世界。

10 月，《风格与创新——与梁上泉的通信》发表于《星星》第 10 期。

10 月，参加"重庆诗歌讨论会"。

10 月 21 日，杂文《爱护与自爱》发表于《重庆日报》。

11 月 24 日，诗论《读一点诗》发表于《重庆日报》。

1984 年　45 岁

2 月，论文《感情，诗的直接内容》发表于《山花》第 2 期。

3 月 18 日，散文《何人不起故园情》发表于香港《文汇报》。

3 月，论文《社会主义诗歌与现代主义》发表于《诗刊》第 3 期。

4 月，论文《论新诗艺术表现中的虚与实》发表于《当代文坛》第 4 期。

5 月 11 日，评论《推荐〈黑牢诗话〉》发表于《重庆日报》，被"人大复印报刊资料"《出版工作·图书评介》1984 年第 5 期全文转载。

5 月，诗论《"不尽意"与"达意"》发表于《新地》第 6 期。

8 月 19 日，论文《诗的局限性与丰富性》发表于《中国青年报》。

8 月，论文《诗家语》发表于《当代文坛》第 8 期。

8 月，论文《最纵横处最谨严》发表于《晋阳文艺》第 8 期。

8 月，论文《诗出侧面》发表于《星星》诗刊第 9 期。

9 月，诗论《用事》发表于《绿风》第 5 期。

10 月 11 日，论文《新诗的"赋"》发表于《文学报》，又刊于《飞天》1985 年第 10 期。

10 月 26 日，杂文《从"开卷有益"说开去》发表于《重庆日报》。

10 月，专著《给新诗爱好者》由重庆出版社出版，此书后来获四川省政府社科三等奖。

11 月，论文《诗话三则》发表于《诗刊》第 11 期。

11 月，论文《春风燕语——近年四川诗歌述评》发表于《当代文坛》第 11 期。

本年，西南师范学院外语系汉语教研室成立，吕进担任教研室主任，受聘外语系系务委员。同年，加入中国作家协会。

1985 年　46 岁

1 月 4 日，评论《诗评漫想》发表于《重庆日报》。

1 月，评论《一本研究抗战诗歌的苏联专著》发表于《抗战文艺研究》第 1 期。

2 月 13 日，杂文《黄鼠狼和鸡及其他》发表于《重庆日报》。

2 月，论文《推荐〈天竺葵〉》发表于《诗刊》第 2 期。

2 月，论文《新诗谈艺录》发表于《诗人》第 2 期。

3 月，通信《关于〈新诗的创作与鉴赏〉的通信》发表于《当代文坛》第 3 期。

4 月，参编的《假如你想作个诗人》由重庆出版社出版，该书主编为朱先树；书中收入吕进《写诗与读书》《诗家语》两文。

4 月，翻译诗作《云雀》发表于《绿风》第 4 期。

5 月 22 日，翻译诗作《胜利》发表于《重庆晚报》。

6 月，翻译诗作《谁才知道他呢》发表于《诗人》第 6 期。

7 月 30 日，诗论《怎样读诗——答读者问》发表于《重庆日报》。

7 月，小说翻译《在密林深处》发表于《沱江文艺》第 3 期。

8 月 9 日，《带刺刀的诗神——〈战友诗丛〉漫评》发表于《重庆日报》。

8 月 21 日，论文《我读〈骆驼祥子〉》发表于《自学报》。

8 月，论文《傅天琳：从果园到大海》发表于《当代文坛》第 8 期，被"人大复印报刊资料"《中国现代、当代文学研究》1985 年第 16 期全文转载。

8 月，诗论译作《论〈夜歌和白天的歌〉》发表于《何其芳研究》第 8 期。

8 月，专著《一得诗话》由四川文艺出版社出版，此书获四川省政府社科三等奖。

9 月 5 日，评论《〈行云集〉简介》发表于《人民日报》，又以《漫步〈行云集〉》为题发表于《诗刊》第 9 期。

10 月 4 日，翻译诗作《黄色》发表于《重庆晚报》。

10 月，翻译苏联学者契尔卡斯基的诗论《农民诗人臧克家》发表于

《抗战文艺研究》第 4 期。

11 月 14 日，论文《阿 Q 的典型性》发表于《自学报》。

12 月 18 日，论文《郭沫若的〈凤凰涅槃〉》发表于《自学报》。

本年，开始担任硕士生导师，并受聘为西南师范学院校务委员；本年第一个教师节被四川省政府授予"四川省劳动模范"称号，西南师范大学同时被授予省劳模称号的还有画家苏葆桢。

1986 年，47 岁

3 月 6 日，为胡万俊诗集《诞生的河流》撰写的序言《小河流向远方》发表于《诗歌报》。

3 月，论文《新时期十年：新诗，发展与徘徊》发表于《当代文坛》第 3 期。

3 月，论文《诗剧与剧诗》发表于《诗刊》第 3 期。

3 月，诗论《"点"大于"面"》发表于《火花》第 3 期。

3 月，论文《散文诗的语言》发表于《红岩》第 2 期。

5 月，评论《星星恋》发表于《诗人》第 5 期。

6 月 7 日，论文《谈"黑云压城城欲摧"》发表于《重庆日报》，驳斥对李贺"黑云压城城欲摧"的错误理解。

6 月，西南师范大学中国新诗研究所成立，吕进担任所长。臧克家、卞之琳担任顾问教授。这是中国第一家新诗研究的实体机构，西南师范大学的系级单位。

6 月，论文《〈泥土的歌〉再评价》发表于《西南师范大学学报》第 2 期。

8 月，论文《论诗的弹性技巧》发表于《写作》第 8 期。

9 月，论文《用两只眼睛看世界》发表于《诗刊》第 9 期。

9 月，译诗《色彩诗》（三首）发表于《黄河诗报》第 9 期。

10 月，论文《诗学的基点在理解》发表于《当代诗歌》第 10 期。

12 月 15 日至 30 日，到北京上园饭店，担任第二届全国文学奖新诗

（诗集）评奖委员会专家组成员。

本年，当选四川省作家协会主席团委员。

1987 年　48 岁

1月26日，随笔《当好导师，当好向导》发表于《重庆日报》。

2月，随笔《与友人谈观念刷新》发表于《诗神》第2期。

2月，评论《梁上泉歌词印象》发表于《词刊》第2期。

6月30日，散文《故园之思》发表于美国《中报》。

7月，论文《诗学的三个基本意识》发表于《红岩》第4期。

7月，翻译诗论《〈战争年代的中国诗歌，1937—1949〉前言》发表于《抗战文艺研究》第3期。

7月，穆仁的诗集《绿色小唱》由重庆出版社出版，书前有吕进撰写的序言《唉——序穆仁诗集〈绿色小唱〉》，该序言后又发表于《当代文坛》1988年第3期。

9月，主编的《上园谈诗》由重庆出版社出版，这是新时期中国诗坛的"上园派"第一次集体亮相。

9月，论文《新时期诗歌的逆向展开》发表于《诗刊》第9期。

10月，董小玉、周安平编选的《当代大学生抒情诗精选》由四川大学出版社出版，书前有吕进撰写的序言《明天我将远行——序〈当代大学生抒情诗精选〉》，序言又刊于《诗歌报》第22期。

10月，培贵编选的《台湾爱情诗选》由长江文艺出版社出版，书前有吕进撰写的序言《愿世界充满爱——序培贵编〈台湾爱情诗选〉》。

11月，参编的《中国当代抒情短诗赏析》由文化艺术出版社出版。

12月，培贵的诗集《彩色人生》由四川文艺出版社出版，书前有吕进撰写的序言《序培贵〈彩色人生〉》。

本年，专著《新诗的创作与鉴赏》由重庆出版社第二次印刷；从讲师破格晋升为教授；西南师范大学学术委员会划分为文科和理科两个委员会，校长担任理科学术委员会主任，吕进出任文科学术委员会主任；

出任西南师范大学学位评定委员会副主席；出席在北京举行的第三届全国教代会。

1988 年　49 岁

1 月 7 日至 19 日，担任第三届全国新诗评奖委员会委员，评委会主任为艾青，此前兼任评奖委员会专家组成员。

2 月，论文《凌文远，唱着海思乡情的诗人》发表于《当代文坛》第 2 期。

3 月 3 日，散文《热闹中的寂寞》发表于《解放军报》。

3 月，评论《诗笺上的广州》发表于《诗刊》第 3 期，并应邀与诗人阿红评论每期出版的《诗刊》。

3 月，《银河系》创刊，方敬、吕进、杨山任主编，由吕进起草创刊《弁言》。

4 月 30 日，评论《故园之思——读彭邦桢新作〈清商三辑〉》发表于《文艺报》。

4 月，序言《诗的漫画　漫画的诗——序罗绍书〈浅刺微讽集〉》发表于《山花》第 4 期，《浅刺微讽集》1988 年 12 月由贵州人民出版社出版。

4 月，评论文章《三点评论》发表于《诗刊》第 4 期。

5 月，论文《对话：面对即将逝去的八十年代》发表于《诗刊》第 5 期。

5 月，论文《诗的审美视点》发表于《诗林》第 3 期。

6 月 30 日，论文《体系性，民族性，论战性——读李元洛的〈诗美学〉》发表于《文学报》。

6 月，张亦文、范国华、聂定华主编的《两江潮随笔》由重庆出版社出版，收入吕进在全国获奖的杂文《仕而显则学》。

7 月，论文《大海与大火》发表于《诗刊》第 7 期。

8 月，评论《漫评〈诗刊〉五月号》发表于《诗刊》第 8 期。

9月，论文《论诗的文体可能》发表于《西南师范大学学报》第3期。

10月，评论《漫评〈诗刊〉六月号》发表于《诗刊》第10期。

11月10日，论文《何其芳的〈听歌〉》发表于《教育导报》。

11月25日，随笔《读者来信》发表于《重庆晚报》。

11月29日，随笔《诗人记趣（上）》发表于《重庆晚报》。

11月30日，随笔《诗人记趣（中）》发表于《重庆晚报》。

11月，序言《人的剧诗——序王川平〈墓塔林〉》发表于《红岩》第6期；《墓塔林》1991年9月由重庆出版社出版。

11月，黄淮的《黄淮九言抒情诗》由中国文联出版公司出版，书前有吕进撰写的序言《现代格律诗的新足音——序黄淮〈九言抒情诗〉》，该序言后又发表于《当代文坛》1989年第5期。

12月1日，随笔《诗人记趣（下）》发表于《重庆晚报》，后又以《大陆诗人记趣》（上、中、下）为题，发表于1991年4月15日至17日台湾《联合报》，台湾《亚洲华文作家杂志》第28期转载。

12月6日，论文《新诗的沉寂时代》发表于《重庆日报》，又刊于《诗林》1989年第1期，此文获《重庆日报》年度好稿一等奖。

12月28日，散文《希望在升起》发表于《黑龙江日报》。

本年，当选重庆市教育工会副主席。

1989 年 50 岁

1月8日至15日，应世界华文诗人协会之邀访问香港并讲学，受聘担任世界华文诗人协会创会理事。

4月，台湾诗人薛林的诗集《天使之爱》由台湾布谷鸟出版社出版，书前有吕进撰写的序言《童心发现的世界——序薛林〈天使之爱〉》。

4月，诗人臧克家在《当代文坛》第4期发表文章《吕进的诗论与为人》。

5月6日，论文《做合题文章：诗运的三段式》发表于《诗歌报》。

5 月，论文《诗，生命意识与使命意识的和谐》发表于《星星》诗刊第 5 期。

7 月，评论《高潮必将如期而至》发表于《飞天》第 7 期。

8 月，《四川省社会科学手册》由四川省社会科学院出版社出版，收录吕进撰写的《方敬传略》。

9 月 28 日，散文《人到半百》发表于《重庆晚报》。

9 月，与朱先树、阿红共同主编的《诗歌美学辞典》由四川辞书出版社出版。

10 月 20 日，散文《他有一颗童心——记诗人臧克家》发表于《教育导报》。

10 月，马及时的《泥土与爱情》由玉垒诗社印行，书前有吕进撰写的序言《马及时〈泥土与爱情〉序》。

11 月，评论《迷人的阿红》发表于《当代诗歌》第 11 期。

12 月 15 日，《读诗随记（一），（二)》发表于《教育导报》。

12 月，《新诗文体的净化与变革——〈新诗文体学〉跋》发表于《诗刊》第 12 期。

12 月，主编的《外国名诗鉴赏辞典》由河北人民出版社出版，此书获北方十五省市优秀图书奖。

本年，经国家教委批准，开始担任国内访问学者导师；当选为重庆市作家协会副主席，连任两届，直至 1999 年担任重庆市文联主席；到香港做学术访问。

1990 年　51 岁

1 月 12 日，论文《读诗随记（三)》发表于《教育导报》。

1 月，论文《开放与传统——中国新诗谈》发表于《当代文坛》第 1 期。

1 月，论文《新诗文体学的对象》发表于《写作》第 1 期。

2 月 1 日，散文《磨子桥畔》发表于《重庆晚报》。

2月27日，评论《海外诗人的月亮》发表于《希望周报》。

2月，论文《抒情诗的审美视点》发表于《写作》第2期。

2月，论文《抒情诗的审美视点》发表于《写作》第2期。

3月10日，散文《我的"三笑"》发表于《重庆晚报》。

3月24日，散文《海上夜总会》发表于《重庆日报》。

3月，论文《抒情诗的视点特征（上）》发表于《写作》第3期。

3月，专著《新诗文体学》由花城出版社出版，此书获四川省政府社科三等奖。

春季，论文《传统：拥抱当代的立足点》发表于《诗林》春季号。

4月，论文《论研究生学位课程的教学重心》发表于《学位与研究生教育》第4期。

4月，论文《抒情诗的视点特征（下）》发表于《写作》第4期。

5月2日，散文《我的两支笔》发表于《重庆晚报》。

5月，论文《诗学：中国与西方》发表于《当代文坛》第5期。

6月，论文《优美的交响》发表于《星星》诗刊第6期。

7月28日，散文《香港太空馆》发表于《重庆日报》。

7月，论文《抒情诗的媒介特征（上）》发表于《写作》第7期。

8月26日，散文《诗坛四老（上）》发表于《重庆晚报》。

8月27日，散文《诗坛四老（中）》发表于《重庆晚报》。

8月28日，散文《诗坛四老（下）》发表于《重庆晚报》。

8月，论文《抒情诗的媒介特征（中）》发表于《写作》第8期。

8月，参编的《毛泽东诗词鉴赏》由河北人民出版社出版，此书由诗人臧克家任总主编。

9月23日，散文《杨苏的一件小事》发表于《重庆晚报》。

9月，论文《抒情诗的媒介特征（下）》发表于《写作》第9期。

9月，论文《新诗的音乐性》发表于《山花》第9期。

10月，论文《抒情诗语言的正体》发表于《写作》第10期。

11月2日，散文《仔姜与榴莲》发表于《重庆晚报》。

11 月，论文《诗人的修养》发表于《诗刊》第 11 期。

12 月，论文《抒情诗的寻言》发表于《西南师范大学学报》第 4 期。

12 月，参编的《中国新诗名篇鉴赏辞典》由四川辞书出版社出版。

本年，论文《跋涉者的自白》发表于中国台湾《葡萄园》诗刊第 105 期；论文《中国新诗发展大趋势》发表于韩国《世界诗人》（英语）；当选四川省文艺评论学会副会长。

1991 年　52 岁

1 月 1 日，论文《关于小诗的小札》发表于《重庆日报》，又刊登于台湾《葡萄园》第 112 期。

1 月，论文《关于现代山水诗》发表于《红岩》第 1 期。

2 月，论文《新时期诗歌的三段式轨迹》发表于《当代文坛》第 2 期。

2 月，王尔碑、流沙河编的《小诗百家点评》由重庆出版社出版，书前有吕进撰写的序言《关于小诗的小札——王尔碑、流沙河编〈小诗百家点评〉序》。

3 月 22 日，散文《迷人的许世旭》发表于《重庆晚报》。

3 月，论文《写诗技巧的"有"与"无"》发表于《诗刊》第 3 期。

5 月，主编的《党旗，心中的旗》由花城出版社出版。

6 月，论文《任风雨雕刻一种形象——王长富的两集新作谈片》发表于《当代文坛》第 6 期，为第一作者。

8 月 25 日，在北京参加"艾青作品国际研讨会"，并发言，发言稿《论艾青的叙事诗》收入花山文艺出版社出版的《艾青作品国际讨论会论文集》。

9 月 10 日至 13 日，到石家庄参加"刘章诗歌研讨会"，发言稿《北方的山枣——在刘章诗歌研讨会上的发言》发表于同年《诗刊》第 12 期。

11月，参编的《新诗鉴赏辞典》由上海辞书出版社出版。

12月，专著《中国现代诗学》由重庆出版社出版，这是吕进的代表作，阐述吕进诗学体系的诗学专著，封面由诗人冰心题签。此书获四川省政府社科三等奖。

本年，享受国务院颁发的政府特殊津贴；主持国家课题"中国新诗文体学"；担任四川省政协委员；出任台湾《创世纪》诗刊编委；获中共重庆市委授予的"重庆市优秀共产党员"称号；到日本九州大学出席国际学术会议并作大会发言；专著《新诗的创作与鉴赏》第三次印刷，诗人穆仁为此在《云南日报》上发文《持久的赞赏》；

1992 年　53 岁

1月，散文《日本诗情》发表于《散文百家》第1期。

3月17日，散文《走出人生以创造人生》发表于中国台湾《联合报》。

春季，论文《关于小诗的小札》发表于中国台湾《葡萄园》诗刊春季号。

4月，论文《为〈当代文坛〉祝寿》、《东鳞西爪说于沙——读〈于沙诗选〉》发表于《当代文坛》第4期。其中，《东鳞西爪说于沙——读〈于沙诗选〉》作为《于沙诗选》的序言，1995年4月由时代文艺出版社出版。

4月，参编的《中外散文诗鉴赏大观》由漓江出版社出版。

5月，论文《只有时间》发表于《诗神》第5期。

6月，蒋登科主编的《中国跨世纪诗丛》由广西民族出版社出版，丛书的每本著作前均有吕进撰写的总序言《跨世纪的展望——〈中国跨世纪诗丛〉总序》，该序言后又发表于同年《星星》诗刊第8期。

7月5日，以侯光炯院士为题材的长篇报告文学《土壤抒情诗》发表于《教育导报》，此前此文收入金烈主编的重庆出版社1991年4月出版的报告文学集《先锋曲》。

7月，论文《指向未来的大旗》《诗人个人风格的基本特征》发表于《西南师范大学学报》第2期。

7月，论文《立象与建构》发表于《诗刊》第7期，此文后收入作家出版社2017年1月出版的《〈诗刊〉创刊60年文论选》。

8月，序言《给你一片绿叶——〈中国女性诗选〉序》发表于中国台湾《秋水》诗刊第8期。

8月，出任（韩国）世界诗歌研究会副会长，世界诗歌研究会理事会由30多个国家的诗人、诗评家组成，韩国诗人金永三教授任会长。

秋季，论文《葡萄美酒夜光杯》发表于中国台湾《葡萄园》诗刊秋季号。

10月29日，论文《对再生的呼唤——重读郭沫若〈凤凰涅槃〉》发表于《人民日报》。

10月，论文《强劲的殿军——漫评臧克家〈放歌新岁月〉》发表于《诗刊》第10期。

12月，序言《占领与突围——梁平〈拒绝温柔〉序》发表于《星星》诗刊第12期；《拒绝温柔》1993年1月由漓江出版社出版。

1993年　54岁

春季，序言《中华儿女情——〈爱我中华诗歌鉴赏〉总序》发表于中国台湾《葡萄园》诗刊春季号，后又刊于《重庆教育学院学报》第2期。

1月，评论《纵横中国诗坛》发表于《诗神》第1期。

3月，《答人生十问》发表于《九州诗文》第3期。

4月，论文《何其芳的〈预言〉》发表于《西南师范大学学报》第1期，为第一作者。

5月，论文《虚实相生》发表于《诗刊》第5期。

7月1日，评论《文学的定位》发表于《西南工商报》。

8月16日，评论《〈雷雨〉六十年》发表于《重庆晚报》。

8月，高凯编选的《中国现代无题诗百家》由陕西人民教育出版社出版，书前有吕进撰写的序言《无题序——序〈中国现代无题诗百家〉》。

9月8日，获第七届世界诗歌黄金王冠。颁奖典礼由韩国派员到西南师范大学举行。这是中国诗人第一次获此殊荣，《光明日报》在头版配图片报道，重庆电视台播出专题片《摘取诗学王冠的人》。世界诗歌黄金王冠是总部设在韩国首尔由三十余国组成的世界诗歌研究会向全球颁发的诗歌最高奖项。王冠按照古代韩国伽耶王朝的王冠以纯黄金制作，颁发给获得诺贝尔文学奖提名和在诗歌、诗学上取得突出成就的诗人、诗论家。香港诗人犁青有文章介绍这个重要奖项。

9月，"'93华文诗歌国际学术研讨会"在西南师范大学举行，致开幕词《华文诗歌：交流与发展》，四川省省长肖秧发来贺信。

9月，张直的《矮种马》由西南师范大学出版社出版，书前有吕进撰写的序言《茶与咖啡——序张直〈矮种马〉》，该序言后发表于同年《星星》第12期，后又刊于《青年诗人》1994年第1期。

秋季至次年春，赴俄罗斯莫斯科大学任访问教授，为期半年，莫斯科大学合作教授为谢曼诺夫，合作课题是《中国新诗在俄罗斯的翻译、出版与研究》。

12月，主编的五卷本《爱我中华诗歌鉴赏》由重庆大学出版社陆续出齐，此书分古代、近代、当代分册，出版后获重庆市政府社科二等奖。

本年，获得香港曾宪梓基金会优秀教师奖二等奖；当选为西南师范大学党委委员；主持"硕士生学位课程的教学改革"课题，获得四川省优教成果一等奖，国家级优教成果二等奖。

1994年　55岁

5月，论文《硕士生学位课程的教学改革》发表于《学位与研究生教育》第3期。

6月，评论《中国诗坛的一棵大树》发表于《诗刊》第6期。

夏季，诗作《致卡拉别相教授》发表于中国台湾《葡萄园》夏季号。

7 月，组诗《风雪俄罗斯》发表于《诗刊》第 7 期，后由印度收入 1995 年《世界诗选》（英语）。

7 月，组诗《俄罗斯奏鸣曲》（三首）发表于《星星》诗刊第 7 期。

7 月，入选英国剑桥《世界名人录》第 23 卷。

8 月，散文《莫斯科历险记》发表于《舞台与人生》第 7—8 合期，《人与法》等多种报刊转载。

本年，第十个教师节，被四川省政府授予"四川省十大优秀园丁"称号，重庆、成都各一名高校教师获此称号；被评为"四川省省级重点学科带头人"；在莫斯科大学出席莫斯科大学汉学系与西南师范大学中国新诗研究所结成友谊单位仪式，代表中国新诗研究所在协议书签字。

1995 年　56 岁

1 月，论文《臧克家：新诗文体建设的重镇》发表于《文学评论》第 1 期，被"人大复印报刊资料"《中国现代、当代文学研究》第 3 期全文转载。

1 月，散文《漫谈与俄罗斯的诗歌交流》发表于《星星》诗刊第 1 期。

3 月，与何锐、翟大炳合著的专著《画梦与释梦——何其芳创作的心路历程》由贵州人民出版社出版。此书后获贵州省政府社科二等奖。

4 月 18 日，散文《和服、寿司与地铁》发表于西安《劳动周报》。

4 月，序言《诗体解放以后——〈新诗三百首〉前记》发表于《诗刊》第 4 期，后又刊于台湾《葡萄园》诗刊 1996 年秋季号。

4 月，诗歌《思念》发表于《红岩》第 4 期。

5 月，《吕进诗论选》由西南师范大学出版社出版。

6 月 29 日，序言《苏青的诗：〈爱的历程〉序》发表于《重庆晚报》。

7 月，论文《中国新诗研究：历史与现状》发表于《理论与创作》第 4 期。

8 月，散文《金永三博士》发表于《山花》第 8 期。

8 月，主编的《北京之光——世界华文第一流女诗人 39 家》由成都出版社出版，该书是四川省向世界妇女大会的献礼作品。

本年，被国家人事部授予"国家级有突出贡献的中青年专家"称号；主持国家社会科学基金项目"文化转型与中国新诗"；出任四川省学位委员会中文、外语、艺术评议组组长；专著《中国现代诗学》由重庆出版社第二次印刷；当选四川省中国现当代文学研究会副会长。

1996 年 57 岁

1 月，主编的《新诗三百首》由河北人民出版社出版。

2 月 16 日，散文《〈四川百科全书〉编辑逸闻》发表于《四川日报》。

3 月，散文《人到无求品自高——哭邹绛》发表于《诗刊》第 3 期。

3 月，散文《方敬漫忆》发表于《红岩》第 3 期。

4 月 15 日，随笔《文学转型与文学传统》发表于《重庆晚报》。

4 月，翻译小说《娜斯嘉的爱情》发表于《乌江》第 2 期。

5 月，组诗《守住梦想》发表于《星星》诗刊第 5 期。

6 月 19 日，随笔《回想艾青（上）》发表于《重庆晨报》。

6 月 22 日，随笔《回想艾青（下）》发表于《重庆晨报》。

8 月，领衔主编、毛翰执编的《中国诗歌年鉴 1995 年卷》由重庆歇马印刷厂印行。

9 月，受聘苏州大学客座教授，开始担任苏州大学中国现当代文学（中国现代诗学方向）博士生导师。

10 月，唐诗的《走向那棵树》由中国广播出版社出版，书前有吕进撰写的序言《泥土的歌——序唐诗〈走向那棵树〉》，该序言又刊于同年《星星》诗刊第 12 期。

10 月，受聘为西南民族学院客座教授。

11 月，柳易冰的《太阳里的岛》由海南国际新闻出版中心出版，书前有吕进撰写的序言《跋涉者的自白（序文）》。

12 月 16 日至 20 日，作为特邀代表，到北京出席"中国作家协会第五次全国代表大会"。

1997 年　58 岁

1 月，叶庆瑞的著作《人生第五季：现代诗百首赏析》由南京出版社出版，书前有吕进撰写的序言《令人瞩目的现代转型》。

1 月，论文《弹性：诗人与读者的互动关系》发表于《诗潮》第 1 期。

2 月，诗歌《俄罗斯素描》发表于中国台湾《乾坤》诗刊第 2 期。

2 月，受聘西南交通大学双聘教授（同时担任西南师范大学和西南交通大学教授），2 月 9 日，为西南交通大学撰写校歌《西南交通大学之歌》。

3 月，论文《文化转型与中国新诗》发表于《诗刊》第 3 期。

5 月，论文《新诗评论也病了》发表于《绿风》第 5 期。

5 月，散文《从投稿谈到记日记》发表于《学语文》第 5 期。

6 月 15 日，随笔《洋相》发表于《华西都市报》。

6 月 19 日，论文《新诗呼唤振衰起弊》发表于《人民日报》，又刊于同年 7 月 22 日《人民政协报》，又刊于《星星》诗刊 1998 年第 3 期，后该文被国内十余家报刊转载。

6 月 26 日，随笔《救命恩人》发表于《兰州晨报》。

6 月，重庆市直辖，转任重庆直辖市政协委员。

6 月，何承亨的诗集《知更鸟》由四川人民出版社出版，书前有吕进撰写的序言《川北的知更鸟》。

6 月，论文《诗要突围》发表于《星星》诗刊第 6 期。

7 月 3 日，随笔《当了一回骗子》发表于《兰州晨报》。

7 月 13 日，随笔《桃李缘》发表于《华西都市报》。

7 月，诗作《香港十四行》发表于《星星》诗刊第 7 期。

8 月，论文《不惑风采：〈星星〉及其〈四十年诗选〉》发表于《星星》诗刊第 8 期。

10 月 7 日，文章《唤我中华诗魂：对一份调查的漫想》发表于《文艺报》，后又以《新诗怎么了？——对一份调查的漫想》为题，发表于同年《飞天》第 12 期与《绿风》第 12 期。

10 月，论文《论新诗的诗体重建》发表于《诗刊》第 10 期。

11 月 8 日，散文《访台花絮》发表于香港《文汇报》。

12 月，主编的《四川百科全书》（共 29 卷）由四川辞书出版社出版，四川省委副书记秦玉琴、四川省副省长徐世群担任编委会主任。

12 月，领衔主编、毛翰执编的《中国诗歌年鉴 1996 年卷》由重庆歇马印刷厂印行。

本年，诗歌《送别方敬》《小平的眼睛》发表于中国台湾《秋水》诗刊；出任四川省学位委员会第二届中文、外语、艺术评议组组长；诗歌《守住梦想》（英语）收入韩国《第 17 届世界诗人大会文集》；专著《中国现代诗学》再版。

1998 年　59 岁

1 月，论文《雁翼：九十年代，突破与创造》发表于中国台湾《秋水》第 1 期。

1 月，诗歌《怀人三章》发表于《九州诗文》第 1 期。

2 月 5 日，通信《关于新诗诗体重建的通信》发表于中国台湾《世界诗坛报》。

3 月 26 日至 29 日，到美国华盛顿出席美国亚洲研究学会第 50 届年会，后撰写综述文章《美国亚洲学会第 50 届年会述要》发表于《中外诗歌研究》1998 年第 2 期，又以《中国文学研究领域十分广阔》为题发表于《国际学术动态》第 8 期。

3 月，到美国俄勒冈大学东亚系讲学。

5 月 29 日，论文《一部长诗，半部诗韵》发表于《人民日报》，又刊于 6 月 28 日的《光明日报》。

6 月，散文《浮光掠影看美国》发表于《山花》第 6 期。

7 月，论文《作为诗体探索者的贺敬之》发表于《诗刊》第 7 期。

7 月，通信《关于〈中国现代诗学〉的通信》发表于《星星》诗刊第 7 期。

9 月，主编的《现代文学沉思录》由西南师范大学出版社出版。

9 月，艾晓林编选的《中国新诗一百首赏析》由重庆出版社出版，书前有吕进撰写的序言《中学生的必读书——序〈中国新诗一百首赏析〉》。

10 月初，作为中国作家代表团成员访问台湾，并在 10 月 5 日召开的"海峡两岸诗学研讨会"作大会发言《文化转型与中国新诗》，此次访问团团长为高洪波。

11 月 12 日至 16 日，到江苏省张家港市出席"全国诗歌座谈会"，并做大会发言。

11 月，论文《作为诗体探索者的郭小川》发表于《理论与创作》第 6 期。

11 月，重庆市现当代文学研究会成立，当选为会长。

12 月，王毅的专著《中国现代主义诗歌史论（1925—1949）》由西南师范大学出版社出版，书前有吕进撰写的序言《进入新世纪——序王毅〈中国现代主义诗歌史论〉》。

本年，到日本出席世界诗人大会；受聘为台湾《葡萄园》诗刊荣誉编委；受聘重庆市人民政府文史研究馆馆员，市长王鸿举颁发聘书。

1999 年　60 岁

1 月，论文《闻一多的"豆腐干"》发表于《星星》诗刊第 1 期。

2 月，论文《徐志摩的对称体》发表于《星星》诗刊第 2 期。

2 月，散文《眼镜的故事》发表于《中国眼镜科技杂志》第 1 期。

2 月，论文《从文体看中国新诗》发表于《西南师范大学学报》第 1

期，后又刊于同年《诗刊》第5期，以及上海《文学报》、《星星》诗刊等刊物。

2月，论文《守住梦想——张家港印象》发表于《诗刊》第2期。

3月，论文《冯至的十四行》发表于《星星》诗刊第3期。

春季，论文《诗人孔孚》发表于中国台湾《葡萄园》诗刊春季号。

4月，论文《晓帆的汉俳》发表于《星星》诗刊第4期。

5月6日，论文《女性诗歌的三种文本》发表于《文艺报》，后又刊于《重庆社会科学》第3期、《当代文坛》第5期、《诗探索》第4期。

5月，论文《郭小川的新格律体》发表于《星星》诗刊第5期。

5月，沈念蓉的诗集《陌生人》由四川人民出版社出版，书前有吕进撰写的序言《〈陌生人〉序》。

6月，论文《袁水拍的仿民歌体》发表于《星星》诗刊第6期。

6月，论文《百年话题：新诗，诗体的重建》发表于《飞天》第6期。

7月，论文《自由诗的纯度》发表于《星星》诗刊第7期。

7月，论文《处于草创阶段的新诗体》发表于《扬子江诗刊》创刊号。

7月，作为中国作家协会女诗人代表团成员访问中国台湾，并在"两岸女性诗歌学术研讨会"上作大会发言《女性诗歌的三种文本》，屠岸为访问团团长。

8月，论文《自由诗的清洗》发表于《星星》诗刊第8期。

8月，论文《一个不应被忽略的创造社诗人——邓均吾》发表于《中国现代文学研究丛刊》第3期，为第一作者。

8月，穆仁主编的《微型诗500首点评》由重庆出版社出版，书前有吕进撰写的序言《可爱的微型诗——读穆仁编〈微型诗500首点评〉札记，并代序》。

9月20日至23日，在武汉参加"'99闻一多国际学术研讨会"，并在大会宣读论文《作为诗评人的闻一多》，该文经整理修改后发表于《四川三峡学院学报》第 6 期，后又刊于《江汉论坛》第 12 期以及《重庆社会科学》2000 年第 1 期。

9 月，论文《自由诗的几种言说方式》发表于《星星》诗刊第 9 期。

9 月，主编的三卷本《新中国 50 年诗选》由重庆出版社出版，该书序言《五十年：新诗，与新中国同行》发表于《红岩》第 5 期，后又刊于《飞天》第 10 期，又以《新诗，与新中国同行》为题刊于《诗刊》第 10 期。

秋季，诗歌《再访台湾》（四首）发表于中国台湾《葡萄园》秋季号，又刊于《红岩》第 6 期。

10 月 31 日，评论文章《重庆"三套车"》发表于《重庆晚报》，又刊于《写作》2000 年第 1 期。

10 月，论文《小诗的艺术》发表于《星星》诗刊第 10 期。

10 月，贾载明的《早春之雨》由云南民族出版社出版，书前有吕进撰写的序言《告别世纪末——序贾载明〈早春之雨〉》。

10 月，论文《新时期重庆文学理论与评论的发展概况》发表于《重庆社会科学》第 5 期。

12 月，诗作《再访台湾（四首）》发表于《红岩》第 6 期。

12 月，重庆直辖市第一次文代会召开，当选为重庆市文联主席，致文代会闭幕词。

本年，增补为中国文联第六届全国委员会委员，到北京京西宾馆出席中国文联全委会。

2000 年　61 岁

3 月，杨光彦的《杨光彦诗词集》由重庆出版社出版，书前有吕进撰写的序言《万米云霄思广远——序〈杨光彦诗词集〉》，该序言后又发表于同年《重庆社会科学》第 3 期。

9 月 8 日，论文《群芳出彩毫：〈缙云集英〉观赏》发表于《重庆日报》。

9 月，领衔主编、邱正伦执编的《西南师范大学 50 年诗选》由西南师范大学出版社出版。

9 月，西南大学中国新诗研究所举办吕进六十岁生日庆祝晚会，日本诗人谷川俊太郎、田原，台湾诗人杨平参加。

10 月，诗歌《香港印象（外一首）》发表于《诗刊》第 10 期。

10 月，论文《在西部大开发中要重视教育事业的发展》发表于《西南师范大学学报》第 5 期。

11 月 12 日，随笔《人生况味（1）》发表于《重庆晨报》。

11 月 19 日，随笔《人生况味（2）》发表于《重庆晨报》。

11 月 26 日，随笔《人生况味（3）》发表于《重庆晨报》。

11 月，王利泽主编的《钓鱼城诗词释赏》由四川人民出版社出版，书前有吕进撰写的序言《孤城雄峙万重山——〈钓鱼城诗词释赏〉序》。

12 月 3 日，随笔《人生况味（4）》发表于《重庆晨报》。

12 月 10 日，随笔《人生况味（5）》发表于《重庆晨报》。

12 月 17 日，随笔《人生况味（6）》发表于《重庆晨报》。

12 月，主编的《文化转型与中国新诗》由重庆出版社出版。

本年，出任《重庆文艺》主编，撰写《发刊弁言》；受聘为重庆市高校高级职称评定委员会委员，中文学科组组长，并连任多届；受聘为重庆市文学艺术系列高级职称评定委员会副主任，连任两届；受聘出任中国文化艺术网艺术顾问；受聘《重庆三峡学院学报》顾问。

2001 年 62 岁

6 月 20 日，《革命历史题材小说的经典文本——重读〈红岩〉》发表于《重庆日报》，又刊发于《重庆教育学院学报》2002 年第 2 期。

6 月，散文《趣说中西的文化差》发表于《山花》第 6 期。

6 月，王利泽的专著《巴蜀一杰周北溪》由四川人民出版社出版，书前有吕进撰写的序言《丹青意造本无法，画家心中常有诗——〈巴蜀一杰周北溪〉序》。

8 月，论文《余光中的诗体美学》发表于《西南师范大学学报》第 4 期，被《现当代文学文摘卡》2002 年第 1 期转摘。

9 月 22 日，到绍兴出席"第二届鲁迅文学奖"颁奖仪式。

9 月，重庆市首批文科研究重点基地"西南师范大学中国诗学研究中心"成立，担任主任。

10 月，论文《台湾诗坛坐标上的〈葡萄园〉》发表于《江汉论坛》第 10 期，被"人大复印报刊资料"《中国现代、当代文学研究》2001 年第 12 期全文转载。

10 月，评论《〈羞涩〉评语》发表于《诗刊》第 10 期，并负责编选该期的《杨晓民诗集〈羞涩〉选辑》。

11 月 4 日，评论文章《在现实与审美之间》发表于《人民日报》，该文是对第二届鲁迅文学奖获奖者杨晓民诗集《羞涩》的评论。

12 月 18 日至 22 日，出席中国文学艺术界联合会第七次全国代表大会，担任重庆代表团副团长，当选大会主席团成员，在大会主席台就座。当选中国文联第七届全国委员会委员。江泽民等出席开幕式。

12 月，微型诗联谊会编选的《微型诗存》由香港天马图书有限公司出版，书前有吕进撰写的序言《微型诗话——〈微型诗存〉序》。

本年，论文《论中国新诗的现实主义传统》发表于《华夏诗报》第 143 期；出任第二届鲁迅文学奖（诗歌奖）评委，到北京西山武警招待所出席评委会，评委会主任为李瑛；出任国家教育部中文学科教学指导委员会委员；主持重庆市哲学社会科学研究项目"20 世纪重庆新诗发展史"。

2002 年　63 岁

1 月，论文《现代诗学的两个课题》发表于《重庆三峡学院学报》第 1 期，又刊于《重庆社会科学》第 2 期，又刊于美国《中外研究杂志》第 1 期。

3 月，论文《金庸"反武侠"与武侠小说的文类命运》发表于《文艺研究》第 2 期发表，为第一作者，"人大复印报刊资料"《中国现代、当代文学》2002 年第 7 期全文转载。

3 月，散文《魅力重庆，诗意重庆》发表于《今日重庆》第 3 期。

4 月，专著《对话与重建——中国现代诗学札记》由西南师范大学出版社出版。

4 月，李明忠的散文集《龙乡的诱惑》由成都时代出版社出版，书前有吕进撰写的序言《魅力龙乡——〈龙乡的诱惑〉序》。

5 月 3 日，到韩国延世大学出席"第一届韩国中语中文学国际学术发表会"，并在开幕式上做主题演讲"二十世纪下半叶的中国新诗研究"，同题论文发表于本年《文学评论》第 5 期。

5 月，谭朝春的诗集《让日子站起来》由中国文联出版社出版，书前有吕进撰写的序言《山里人唱的都市歌谣——序谭朝春〈让日子站起来〉》，序言又发表于同年《文明时尚》第 5 期。

6 月，评论《〈文晓村自传〉：一位诗人的传奇》发表于《中外诗歌研究》第 2 期，又刊于同年《红岩》第 5 期。

夏季，序言《对话与重建——〈现代诗歌文体论〉序》发表于《中国诗人》夏之卷，又刊于《诗刊》2003 年第 1 期。

7 月，论文《深呼吸：巴渝文化与文学的现代理想》发表于《涪陵师范学院学报》第 4 期，为第一作者；后又以《论巴渝文化与文学的现代理想》为题，刊于中国社会科学出版社 2003 年出版的《区域文化与文学》集刊。

10 月 19 日，文章《把脉重庆文艺》发表于《重庆青年报》。

11 月 30 日，出席在渝西学院召开的"重庆市现当代文学研究会第三届年会暨学术研讨会"，并主持会议。

11 月，诗人唐诗的诗集《花朵还未走到秋天》由中国文联出版社出版，书前有吕进撰写的序言《现实主义诗人唐诗——〈花朵还未走到秋天〉序》。

12 月，王晓初的专著《中国现代文学发展演变史（1898—1989）》

由西南师范大学出版社出版，书前有吕进撰写的序言《现代性与现代文学——〈中国现代文学发展演变史〉序》。

本年，被评定为首届重庆市市级学科带头人；当选为中国共产党重庆市第二次代表大会列席代表。

2003 年　64 岁

2 月，《初中作文的语言》发表于《作文大本营》第 2 期。

3 月，论文《论中国现代诗学的三大重建》发表于《文艺研究》第 2 期。

4 月，访谈录《诗歌教学应从诗的审美出发——吕进教授访谈录》发表于《语文教学与研究》第 7 期。

4 月，文章《诗歌三峡》发表于《今日重庆》第 4 期。

4 月，陶德宗的专著《百年中华文学中的台港文学》由巴蜀书社出版，书前有吕进撰写的序言《台港文学研究的新收获——序〈百年中华文学中的台港文学〉》，序言后又发表于同年《涪陵师范学院学报》第 5 期。

6 月，《袖珍新诗鉴赏辞典》由上海辞书出版社出版，收入吕进撰写的徐志摩《雪花的快乐》《我寻找那颗新星》的赏析文字。

7 月，论文《校园文化与校园诗歌》发表于《江汉论坛》第 7 期。

8 月，王富强的《祖国恋》由作家出版社出版，书前有吕进撰写的序言《诗人的七弦琴——王富强〈祖国恋〉序》。

9 月 5 日，应香港大学之邀，到香港出席犁青新书发布会，作为颁奖嘉宾为获奖者颁奖，并出席香港大学文学院成立九十周年国际学术研讨会，作《犁青，中国新诗的友好大使》的报告，报告文章收入香港《汉学研究集刊》2003 年第 3 期，香港《香江文艺》2004 年第 4 期转载，《文艺报》转载。在港期间，还应香港文化总会的邀请，出席文总为中国文学艺术访港团举办的欢迎宴会。

10 月，专著《现代诗歌文体论》由广西师范大学出版社出版。本书是钱中文、童庆炳主编的"新时期文艺学建设丛书"之一。

10 月，论文《新时期：重庆诗人的黄金期》发表于《重庆社会科学》第 5 期。

11 月，论文《方敬：创作轨迹与艺术风格》发表于《西南师范大学学报》第 6 期。

11 月，序言《20 世纪重庆新诗的发展轮廓——〈20 世纪重庆新诗发展史〉导言》发表于《诗探索》第 4 期。

11 月，萧萧的诗集《一路高歌》由广东旅游出版社出版，书前有吕进撰写的序言《永远的初恋——〈一路高歌〉序》。

12 月，谭明的诗集《乌江的太阳和雨》由作家出版社出版，书前有吕进的序言《草屑与花泪——序〈乌江的太阳和雨〉》。

12 月，上旬应美国俄勒冈大学东亚系的邀请，前往该系讲学，做题为《20 世纪下半叶的中国新诗研究》学术讲座。

本年，新一届重庆市艺术专业系列高级职称评定委员会成立，连任副主任；出任西南师范大学文科学报编委会主任兼主编，在此岗位兼职 7 年。

2004 年　65 岁

2 月，诗论《毛泽东的"新体诗歌"观》发表于《重庆社会科学》第 2 期。

2 月，受聘重庆邮电学院兼职教授。

3 月 18 日至 3 月 24 日，随中国作家代表团访问法国巴黎，团长为新闻出版总署署长石宗源，副团长为中国作家协会副主席陈建功、铁凝。在法国期间受法国总统希拉克接见，法国文化部长让·雅克·阿拉贡宴请。在巴黎作"中国情诗"的报告，法国李枫教授作同声翻译。演讲稿《中国情诗》发表于《诗刊》第 9 期，收入人民文学出版社出版的《走向世界》。

4 月，散文《臧克家与重庆》发表于《诗刊》第 4 期，该文被澳大利亚《澳华新文苑》，以及台湾《葡萄园》和《全国政协报》《中新网》《重庆文艺》等多家刊物转载。

4月，颜同林的论文《吕进与中国新诗研究》发表于《今日重庆》第4期，并配发八张珍贵照片。

4月，张航的《流过的岁月——张航诗歌散文集》由重庆出版社出版，书前有吕进撰写的序言《一路岁月一路歌——序张航〈流过的岁月〉》。

5月，论文《20世纪下半叶的中国新诗研究》获重庆市政府颁发的"第二届重庆文学艺术奖"。

6月8日至12日，随国际华文诗人笔会代表团访问澳门，接受葡萄牙文化部长宴请、澳门文化局长何丽钻宴请和澳门笔会的宴请；作学术报告"诗歌与教育"，演讲稿以《诗歌与教育：在澳门高美士中葡学校的讲演》为题，发表于《中外诗歌研究》第2期。

6月，论文《现代诗学的两个前沿问题》发表于《河南社会科学》第3期，又刊于美国《中外论坛》第5期。

6月，主编的《20世纪重庆新诗发展史》由重庆出版社出版，全书近53万字，是中国第一部区域新诗史，此书客观公正、秉笔直书的治学风格和翔实的史料受到学术界广泛好评，《文艺报》《中国艺术报》等多种报刊发表评论，认为是"重庆乃至中国诗坛的一件大事"。该书获重庆市现当代文学研究会优秀成果一等奖。重庆市委宣传部常务副部长刘庆渝、重庆出版社总编陈兴芜出席首发式。

7月，蔡培国的诗集《红帆船》由香港天马出版有限公司出版，书前有吕进撰写的序言《新人的发现——〈红帆船〉序》。

7月，散文《梦是草根土》发表于美国《中外论坛》第4期。

8月21日至23日，在武汉大学参加"第五届闻一多国际学术研讨会"，提交论文《闻一多后期诗歌"黑色"意象的诗学阐释》（第一作者），当选中国闻一多研究会副会长。

8月，《吕进短诗选》由香港银河出版社出版。

8月，刘静的专著《新诗艺术论》由中国文史出版社出版，书前有吕进撰写的序言《为有源头活水来》。

9月19日至23日，"首届华文诗学名家国际论坛"召开，出任论坛主席，并作大会发言，副市长谢小军出席并讲话。

9月，论文《臧克家：现实主义与中国风格》发表于《文史哲》第5期。

11月，论文《20世纪重庆新诗的发展轮廓——〈20世纪重庆新诗发展史〉导言》发表于《诗探索》第3—4期。

12月，论文《努力繁荣和发展重庆人文学科》发表于《重庆社会科学》增刊。

本年，出席重庆市现当代文学研究会年会，继续当选会长；西南师范大学下达关于调整校务委员会的通知，继续担任校务委员。

2005年 66岁

1月，论文《三大重建：新诗，二次革命与再次复兴》发表于《西南师范大学学报》第1期，《新华文摘》第8期全文转载，此文后获重庆市政府社科三等奖。

1月，论文《诗家语，一种特殊的言说方式》发表于《诗刊》第1期，台湾《葡萄园》诗刊春季号、《中华诗词》第5期、《诗潮》第5期等转载。

3月，杨矿的诗集《阳光若隐若现》由中国文联出版社出版，书前有吕进的序言《纸上人生——序〈阳光若隐若现〉》。

3月，王顺彬的诗集《带着大海行走》由重庆出版社出版，书前有吕进撰写的序言《海韵——序王顺彬诗集〈带着大海行走〉》。

3月，散文《三次擦肩而过》发表于《中外诗歌研究》第1期。

4月18日至24日，重庆高级专家赴港学术交流团访港，交流团由杨士中院士等九位高级专家组成。吕进是交流团唯一一位文科专家。在港期间，交流团访问了香港理工大学、香港招商局、香港生产力促进局等单位。吕进与国际诗人笔会会长犁青、香港文化总会会长张诗剑、香港理工大学中文与双语学系系主任陈瑞端博士、副系主任石定栩博士等举行了会谈。

5月14日,文章《对苍野的朴素歌唱》发表于《文艺报》。

6月,序言《新诗中国化和汉诗现代化的成功尝试:序李忠利〈新诗中国风〉》发表于《中外诗歌研究》第2期;《新诗中国风——盲诗人李忠利诗选》2006年10月由重庆出版社出版。

6月,谢应光的专著《中国现代诗学发生论》由中国文联出版社出版,书前有吕进撰写的序言《第三种诗学的理论言说——谢应光〈中国现代诗学发生论〉序》。

7月,论文《中国文化与中国诗歌》发表于《江汉论坛》第7期,此文为在多家高校讲学的演讲稿。

8月23日,在重庆市委小礼堂为重庆市厅局级领导干部一千余人作"小康社会与文化修养"的报告,这是"重庆市领导干部历史与文化系列讲座"之一,应邀主讲的外地专家有李学勤、王蒙、王富仁、汤一介、乐黛云等,吕进是唯一的重庆本地专家;随后应邀到多家地方和部队单位做同题报告,演讲稿修改整理后以《小康社会与文化修养》为题,发表于同年《西南师范大学学报》第5期,后收入重庆市委宣传部主编、重庆出版社2006年6月出版的《历史与文化》一书。

8月,论文《说不尽的〈三代〉》发表于《名作欣赏》第8期。

8月,诗歌《邓小平》发表于《诗刊》第8期,后收入《诗刊》社主编的《中国出了个邓小平:纪念邓小平百年诞辰诗歌摄影集》。

10月8日,在山东大学出席"臧克家诞辰100年纪念大会暨学术思想研讨会",作"臧克家:现实主义与中国风格"的发言,并应邀与山东大学副校长陈焱共同主持会议。

10月,论文《现实主义诗人詹澈》发表于《世界华文文学》第4期。

10月,论文《臧克家诗论的人文精神与科学精神》发表于《山东大学学报》第 5 期。

11 月，论文《艾青"诗的散文美"理论的再思考》发表于《重庆大学学报》（社会科学版）第 5 期。

12 月，万龙生、孙则鸣、齐云主编的《新世纪格律体新诗选》由香港中国文化出版社出版，书前有吕进撰写的序言《格律与现代——序〈新世纪格律体新诗选〉》。

2006 年　67 岁

1 月，何夕报的诗集《枫叶秋正红》由重庆出版社出版，书前有吕进撰写的序言《枫叶秋正红——序何夕报同名诗集》。

3 月，论文《新诗现代化与形式建设》发表于《重庆教育学院学报》第 2 期。

3 月，蒋登科的专著《九叶诗人论稿》由西南师范大学出版社出版，书前有吕进撰写的序言《〈九叶集〉诗人群研究的新收获——序蒋登科〈九叶诗人论稿〉》。

4 月 12 日，成都七中 100 年校庆，校长王志坚发表文章指出："成都七中百年历程，培养出了李萌远、陈家镛、叶尚福等院士和屈守元、吕进、白敦仁、冯举等知名学者教授。"

4 月 18 日至 24 日，随重庆高级专家赴港学术交流团访问香港，香港理工大学校长、香港招商局行政总裁先后宴请代表团成员。

4 月，主编的《二十年：探路与开拓》由西南师范大学出版社出版。

5 月，主编的《现代诗学的多维视野》由西南师范大学出版社出版。

6 月 6 日，重庆市政府成立第二届决策咨询专家委员会，受聘为委员，市长王鸿举颁发聘书。

6 月 18 日，中国新诗研究所建所 20 周年庆典在西南大学举行，作大会致辞，西南大学全体党政领导出席道贺；同时发行"所庆丛书"三种，任"丛书"第一主编。

6 月，主编的两卷本《寻梦之路——中国新诗研究所二十年》由西南师范大学出版社出版。

7月20日至21日，"中国闻一多研究会"换届，继续担任副会长。增补北京大学温儒敏、清华大学蓝棣之为副会长。

7月，论文《由红到黑：对闻一多诗歌意象的一种阐释》发表于《西南师范大学学报》第4期。

7月，论文《评唐诗与何夕报的诗》发表于《重庆教育学院学报》第4期。

7月，论文《〈预言〉：何其芳的第一部个集》发表于《海南师范学院学报》第4期，又刊于香港《诗网络》第28期。

7月，《中国诗人》第3期"诗人雕塑"栏目推出"吕进卷"，同时配发22张珍贵照片。

8月17日至20日，出席由复旦大学、浙江大学、浙江师范大学主办的"第三届中国文学古今演变研究学术研讨会"。

8月，诗歌《给芬兰司机尤尔基》发表于香港《诗网络》第28期。

8月，梁笑梅的专著《壮丽的歌者：余光中诗艺研究》由西南师范大学出版社出版，书前有吕进撰写的序言《笑对灵魂在白玉里流转》。

9月24日至28日，第二届华文诗学名家国际论坛在西南大学举行，继续担任主席，在开幕式上做主题演讲。副市长谢小军出席并讲话。

9月，钱志富的专著《诗心与现实的强力结合——七月诗派研究》由作家出版社出版，书前有吕进撰写的序言《说不尽的白色花——钱志富〈诗心与现实的强力结合——七月诗派研究〉序》。

10月25日至31日，在马鞍山出席由中华人民共和国文化部、中国作家协会主办的"第一届中国诗歌节"，在高层论坛做"西方诗学的本土化"的讲演。全国政协副主席张思卿、文化部部长孙家正等出席。

10月，论文《从叙事中寻找诗情》发表于中国台湾《文讯》第10期。

11月，散文《祝福〈诗刊〉》发表于《诗刊》第11期。

11月，重庆市首届青年人才论坛举行，市委书记汪洋、市长王鸿举等出席，应邀与市委宣传部副部长杨清明一起作总点评人。

12月4日，作为特邀嘉宾在"重庆市人文精神研讨会上"作"关于提炼和培育重庆人文精神"的发言，发言稿收入周勇编的《重庆人文精神研究》一书，该书2007年11月由重庆出版社出版。

12月，与蒋登科共同主编的《梁平诗歌评论集》由中国文史出版社出版，书前有吕进撰写的序言《梁平书——〈梁平诗歌评论集〉序》。

本年，出任西南大学大学生素质专家指导委员会主任；被重庆艺术学校聘为客座教授；重庆市高校高级职称评定委员会换届，继续担任委员兼中文组组长；西南大学社科联成立，当选副主席，主席为学校党委书记；随重庆市政协访问团访问英国和芬兰、丹麦、挪威、瑞典北欧四国。

2007 年　68 岁

1月，主编的《中国现代诗体论》由重庆出版社出版。

1月，李明政的《我好稀诧你》由作家出版社出版，书前有吕进撰写的序言《春天是从石头里长出来的——序李明政〈我好稀诧你〉》。

春季，论文《大陆与台湾诗歌的逆现象》发表于中国台湾《葡萄园》诗刊春季号，后又刊于同年《江汉论坛》第3期。

春季，组诗《台湾七章》发表于美国《美华文学》春季号。

3月10日，到珠海北京师范大学珠海分校出席"两岸中生代诗学高层论坛暨简政珍作品研讨会"，作题为"重庆诗歌的中年写作"的发言，发言稿《重庆诗坛的中年写作》发表于香港《当代诗坛》第47—48期；会后被北京师范大学珠海分校聘为客座教授。

3月，序言《一座直辖市的青铜雕像：序杨矿〈三千六百五十行阳光〉》发表于《中外诗歌研究》第1期；《三千六百五十行阳光》2007年6月由重庆出版社出版。

5月，论文《论新诗的诗体重建》发表于《河南社会科学》第4期，后又刊于《重庆三峡学院学报》第4期以及《诗歌月刊》2008年第

7 期。

5 月，谭明的诗集《光芒与蝶》由重庆出版社出版，书前有吕进撰写的序言《琵琶起舞换新声——谭明诗集〈光芒与蝶〉序》。

6 月 1 日，散文《好运，重庆》发表于《重庆政协报》。

6 月 18 日至 29 日，随重庆市委组织部和重庆市人事局联合组织的重庆市专家访问团访问澳大利亚和新西兰。

6 月，序言《日子：序冬婴〈低处的风声〉》发表于《中外诗歌研究》；《低处的风声》2007 年 7 月由中国文联出版社出版。

6 月，与日本学者岩佐昌暲的对话《中国与日本：中国现代诗学的昨天和今天》发表于《文艺研究》第 6 期。

7 月 13 日至 24 日，随重庆市文史书画研究会代表团赴台文化交流，并庆祝《葡萄园》创刊 45 周年，途经香港并与香港文史书画界进行交流。

8 月 7 日至 10 日，出席"青海湖国际诗歌节"。

8 月，吉狄马加主编的《通向世界的门扉》由青海人民出版社出版，收入吕进的《诗：人性与和谐》《新诗的诗体重建》两文。

9 月，许霆的专著《新诗格律与格律体新诗研究》由香港雅园出版公司出版，书前有吕进撰写的序言《中国新诗的格律化道路——序许霆〈新诗格律与格律体新诗研究〉》。

10 月 12 日，到北京参加"第二届中韩诗人大会"。

10 月 17 日，西南大学中国诗学研究中心主办的"重庆诗歌中年写作座谈会"召开，作主题演讲。

10 月 19 日至 22 日，在广东韶关参加"第二届东南亚华文诗人大会"，应邀为会议作总结，并提交会议论文《东南亚诗歌：本土与母土》，该文以《本土与母土为题》发表于 11 月 18 日《清远日报》，被多种报刊转载，后成为 2008 年 7 月香港银河出版社出版的《本土与母土——东南亚华文诗歌研究》的序言，之后又刊于《重庆文学》2009 年第 3 期。

10 月 24 日，论文《蕉风与华韵的艺术魅力》发表于《韶关日报》。

10 月 29 日，到绍兴出席"第四届鲁迅文学奖"颁奖大会，与叶延滨、周海婴、章闰水（闰土原型）一起为诗歌奖获得者颁奖。

10 月，钱志富的专著《中外诗歌研究》由人民文学出版社出版，书前有吕进撰写的序言《与有肝胆人同行，从无字句处读书——序钱志富〈中外诗歌研究〉》。

11 月，陆正兰的专著《歌词学》由中国社会科学出版社出版，书前有吕进撰写的序言《歌词学：学科性与学理性——序陆正兰〈歌词学〉》，该序言后又发表于《词刊》2008 年第 5 期。

本年，诗作《哭晓村》发表于中国台湾《葡萄园》诗刊；被西南大学评为首批二级教授；西南大学学位评定委员会成立，任副主席；出任第四届鲁迅文学奖（诗歌奖）评委，到北京和敬府饭店出席第四届鲁迅文学奖诗歌评委会；被评为全国书市"十佳"评书人。

2008 年　69 岁

1 月，论文《言"小"与言"大"》作为"卷首语"发表于《诗刊》第 1 期。

1 月，《致以诗的敬礼》发表于《中国武警》第 1 期。

4 月，李一痕主编的《当代抒情短诗千首》由人民文学出版社出版，书前有吕进撰写的序言《序：满城风雨近重阳》。

4 月，金铃子的诗集《奢华倾城》由长征出版社出版，书前有吕进撰写的序言《序：带我们看自己的诗人》。

5 月，序言《志富的诗：序钱志富〈到了舍身崖〉》发表于《文学港》第 5 期；《到了舍身崖》2008 年 10 月由人民文学出版社出版。

6 月，诗作《寻找》发表于《诗刊》第 6 期，此诗乃为汶川地震而作。

6 月，《诗歌月刊》第 6 期推出"吕进专辑"，刊发照片并《吕进诗论二篇》《青海组曲（外一组）》。

8 月 18 日，应邀到重庆市委宣传部为机关全体干部做报告，讲题为

"诗歌修养与人文重庆",讲座由重庆市委宣传部常务副部长周勇主持,何事忠部长等宣传部领导全部出席。

9月4日,被评为重庆首届读书月"十佳"写书人。

9月27日,出席在河南荥阳举行的"中国诗歌文化节",在高层论坛作《论新来者》的报告。

9月29日,西南大学中国新诗研究所外地毕业生回校,在北碚海宇大酒店举办"吕进七十寿辰庆祝会",新诗所访问学者、博士生、硕士生、本科生、进修班学员代表参加聚会,党委书记、校长、副校长、重庆市文联党组书记出席,在庆祝会上吕进塑像揭幕。

11月27日至30日,出席在浙江师范大学举办的"第四届中国文学古今演变研讨会",作"区域文化视角下的重庆文学"的发言,发言稿发表于《西南大学学报》2009年第1期。

12月,学术自述《守住梦想——我的学术道路》发表于《东方论坛》第6期,本文对已经走过的学术道路进行反思、回忆和总结,文章分"从新诗到现代诗学""从《新诗的创作与鉴赏》到《中国现代诗学》""从中国新诗研究所到新诗二次革命"三个部分,该文后以《缪斯之恋——我的学术之路》为题发表于《重庆教育学院学报》2009年第1期。此文后收入文化艺术出版社2011年7月出版的《第二代中国现代文学学者自述》。

12月,论文《叶延滨和他的诗歌创作》发表于《文艺争鸣》第12期。

本年,西南大学首届学术委员会成立,担任副主任,兼任人文科学分委员会主任;随重庆专家访问团出访荷兰、葡萄牙和西班牙。

2009年 70岁

2月12日,评论《开门落叶深》发表于《人民日报》。

4月,向天渊的专著《逐点点燃的世界——中西比较诗学发展史论》由文心出版社出版,书前有吕进撰写的序言《走向中西比较诗学——序

〈逐点点燃的世界——中西比较诗学发展史论〉》。

5 月 23 日至 28 日，在西安出席由中华人民共和国文化部、中国作家协会主办的"第二届中国诗歌节"，在高层论坛上做《诗的大众与小众》的讲演，讲稿发表于 5 月 21 日《人民日报》，后又刊于 6 月 17 日《中国文化报》，又以《诗：大众化与小众化》为题刊于《诗选刊》（下半月）第 6 期。

5 月，论文《诗歌表达中的限制与自由》发表于《重庆文学》第 3 期。

5 月，魏东的诗集《时间的伤痕》由长江出版社出版，书前有吕进撰写的序言《生命的痕迹——序魏东〈时间的伤痕〉》。

7 月，受聘泰国"小诗磨坊"荣誉顾问。

7 月，文章《蓝天一虹》发表于香港《当代诗坛》第 51—52 期。

7 月，徐润润的专著《现代诗学原理新论》由光明日报出版社出版，书前有吕进撰写的序言《风暖鸟声碎，日高花影重——序徐润润〈现代诗学原理新论〉》，该序言又发表于同年《上饶师范学院学报》第 5 期。

8 月 14 日，到福建师范大学参加"21 世纪中国现代诗第五届研讨会暨'现代诗创作研究技法'"学术研讨会，做题为《新诗技巧的"有"与"无"》的大会发言，发言稿以《现代诗的"有"与"无"》为题，发表于 8 月 28 日《人民日报》。

8 月，四卷本《吕进文存》由西南师范大学出版社出版，校长王晓佳作序。

9 月 16 日至 18 日，担任"重庆市第 4 届青年歌手电视大奖赛决赛"综合素质评委。

9 月，《吕进诗文选》由中国文联出版社出版。

9 月，与熊辉共同主编的《诗学》（第 1 辑）由巴蜀书社出版。

10 月 22 日，由重庆市文学艺术界联合会及西南大学联合主办的《吕进文存》《吕进诗文选》首发式在重庆天宇大酒店隆重举行，重庆市委常委、宣传部部长何事忠、重庆市文联党组书记王超、西南大学校长王晓佳、重庆市新闻出版局局长杨恩芳到场讲话。

10 月，著作《重庆抗战诗歌研究》由西南师范大学出版社出版，为第一作者。

11 月 6 日至 9 日，出席西南大学举办的"第三届华文诗学名家国际论坛"，继续担任论坛主席，做主题讲演"论新来者"，副市长谢小军出席并讲话。

11 月 20 日至 21 日，在武汉大学参加"闻一多诞辰 110 周年纪念暨国际学术研讨会"，作题为《闻一多：新诗史上的杜甫》的大会发言，发言稿经修改整理后发表于《西南大学学报》2010 年第 1 期，为第一作者。

11 月，专著《曾心小诗点评》由中国台北秀威资讯科技股份有限公司及泰国留中大学出版社同时出版。

本年，为重庆市第二届有突出贡献中青年专家理论培训班做专题报告《和谐社会与人文修养》；应邀到济南出席泰山学者评审会议。

2010 年　71 岁

1 月，首届重庆市社会科学学术委员会成立，出任学术委员会成员。

1 月，邓颖编选的《邓均吾诗文选》由重庆出版社出版，书前有吕进撰写的序言《不要忘记邓均吾——〈邓均吾诗文选〉序》。

3 月 26 日，论文《新诗的"变"与"常"》发表于《人民日报》。

3 月，论文《论新时期诗歌与新来者》发表于《文艺研究》第 3 期，后又以《论中国新时期诗歌与"新来者"——〈中国新时期"新来者"诗选〉序言》为题，刊于《诗选刊》2015 年第 1 期。

4 月 19 日至 20 日，在澳门大学出席"汉语新文学国际学术研讨会"，作题为"汉语新诗的外国群落"的大会发言，发言稿以《汉语新文学的"外国群落"——以泰国诗人曾心为例》为题，发表于《星星》（诗歌理论）第 10 期，署名第一作者。

4 月，散文《永远的李瑛》发表于《诗潮》第 4 期。

4 月，领衔主编、梁笑梅执编的《二十世纪中国现代诗学手册》由巴蜀书社出版。

7月，林焕彰主编《小诗磨坊（泰华卷）》由香港世界文艺出版社出版，书前有吕进撰写的序言《八仙过海——2010年〈小诗磨坊〉序》，该文后又刊于《诗学》（第2辑）。

9月12日，应北京大学之邀，出席北京大学诗歌研究院成立仪式，做题为"新诗永远年轻"的大会讲话，受聘北京大学诗歌研究院特约研究员。

10月4日，散文《耳畔频闻故友去：哭韩国学者许世旭先生》发表于泰国《新中原报》，后又刊于同年11月8日《文艺报》《九州诗文》第11期、台湾《葡萄园》冬季号。

10月19日，出席由西南大学中国新诗研究所主办的"重庆诗歌座谈会"，并主持会议。

10月，与熊辉共同主编的《诗学》（第2辑）由巴蜀书社出版。

11月2日，论文《单纯而丰富的柠檬黄》发表于《人民日报》。

11月12日，在澳门大学讲学，讲座题目为"诗家语：一种特殊的言说方式"。

11月16日，论文《诗家语的审美》发表于《人民日报》。

12月，论文《中国新诗文体学研究30年》发表于《中国诗歌》第12期，为第一作者。

12月，论文《傅天琳：柠檬与果树》发表于《红岩》增刊。

12月，谭明的诗集《梦幻与钟声》由重庆大学出版社出版，书前有吕进撰写的序言《从新时期到新世纪——序谭明诗集〈梦幻与钟声〉》。

2011年　72岁

3月28日，论文《大众化未必粗糙，小众化未必没有生活——谈当代诗歌的发展》发表于《人民政协报》。

3月，获"中国当代诗歌奖（2000—2010）"批评奖。

3月，论文《"健康，明朗，中国"：论台湾葡萄园诗社及其诗学主张》发表于《西南大学学报》第 2 期，后又刊于台湾《葡萄园》诗刊春季号。

4 月，万龙生主编的《东方诗风：格律体新诗选》由重庆出版社出版，书前有吕进撰写的序言《走向新诗的盛唐——序〈东方诗风〉论坛 10 年诗选》，该序言后又发表于《长江师范学院学报》2012 年第 5 期。

5 月，曾心的《曾心自选集——小诗 300 首》由澳门银河出版社出版，书前有吕进撰写的序言《上善若水——序〈曾心自选集——小诗 300 首〉》。

10 月 15 日至 20 日，在厦门出席由中华人民共和国文化部、中国作家协会主办的"第三届中国诗歌节"，在高层论坛做题为"新诗诗体的双极发展"的大会发言，发言稿发表于 10 月 27 日《中国艺术报》。

10 月 26 日，论文《重破轻立，新诗的痼疾》发表于《中国文化报》。

11 月，熊魁的《我在巫山等你》由长江出版社出版，书前有吕进撰写的序言《低处光芒——序熊魁〈我在巫山等你〉》。

11 月，与熊辉共同主编的《诗学》（第 3 辑）由巴蜀书社出版。

12 月 2 日至 4 日，在广东湛江师范学院参加"21 世纪中国现代诗第六届研讨会"，做题为"自由诗与格律体新诗"的大会发言，会后在湛江师范学院讲学。

12 月，张传敏的《半蠹集》由巴蜀书社出版，书前有吕进撰写的序言《天才来自勤奋，聪明由于积累——序张传敏〈半蠹集〉》。

本年，主持重庆市社科重大课题"大后方诗歌研究"。

2012 年　73 岁

1 月，《当代文坛》编辑部主编的《这就是我们的文学生活——〈当代文坛〉三十年评论精选》发行，上卷中收入吕进的论文《新时期十年：新诗，发展与徘徊》。

1 月，《序言五篇》发表于《重庆三峡学院学报》第 1 期。

　　1月，论文《新诗诗体的双极发展》发表于《西南大学学报》第1期，后又刊于《中国文化报》，该文后被收入中国书籍出版社出版的《诗人论诗》。

　　2月，洪芳的专著《中国当代军旅诗歌论》由世界图书出版公司出版，书前有吕进撰写的序言。

　　3月13日，散文《行者之思》发表于《重庆晚报》，后又刊于5月1日的《重庆日报》。

　　3月，散文《臧克家爱吃"老四样"》发表于《美食》第3期。

　　3月，散文八篇以《岁月留痕》为题发表于《九州诗文》第3期。

　　3月，冷雨桑的诗集《小记录》由重庆大学出版社出版，序言《春桑正含绿：序冷雨桑〈小记录〉》发表于同年《中外诗歌研究》第1期。

　　4月25日，中国诗歌学会第三次会员代表大会在北京举行，当选常务理事。

　　4月，诗论《读一点诗》发表于《课外语文》（初中版）第4期。

　　5月21日，散文《忆邹绛》发表于《文艺报》。

　　5月，论文《诗体重建视角下的何其芳》发表于《诗刊》第5期。

　　7月6日，出席重庆市北碚区第二届文代会，受聘荣誉主席。

　　9月5日，《王明凯：草根经验与方言叙事》发表于《文艺报》。

　　9月，黄亚洲的诗集《没有人烟》由宁夏人民出版社出版，书前有吕进撰写的序言《诗人黄亚洲》。

　　9月，朱美云的专著《朱氏诗文疗法》由西南师范大学出版社出版，书前有吕进撰写的序言《诗歌功能的一次发掘和拓展——序朱美云〈朱氏诗文疗法〉》。

　　秋季，诗歌《生日二章》发表于中国台湾《葡萄园》诗刊秋季号。

　　秋季，散文《黄袍佛国的风景》发表于《泰华文学》秋季号。

　　10月，孙逸民的诗集《诗之旅》由重庆出版社出版，书前有吕进撰写的序言《远游无处不销魂——序孙逸民〈诗之旅〉》。

　　11月2日，散文《与莫言在巴黎》发表于《重庆晚报》。

11 月 18 日，到浙江海宁出席"第三届徐志摩诗歌奖颁奖典礼"。

11 月，曾心、钟小族主编的《吕进诗学隽语》由台北秀威资讯科技股份有限公司出版。

11 月，与熊辉共同主编的《诗学》（第 4 辑）由巴蜀书社出版。

12 月 8 日至 10 日，出席第四届华文诗学名家国际论坛开幕式，致开幕词"重建的时代"。重庆市委常委、宣传部部长徐海荣出席并讲话。

12 月 15 日，在四川外国语大学出席"重庆市现当代文学研究会第八届年会暨学术研讨会"，并主持会议。

本年，重庆市第二期两江学者岗位设置评审会，担任副主任委员；西南大学第二次社代会举行，党委书记黄蓉生继续当选校社科联主席，吕进继续当选副主席；主持评审重庆市教育系统政府特殊津贴；到重庆市委出席纪念毛泽东《在延安文艺座谈会上的讲话》座谈会，宣传部部长何事忠主持，受邀发言；到重庆市委主持人文社科首批百名学术学科领军人才评审；到重庆师范大学主持研究生答辩；到重庆市教委主持评审重庆名师，担任高校评审组长；到市委党校做专题报告，副校长罗小梅主持，常务副校长吴康明、副校长周放会见；在天宇酒店出席 2012 年重庆高校高级职称评审，担任高评委委员兼中文组长；为西南大学全校博士生讲《博士生的人文修养》；到市教委主持评审巴渝学者。

2013 年　74 岁

1 月 2 日，散文《七十余年一卷诗》发表于《中华读书报》。

1 月，散文《行到巫山必有诗》发表于《九州诗文》第 1 期。

1 月，史桢玮的诗集《一滴水可以流多远》由四川文艺出版社出版，书前有吕进撰写的序言《滴水诗情》。

1 月，朱增泉的诗集《中国船》《忧郁的科尔沁草原》《生命穿越死亡》由四川文艺出版社出版，书前有吕进的总序《兵气拥云间——朱增泉三部诗集总序》，该序言后发表于同年《解放军文艺》第 11 期。

3 月 1 日，论文《军旅诗人的襟抱》发表于《人民日报》。

3月31日，出席由西南大学中国诗学研究中心、中国新诗研究所联合主办的"《吕进诗学隽语》研讨会"并致答谢词。

3月，散文《岁月留痕》发表于《红岩》第2期。

3月，散文集《岁月留痕》由西南师范大学出版社出版。

4月17日，受邀到重庆市委党校做"现代中国与人文修养"的专题讲座，党校副校长罗小梅主持会议，常务副校长吴康明、副校长周放会见。

4月21日，受邀到宁波大学图书馆学术报告厅做题为《中国文学的诗化特征》的报告，宁波作家协会主席荣荣等人到场听讲座，会后接受《宁波晚报》专访。

5月10日，在西南大学中国新诗研究所出席"第八届台湾薛林怀乡青年诗奖"颁奖仪式，并作为评委会主任致辞，西南大学校长张卫国为获奖者颁奖。

5月17日，在四川外国语大学做题为"中国文学的诗话特征"的专题报告，讲座由副校长王鲁男主持。

5月29日，受邀到重庆市北部新区做题为"现代中国与人文修养"的专题讲座。

6月17日至19日，参加由西华师范大学和法国兰波博物馆共同主办的"中法兰波诗会"担任"兰波的一生"讲演会主持人，发表题为"艾青诗歌的兰波元素"的讲演。

7月，论文《傅天琳：从诗到小说》发表于《鸭绿江》第7期。

8月，黄亚洲的诗集《男左女右》由中国文联出版社出版，书前有吕进撰写的序言《打着绑腿的诗笔——序黄亚洲诗集〈男左女右〉》。

9月，向笔群的专著《山地诗情——土家族新诗创作评论》由航天工业出版社出版，书前有吕进撰写的序言《令人兴奋的"第一"——序向笔群〈山地诗情——土家族新诗创作评论〉》。

10月，主编的《华文新诗，重建与繁荣——第四届华文诗学名家国际论坛论文选》由重庆新视野印刷公司印行。

10 月，师明萌主编的《诗意巫山：第四届华文诗学名家国际论坛诗选》由长江出版社出版，书前有吕进撰写的序言《除却巫山不是云——序〈诗意巫山〉》。

11 月，论文《诗学随笔三篇》发表于《星星》（诗歌理论）第 11 期。

11 月，与熊辉共同主编的《诗学》（第 5 辑）由巴蜀书社出版。

12 月 8 日至 9 日，到曼谷出席"第七届东南亚华文诗人大会"，开幕式上做题为"东南亚诗歌的中国参照系"的主题讲演，演讲稿 12 月 10 日发表于泰国《新中原报》，后又刊于 2014 年泰国《泰华文学》第 69 期。

冬季，散文《薛林奖那些事儿》发表于中国台湾《葡萄园》诗刊冬季号。

本年，到市委组织部主持第二期两江学者评审，担任评委会副主任兼人文社会科学组长；到市教委出席百千万人才国家级人选推荐会；到市政府出席第 8 届重庆市社科评奖终评会，副市长谭家玲主持；主持第二批重庆市哲社领军人才评审会，担任评委会主任；到市委党校做专题报告，副校长罗小梅主持，常务副校长吴康明、副校长周放会见；到重庆市北部新区做专题报告《文学与诗》；出席 2013 年重庆市高校高级职称评审，担任高评委委员兼中文组长；出席 2013 年重庆市出版资助基金评委会。

2014 年　75 岁

1 月，论文《白水诗人梁上泉》发表于《重庆评论》第 1 期。

1 月，论文《向"新来者"致意》发表于《九州诗文》第 1 期。

3 月，散文《诗人方敬——纪念方敬百年诞辰》发表于《重庆文艺》第 2 期。

4 月 9 日，出席由西南大学、重庆市文联、重庆市作家协会、重庆市万州区人民政府联合主办的"纪念方敬百年诞辰座谈会"，讲话，并接受媒体采访。

4 月，散文《花香泰国》发表于泰国《泰华文学》第 69 期。

5 月 3 日，出席澳门大学"2013 年开卷有益"读书活动颁奖仪式，担任颁奖嘉宾和讲演嘉宾，为该校学生举办题为"时代与读书"的讲座，讲座由教务长彭执中主持。

5 月 12 日，在澳门大学中文系为该系博士生举办讲座"论诗家语"，系主任朱寿桐主持。

5 月 23 日，在重庆市文艺家活动中心为市文联机关和重庆市文艺界举办讲座"文艺工作者的人文修养"。

5 月 30 日，重庆市名人事业促进会第二次代表大会举行，市委统战部原部长、重庆市政协原副主席张忠惠当选会长，吕进当选副会长之一。

5 月，论文《论"诗家语"》发表于《文艺研究》第 5 期。

5 月，散文《岁岁花开一忆君》发表于《九州诗文》第 5 期，又刊于台湾《葡萄园》诗刊夏季号。

6 月，散文《时代与读书》发表于《中外诗歌研究》第 2 期，后又刊于《重庆三峡学院学报》2015 年第 4 期。

7 月 16 日至 19 日，到四川绵阳出席由中华人民共和国文化部、中国作家协会、四川省人民政府主办的"第四届中国诗歌节"，并接受电视台采访。

7 月，散文《向诗而生》发表于《中外诗歌研究》第 3 期。

8 月，主编的《中国新时期"新来者"诗选》由西南师范大学出版社出版。

9 月 23 日，为山东师范大学文学院、传媒学院研究生举办讲座"研究生与读书"。

9 月 24 日，出席由山东师范大学主办的"朱德发及山师学术团队与现代中国文学研究"学术研讨会，发言题目为"山师团队与新时期诗歌研究"，北京大学温儒敏主持会议。

9 月，柳春的《柳春诗选》由人民日报出版社出版，书前有吕进撰写的序言《二月春风——序〈柳春诗集〉》，柳春是重庆市委副书记滕久明的笔名。

10月13日，出席"第五届华文诗学名家国际论坛开幕式"，作为论坛主席致开幕词"守常求变：当下诗歌发展的关键词"，重庆市委常委、宣传部部长燕平出席开幕式并讲话。发言稿《守常求变，当下新诗发展的关键词——第五届华文诗学名家国际论坛开幕词》发表于《九州诗文》第10期。

10月17日，在韩国首尔出席"首尔孔子学院建院十周年国际学术会议"，并做主题讲演"新汉学时代与中国新诗"，会议由韩国外国语大学朴宰雨教授主持。

10月28日，到北京中国现代文学馆出席黄亚洲诗集《我在孔子故里歌唱》座谈会并做题为"孔子故里传出的歌声"的发言，发言稿刊发于《重庆晚报》。

11月19日，出席重庆邮电大学"研究生论坛（109期）暨第九届研究生论坛"启动仪式，并举办讲座"研究生与读书"，副校长符明秋主持论坛，该校党委书记方海洋会见。

11月，散文《随笔二题》发表于《重庆文学》第11期。

11月，与熊辉共同主编的《诗学》（第6辑）由巴蜀书社出版。

本年，到浙江师范大学为学生举办讲座"时代与读书"，文学院常务副院长高玉主持；出席第四批重庆高校优秀人才支持计划、第二批青年骨干教师资助计划评审委员会，担任评审委员会副主任；到重庆出席市委书记孙政才主持的重庆市文化工作座谈会；到市文联为重庆市文艺人才研修班作专题报告；在重庆市妇联为妇联机关举办讲座《机关干部的人文修养》，妇联主席丁中平出席；到重庆市教委主持新一届巴渝学者评审。

2015年　76岁

3月，散文集《落日故人情》由巴蜀书社出版。

4月20日，到重庆工商大学做题为"国民素质与大众阅读"的专题讲座，校长孙芳城致欢迎词。

4月24日，出席"重庆出版集团成立10周年座谈会"，并发言。

5月22日，在西南大学图书馆做"时代与读书"的专题讲座，馆长李森主持。

5月，主编的《大后方抗战诗歌研究》由重庆出版社出版，该书获得重庆市社科三等奖。

5月，郑大光明的《笔是长长的河》由重庆出版社出版，书前有吕进撰写的序言《琴声里的期待——序郑大光明〈笔是长长的河〉》。

5月，散文《臧克家给毛泽东改诗》发表于《晚报文萃》第5期，后又以《为毛泽东改诗的臧克家》发表于《星星》2016年第2期。

6月，散文《诗坛忆旧》（共5篇）发表于《香港文学》6月号。

6月，序言《低处的露珠——序毕福堂〈露珠之光〉》发表于《九州诗文》第6期；《露珠之光》2015年8月由三晋出版社出版。

7月，论文《山东师大在新时期的新诗研究》发表于《山东师范大学学报》第4期。

8月，序言《心事浩茫——序黄亚洲诗集〈舍她不得〉》发表于济南《时代文学》第8期；《舍她不得》2015年11月由现代出版社出版。

8月，韦晓东编著的《以笔为枪：重读抗战诗篇》由南京师范大学出版社出版，书前有吕进撰写的序言《倾听最后的吼声——序韦晓东〈以笔为枪：重读抗战诗篇〉》。

8月，刘勇主编的《寻找：一抔黑土》由新华出版社出版，书前有吕进撰写的序言《多少话留在心上——序〈一捧黑土，两国情怀〉》。

8月，屿夫的《屿夫诗选》由文汇出版社出版，书前有吕进撰写的序言《清水出芙蓉——序〈屿夫诗选〉》，该序言后又发表于《重庆文艺》2016年第2期。

9月，论文《新汉学时代与中国新诗》发表于《西南大学学报》第5期。

9 月，序言《上有庙堂之高，下有江湖之远：〈中国现代诗学丛书〉总序》发表于《中外诗歌研究》第 3 期。

11 月，与熊辉共同主编的《诗学》（第 7 辑）由巴蜀书社出版。

本年，出席重庆市文联第三届六次全委会；在新加坡草根书室做《中国新诗的三大重建》的讲座；出席新加坡作家协会迎春午餐会，并讲话；主持西南大学全国青年拔尖人才预答辩会议；在天宇酒店主持全市高校教授（评议）权、副教授评审（评议）权评审；在市委宣传部主持第二届重庆市人文社会科学领军人才评审会；参与重庆市人民政府文史研究馆《重庆艺苑》改版工作，并出任改版后的刊物主编；出席市委第七巡视组巡视市文联意见反馈会；在西南大学做专题讲座，西南大学副校长陈时见主持；到市委党校做专题讲座；受聘担任《西南工商大学学报》顾问。

2016 年　77 岁

1 月 4 日，散文《臧克家的书信》发表于《重庆晚报》。

1 月 9 日，散文《沉默是金》发表于《重庆晚报》。

1 月 15 日，在文史馆主持《重庆艺苑》春季号编前会。

1 月 23 日，出席重庆市政协 4 届 4 次会议。

1 月，论文《右边出事的艾青》发表于《星星》（诗歌理论）第 1 期。

2 月 20 日，出席新加坡作家协会春节团拜会。

2 月 27 日，散文《沙依诺夫老师》发表于《重庆晚报》。

2 月，论文《现代诗学的辩证反思》发表于《诗刊》第 2 期。

2 月，梁上泉的《梁上泉文集（第 2 卷）》由重庆出版社出版，书前有吕进撰写的序言《白水诗人梁上泉——序〈梁上泉的抒情诗（1953—2013）〉》，该序言后又发表于同年 6 月 3 日《重庆晚报》。

3 月 4 日，到新加坡草根书局出席与新加坡诗人的见面会。

3 月 17 日，散文《新诗所的开篇》发表于《重庆晚报》。

3 月 30 日，在忠县为县级机关干部举办讲座"现代中国与人文修养"。

3 月，论文《鲁迅赞美的冯至》发表于《星星》（诗歌理论）第3 期。

4 月 6 日，散文《报到》发表于《重庆晚报》。

4 月 7 日，在西南大学荣昌校区做专题讲座"大学生与读书"。

4 月 21 日，散文《诗人傅天琳》发表于《重庆晚报》。

4 月，论文《细心淘洗的世界》发表于《星星》（诗歌理论）第4 期。

4 月，论文《漫说区域文化与区域文学——以重庆文学为例》发表于《大西南文学论坛》第一辑。

4 月，舒然的诗集《以诗为铭》由新加坡锡山文艺中心印行，书前有吕进撰写的序言《追风的女子——序新加坡诗人舒然〈以诗为铭〉》。

4 月，西贝的诗集《静守百年》由中国青年出版社出版，书前有吕进撰写的序言《洁白的完美与遗忘——西贝〈静守百年〉序》。

5 月 14 日，在西南大学中国新诗研究所建所 30 周年庆典上作主旨讲话。

5 月 16 日，在重庆文史馆主持《重庆艺苑》夏季号编前会。

5 月 21 日，散文《礼金三千万》发表于《重庆晚报》。

5 月，论文《诗人与导师方敬》发表于《星星》（诗歌理论）第5 期。

5 月，主编的"中国现代诗学丛书"由人民出版社出版，作为"所庆丛书"，收录中国新诗研究所教师吕进、陈本益、蒋登科、熊辉等 12 人的诗学新著，吕进的专著《现代诗学：辩证反思与本体建构》为该丛书之一种。

6 月 24 日，散文《在瑞士吃火锅》发表于《重庆晚报》。

6 月 29 日，到市教委主持评审重庆市杰出人才贡献奖（推荐至市委组织部）。

6月，论文《青松》发表于《星星》（诗歌理论）第6期。

7月5日，到天宇大饭店主持评审第七批重庆高校中青年骨干教师。

7月12日，散文《〈吴宓日记〉与我》发表于《重庆晚报》。

7月19日，诗作《北碚（外一章）》发表于《重庆晚报》。

7月，论文《高兰与重庆》发表于《星星》（诗歌理论）第7期。

8月9日，散文《泰国诗人曾心》发表于《重庆晚报》。

8月23日，散文《郎平与诗人臧克家》发表于《重庆晚报》。

8月，散文《忆邹绛》发表于《星星》（诗歌理论）第8期。

9月2日，散文《新诗研究所所歌纪实》发表于《重庆晚报》。

9月9日，诗作《白雪》发表于《重庆晚报》。

9月，论文《天下何人不识君》发表于《星星》（诗歌理论）第9期。

9月，周鹏程主编的《中国当代诗人代表作名录》由白山出版社出版，书前有吕进撰写的序言《为诗吆喝——周鹏程主编〈中国当代诗人代表作名录〉序》。

10月15日，到山东大学出席"臧克家诞辰110周年纪念大会暨学术研讨会"，做大会发言。

10月31日，散文《天虹的小诗》发表于《重庆晚报》。

10月，散文《我在这头，母亲在那头》发表于《星星》（诗歌理论）第10期。

11月16日，《诗坛通讯》多则发表于《重庆晚报》，公开与著名诗人绿原、李瑛、卜汝亮、黄怒波等人的交往通信。同时，这些通信又刊于2016年11月20日《华西都市报》。

11月19日，到重庆大学主持重庆市现当代文学研究会第10届学术年会。

11月26日，评论文章《我读梅依然》发表于《重庆晚报》。

11月，与熊辉共同主编的《诗学》（第8辑）由巴蜀书社出版。

11月，论文《微笑的犁青》发表于《星星》（诗歌理论）第11期，后又刊于 2017 年 9 月 9 日《华西都市报》。

12 月 9 日，在文史馆主持《重庆艺苑》冬季号编前会。

12 月 12 日，散文《说长道短》发表于《重庆晚报》。

12 月 30 日，散文《给女生当婚恋顾问》发表于《重庆晚报》。

12 月，诗论《轻派诗人刘湛秋》发表于《星星》（诗歌理论）第 12 期。

12 月，主编的《梁平诗歌研究》由四川文艺出版社出版，并作序《梁平：三面手与双城记——序〈梁平诗歌研究〉》，该序言后发表于《中国文艺评论》2019 年第 2 期。

本年，诗作《抒情诗十章》发表于《敦煌》诗刊 2015 年卷；受聘《重庆晚报》文化顾问。

2017 年　78 岁

1 月 6 日，论文《诗人应当是时代的吹号者》发表于《中国艺术报》，后又刊于《中外诗歌研究》第 3 期。

1 月，论文《百年现代诗学的辩证反思》发表于《江汉论坛》第 1 期，《中国社会科学文摘》第 6 期转载，后该文又发表于《诗探索》2019 年第 1 期。

2 月 15 日，诗作《新加坡（二首）》发表于《重庆晚报》。

3 月 26 日，散文《水过无痕》发表于《重庆晚报》。

3 月，曾心诗集《曾心小诗 500 首》由东南大学出版社出版，书前有吕进撰写的序言《小诗的泰华诗圣》。

4 月 11 日，散文《记几位重庆前辈作家》发表于《重庆晚报》，又刊于 4 月 22 日《华西都市报》，后又刊于《重庆文学》第 4 期。

4 月，论文《八十年代的全国诗歌奖》发表于《星星》（诗歌理论）第 4 期。

6 月 17 日，散文《重庆直辖前后》发表于《华西都市报》。

6 月 21 日，到重庆市委党校做专题讲座"现代中国与文化修养"。

6月27日，到仙女山管委会做专题讲座"现代中国与文化修养"。

6月，诗作《走四方（三首）》发表于《草堂》第6期。

7月5日，诗论《诗可以群》发表于《中国艺术报》，后又刊于《星星》（诗歌理论）第8期。

7月30日，在泰国曼谷为留中总会"文学名家讲座"做专题讲座"诗可以群"。

8月，陈岩的诗集《爱上层楼》由团结出版社出版，书前有吕进撰写的序言《诗与远方——序陈岩诗集〈爱上层楼〉》；该序言又发表于同年12月26日《重庆晚报》。

9月8日，散文《在新加坡度夏》发表于《重庆晚报》。

9月13日至17日，在韩国江源道平昌市出席韩中日诗人节，做主题讲演"祝福东亚诗歌"，演讲词以《祝福东亚诗歌——在中日韩诗人大会上的主题讲演》为题，发表于《星星》（理论版）2018年第2期。此次会议同时出版韩文版《2017韩中日诗选集》，收录吕进《诗三首》（韩文）。

9月20日，诗评《苦难的人生果实》获颁全国晚报2016年度文化好新闻——文艺评论二等奖。

9月23日，散文《香甜的泰国》发表于《重庆晚报》，泰国《新中原报》转载。

9月23日，散文《醉在韩国的秋天里》发表于《华西都市报》，泰国《新中原报》转载。

9月23日，获颁全国诗歌报刊联盟颁发的"新诗百年贡献奖—评论贡献奖"。

9月25日，出席北碚区第三次文代会，第三次受聘区文联荣誉主席。

9月，李永才的诗集《南方的太阳岛》由四川民族出版社出版，书前有吕进撰写的序言《诗人的芬芳——〈南方的太阳岛〉序言〉》，该序言又发表于同年12月3日《重庆晚报》。

10月27日，出席第六届华文诗学名家国际论坛开幕式，致开幕词

"百年的祝福"。

10 月 30 日，散文《遇见》发表于泰国《世界日报》。

11 月 8 日，在北碚行政中心为市级文艺家协会会员做专题讲座"新时代与文明教养"。

11 月 10 日，论文《诗歌绝不是"私歌"》发表于《中国艺术报》。

11 月 12 日，在北京出席新诗百年华语诗人诗作评选颁奖大会，作为组委会总顾问和评委会主任做主旨讲话。

11 月 29 日，出席新华社重庆分社举办的"诗意·家园"现代诗歌分享会。

11 月，与熊辉共同主编的《诗学》（第 9 辑）由巴蜀书社出版。

12 月 14 日，散文《蜀人余光中》发表于《华西都市报》。

12 月 15 日，序言《春天的眼睛——〈就这么一直爱着〉序言》发表于《重庆晚报》；《就这么一直爱着》2018 年 2 月由团结出版社出版。

12 月，蒋登科的专著《重庆新诗的多元景观》由西南师范大学出版社出版，书前有吕进撰写的序言《重庆新诗的一本影集——序蒋登科〈重庆新诗的多元景观〉》。

2018 年　79 岁

3 月 31 日，在周庄出席"首届中国十佳当代诗人颁奖典礼"。

4 月 22 日，在重庆大学虎溪校园做题为"新时代与文明修养"的讲座；同日，论文《底层书写的诗学价值》发表于《华西都市报》。

6 月，散文《我们热爱这世界时便生活在这世界上——纪念诗人方敬先生》发表于《诗选刊》第 6 期。

7 月，严建文的诗集《风中的行者》由新加坡环球文化出版社出版，书前有吕进撰写的序言《和风伴行——序严建文诗集〈风中的行者〉》。

9 月 20 日，在北京大学出席"中国新诗百年纪念大会学术论坛"，做"新诗要守常求变"的大会发言。

9 月 28 日，在北碚海宇大酒店出席西南大学中国新诗研究所举办的

"吕进先生学术思想研讨会暨教育思想座谈会"。

9月，访谈录《吕进：新诗的下一个百年，重头戏应该是"立"》发表于《草堂》第9期。

9月，朱文斌、曾心主编的《新世纪东南亚华文诗歌精选》由浙江工商大学出版社出版，书前有吕进撰写的序言《华韵与蕉风——〈新世纪东南亚华文诗歌精选〉及〈新世纪东南亚华文小诗精选〉序》。

10月10日，出席四川大学诗歌研究院成立大会与揭牌仪式，并讲话。

10月13日，到周庄出席"记住乡愁·诗意周庄"全球华语诗歌大赛颁奖典礼。

10月14日《华西都市报》以整版篇幅刊发记者张杰对吕进的采访，题为《向诗而生的诗坛大家吕进》。

10月29日，到东南大学出席"东南大学首届诗歌节"颁奖仪式，晚上做讲座《中国文化与中国诗歌》。

10月30日，在东南大学学术报告厅做讲座《诗美的奥秘》。

10月，《吕进诗学论文精选》由重庆出版社出版。

10月，岭南人的《岭南人小诗99首》由泰国曼谷的留中大学出版社出版，书前有吕进撰写的序言《水过无痕——序〈岭南人小诗选〉》。

11月25日至29日，在广东遂溪出席"第18届国际华文诗人笔会"，获颁"中国当代诗人杰出贡献金奖"。

11月26日，评论《新诗诗体的双轨发展》发表于《中国文化报》。

11月，评论《诗人简明的"缝合术"》发表于《诗歌月刊》第11期。

11月，与熊辉共同主编的《诗学》（第10辑）由巴蜀书社出版。

本年，到重报集团大厦出席重庆晚报工作会议；在岭南师范学院做讲座"漫话诗美"。

2019年　80岁

4月，赵晓梦的诗集《钓鱼城》由中国青年出版社出版，书前有吕进撰写的序言《坚守钓鱼城——评赵晓梦长诗〈钓鱼城〉》，该序言后发又表于同年《诗选刊》第4期。

4月，《答黄亚洲诗歌发展基金会公众号问》发表于《中外诗歌研究》第2期。

7月3日，评论《最好不相见，便可不相恋——读刘萱〈西藏三章〉》发表于《中国艺术报》，后又刊于《星星》（诗歌理论）第8期和《西藏文学》第6期。

7月20日，评论《坚守的力量》发表于《解放军报》。

8月11日，评论《献给五星红旗的诗篇》发表于《华西都市报》。

8月26日，诗论《必须重建写诗的难度》发表于《中国艺术报》。

9月9日，出席"诗仙太白·2020年中国（重庆）酒文化节"开幕式，并代表中国作家协会诗歌委员会讲话。

9月，出席第一届缙云诗会，担任组委会总顾问，在开幕式上致辞。

9月，散文《送别余薇野》发表于《中外诗歌研究》第3期。

11月20日，散文《诗坛伯乐杨本泉》发表于《华西都市报》。

11月28日至29日，到北京出席由中国作协主办的"全国诗歌座谈会"，做大会发言"新诗的文体规范"，发言稿刊发于12月11日《文艺报》，后收入由《诗刊》社编选、作家出版社2020年12月出版的《全国诗歌座谈会会议论文集》。

11月10日，评论《城市诗的探路人》发表于《华西都市报》。

11月25日，散文《沙河去矣，留下风流在人间》发表于《华西都市报》。

11月，与熊辉共同主编的《诗学》（第11辑）由巴蜀书社出版。

12月，散文《忆流沙河》发表于《中外诗歌研究》第4期。

12月，曹剑龙的诗集《凌晨三点》由上海文艺出版社出版，书前有吕进撰写的序言《城市诗的探路人——序曹剑龙诗集〈凌晨三点〉》，该序言后又发表于《绿风》2020年第1期。

本年，出席《北碚文化丛书》编撰大纲评审会，担任丛书总顾问，受聘《几江》诗刊顾问。

2020 年 81 岁

1 月，诗论《诗在咸酸之外》发表于《星星》（诗歌理论）第 2 期。

3 月，诗论《抗"疫"诗要守住诗的门槛》发表于《星星》（诗歌理论）第 3 期，后又刊于《中外诗歌研究》第 1 期。

4 月，诗论《自由诗要拒绝散文化》发表于《中外诗歌研究》第 2 期。

5 月，诗作《狮子峰（外一首）》发表于《草堂》第 5 期，后又刊于《诗刊》第 8 期。

5 月 14 日，记者张杰以整版篇幅刊出对吕进的采访，题为《一位学者的双城记》。

6 月 1 日，评论《蒲华清，重庆童诗的光荣》刊发于《文艺报》。

7 月，评论《发现冯博》发表于《鸭绿江》7 月号。

8 月 24 日，散文《"全国优秀新诗（诗集）奖"琐忆》发表于《中国艺术报》，修改后又以《八十年代：诗歌与评奖》为题，发表于《星星》（诗歌理论）第 10 期。

8 月，序言《行到北碚必有诗——诗集〈夜雨寄北〉序》发表于《中外诗歌研究》第 3 期。

9 月 14 日，为重庆市第九期中青年文艺骨干研修班举办讲座"新时代与文明修养"。

9 月 25 日，出席由西南大学中国新诗研究所、北碚图书馆等承办的"百馆之声文化沙龙"第 8 期"中国新诗研究所：历史与未来"，与蒋登科、熊辉一起对谈中国新诗研究所的历史与现状。

9 月 27 日，主持《重庆艺苑》2020 年年刊编前会。

10 月，论文《自由诗要"去散文化"》发表于《诗选刊》第 10 期。

11 月 1 日，在成都出席"第六届中国诗歌节"，在论坛讲演。论文《必须提高写诗的难度》刊发于《诗刊》"中国诗歌节特刊"。

11 月 6 日，出席第二届缙云诗会，担任组委会总顾问，主持主题沙龙。

11 月，与熊辉共同主编的《诗学》（第 12 辑）由巴蜀书社出版。

12 月 22 日，散文《双城二重奏》发表于《重庆政协报》。

12 月，与熊辉共同主编的《诗学》（第 13 辑）由巴蜀书社出版。

本年，受聘《重庆诗刊》顾问；受聘《三峡诗刊》顾问。

2021 年　82 岁

1 月，诗论《提升自由诗》发表于《诗刊》第 1 期，后又刊于《中外诗歌研究》第 1 期。

2 月 27 日，"第七届中国诗歌春晚新加坡会场云诗会"举行，新加坡朗诵艺术家朗诵吕进的诗《闪雨》。

2 月，序言《诗者，寺之言——读张刚诗集〈灵魂之趣〉》发表于《星星》（诗歌理论）第 2 期。《灵魂之趣》同年 2 月由重庆出版社出版。

3 月 15 日，出席重庆市文联四届六次全委会。

3 月 25 日，西南大学中国新诗研究所"吕进诗学讲坛"第一讲举办，做题为"中国第一家新诗研究所"的讲座。

3 月 26 日，散文《我和红星路的情缘》发表于《四川日报》"名家"栏目。

3 月，论文《双城文化二重奏》发表于《文史杂志》第 2 期。

4 月 21 日至 23 日，出席"第三届川渝文化发展合作论坛"，并做主旨讲演《双城文化二重奏》。

4 月 27 日，在重庆文史馆主持《重庆艺苑》2021 年年刊编前会。

4 月，中英双语版《吕进诗选》由新加坡亿科出版社出版。

6 月 18 日，出席"第七届华文诗学名家国际论坛"，致大会开幕词。

7 月，散文集《多少话留在心上》由巴蜀书社出版。

9 月 20 日，散文《赵堂子胡同 15 号》发表于《重庆晚报》。

9 月 26 日，评论《可歌的诗》发表于《中国艺术报》。

9月，诗歌《俄罗斯姑娘》发表于《扬子江诗刊》。

9月，随笔《母鸡下的鸭蛋》发表于《绿风》第5期。

10月15日，论文《诗学笔谈》发表于《文艺报》。

10月21日，评论《新诗的开国合唱》发表于《人民日报》（海外版）。

11月13日，第21届（清远）国际华文诗人笔会在线上举行，大会授予吕进"中国当代诗魂金奖"，这是该笔会最高奖。

11月15日，散文《果园，为我打开芬芳的城门吧》发表于《中国艺术报》，后又刊于《中外诗歌研究》第4期。

11月21日，在重庆市北碚区北温泉公园兰草园出席"中国新诗创研中心揭牌仪式"和"吕进诗学工作室"开馆仪式，并在大会致辞，演讲词《祝福中国新诗创研中心》发表于《中外诗歌研究》第4期。

11月29日，《四川日报》整版刊出记者边钰对吕进的专访，题为《吕进：成渝是诗歌人生的生动韵脚》。

11月，与向天渊共同主编的《诗学》（第14辑）由巴蜀书社出版。

12月，与向天渊共同主编的《诗学》（第15辑）由巴蜀书社出版。

（编者按：吕进发表在地方报刊的数百篇文章由于篇目较多，仅择要收入）

书　评

中国当代战争小说研究的创新趋优之作

——评《中国当代战争小说情爱叙事研究（1949—1979）》

杨新刚[*]

赵启鹏博士的《中国当代战争小说情爱叙事研究（1949—1979）》是近年来中国当代战争小说情爱叙事研究成果中创新趋优之作。在中国现代文学研究题域之内，革命与情爱一直有着密不可分的关系。"革命＋恋爱"是20世纪20年代中期伊始的革命文学中较为突出而鲜明的情节模式，虽然也曾经遭到过一定的批评，但现代作家似乎又很难将革命与情爱截然二分，甚至曾对革命文学"革命＋恋爱"叙事模式提出过尖锐批评的茅盾，在其"蚀"三部曲、《虹》等作品中，人物形象的主要行动除了革命之外，另外一个比较惹人关注的行为即为恋爱。巴金的小说创作亦是如此，他虽然曾经公开表示，"爱情三部曲"并非描写爱情之作，只是借爱情来表现人性的丰富与复杂；但就表层叙事而言，还是遵循了当时颇为流行的"革命＋恋爱"叙事模式。他甚至在其《电》中用人物形象的话语来表达对于革命与爱情的看法："'你们都笑我是恋爱至上主义者！我不怕！我根本就不相信恋爱是一件不道德的事情，我不相信恋爱是跟事业冲突的！'"① 可见，革命与恋爱互相激发互相促进并相得益彰，但在革命文学叙事中，革命与恋爱情节设置的比例并不是一比一的，后者甚至远超前者。因此，革命文学思潮影响所及的文学作品，其情感的

---

* ［作者简介］杨新刚（1970— ），男，山东泰安人，文学博士，曲阜师范大学教授，主要从事中国现当代文学思潮及作家作品研究。

① 巴金：《巴金选集》第4卷，四川人民出版社1982年版，第311页。

震撼力颇值得关注与思考。

　　"革命＋恋爱"的叙事模式在后起的新兴的战争小说中得到了扬弃与发展，在叙事情节方面革命与恋爱的比重发生了重大的变化。革命情节占有绝对压倒性的优势，爱情情节成为革命情节的陪衬，甚至淡化为可有可无的存在。同时，秘密的革命行动更多地转化为火热的战斗行为，爱情的行动在某些战争小说的叙事中变得无足轻重。由于历史的、文化的与现实的各种因素的共同作用，与革命文学中的情爱叙事相比，1949—1979 年的中国当代战争小说中的情爱叙事呈现出了诸多不同的面向。因此，颇有进行研究的必要。正如著者赵启鹏所说："战争和爱情是人类生存状态中两种既普遍又特殊的存在境遇，是集人性的丰富性、复杂性和极致性之大成的表现场域。在这两种境遇中，人的理性与非理性、劣根性和光明面都表现得极为深刻，表现形态也最为丰富繁多、深刻细致。正是在这个意义上，它们是人类不变的生命冲动和永恒的文学主题。战争小说让我们能够凝眸战争中人的生存境遇，探索战争中人性的凸显和隐藏；感受个体生命情爱在动荡的社会战争中的遭遇，审视个体微小的情爱故事之于宏大战争历程的微妙影响等；更让我们能够从文化反思层面和诗意审美层面来观照群体战争是如何影响和规范每一个被卷入其中的个体命运及其情爱的。"① 虽然当代战争小说研究并非一个全新的研究领域，自其面世之后就有跟进的研究者，而且也已经出版了一定数量的研究成果。如果欲深化对其研究，需要调整和更新研究思路。通读专著，看到了著者的研究初衷得到了较好体现，"努力以整合性的学术视野来探索战争、情爱与文学三者之间的深层纠葛"②。

　　专著具有如下特点值得引起注意：首先，选择 1949—1979 年的战争文学作为研究对象，探寻国家/民族的现代化与作为个体主体的人获得现

　　① 赵启鹏：《中国当代战争小说情爱叙事研究（1949—1979）》，人民出版社 2015 年版，第 1 页。
　　② 赵启鹏：《中国当代战争小说情爱叙事研究（1949—1979）》，人民出版社 2015 年版，第 2 页。

代性之间的复杂关联，有助于中国当代文学现代性研究的拓展与深化。在著者看来，中国现代战争的过程与中国人现代性获致几乎达到了同步共振的状态，彼此互相交织缠绕难分难解，"正是在这些现代战争中，中国人的现代国家意识、现代民族意识、现代阶级意识和现代个体意识被淬造成熟了"①。因此，通过对战争小说研究（1949—1979）的研究，一方面可以体察在国家/民族及个体主体多个层面现代性获致的程度及其所呈现出的各自特征，另一方面也可以考察创作主体对现代性思想的接受及理解程度。著者进一步指出了其选择 1949—1979 年的战争小说作为透视现代性思想在特定文化语境下传播流变的样本的原因之所在，"对于中国来说，具有现代意义的主体的人（包括作为现代情爱主体的人）的生成是离不开中国现代战争的，中国的现代战争和现代情爱的产生与发展的历史，就是现代民族国家产生和发展的历史，更是现代中国人自身的产生和发展的历史，这三者同进共行，是紧密关联的一体"②；"中国当代战争小说文本中的现代战争也以特殊的方式'建构'着中华民族的现代性的行进轨迹和境遇图景"③。

其次，著者将现代性视域下的"人的文学"作为统摄全书的一个核心理念，对战争小说中的情爱叙事进行观照与研判。"无疑，在战争、情爱、文学的三维立体框架中，是存有一个中心支点的——那就是挺立于其间的'人'。"④ 这一文学史研究的核心理念的使用，无疑具有突出而鲜明的文学史建构意义，"'人的文学'这一核心理念，能够像一束强烈之光穿越并照亮现代中国文学流变的历史隧道，指引描述者勾勒出现代

---

① 赵启鹏：《中国当代战争小说情爱叙事研究（1949—1979）》，人民出版社 2015 年版，第 21 页。

② 赵启鹏：《中国当代战争小说情爱叙事研究（1949—1979）》，人民出版社 2015 年版，第 21 页。

③ 赵启鹏：《中国当代战争小说情爱叙事研究（1949—1979）》，人民出版社 2015 年版，第 35 页。

④ 赵启鹏：《中国当代战争小说情爱叙事研究（1949—1979）》，人民出版社 2015 年版，第 15 页。

中国文学史的原本面貌"①，"以它作为核心理念建构现代中国文学通史，具有宏阔的统摄力和巨大的阐释功能，不仅能够把作为中华民族文化同一性象征符号的现代中国文学共同体所蕴含的现代性与民族性抽象地概括出来，而且可以将现代中国多种形态文学的复杂而深邃的人学内涵发掘出来，也能把掺杂在现代中国各种形态文学中的'非人文学'因素剔除去，更能以'人的文学'理念作为逻辑纽带将各种形态文学联结为一部整体性的文学史"。② 1949—1979 年的中国当代战争小说，无疑也属"人的文学"的范畴，当然也会表现人性的丰富与复杂以及个体主体的冲动与理性的纠缠、本能与义务的斗争、爱欲与道德的冲突，只不过将人性放置在一个较为特殊的背景之下进行表现，这就使得战争小说的情感叙事出现一定的特殊性，著者充分意识到了研究对象的特殊性，即在战争这个特殊背景下人性有可能会遭遇急促的时代思想文化主潮的有意处置。有鉴于此，著者在战争、情爱、文学构成的"三脚架"之上，设定了一个更高的存在，它是以"三脚架"为底而构成的"三角锥"的顶点——"人的文学"，进而将该核心理念作为透视与评判战争小说得失的重要准则。

再次，专著体现出著者具有鲜明的问题意识，以及剖析解决复杂学术问题的整合凝练能力。著者提出了"在现代战争酷烈的氛围下，异性间的情爱是一种什么样态的存在，它与日常生活中的爱情有什么不同，自身独有的特点是什么？"等十多个问题。提出问题的多少，问题提得深刻与否，无疑决定着论著的高度与深度。著者提出的十多个问题，恰恰都是当代战争小说情爱叙事研究中不可规避或曰最根本性的问题，有些问题是著者立于新的研究视角与新的方法论方面提出的新问题，有些看似是老问题，但追问的角度进行了调整，这均显示出著者敏锐的学术探究力。针对这些问题，著者认真寻觅求索并找到了切实可行的研究方法。"希望能够在立体多维的整合性研究框架和学理观照中，运用现代性相关

---

① 朱德发：《现代文学史书写的理论探索》，山东人民出版社 2010 年版，第 127 页。
② 朱德发：《现代文学史书写的理论探索》，山东人民出版社 2010 年版，第 153 页。

理论和现代人学相关研究成果来探究 1949—1979 年中国当代战争小说中的情爱叙事，并关注新中国成立以后不同历史阶段的社会语境和文学生产机制对战争小说中情爱叙事的影响，力求以现代性理论为经，以人性情爱研究为纬综合运用文化人类学、文化社会学、现象哲学、存在主义哲学及各类精神文化分析学等相关理论，以小说文本为最根本立足基点，来进行整部书稿的建构和文学叙事话语的研究"①。著者将问题放置在较为阔大的背景之下进行细致的考辨剖析，不仅彰显了其开阔的学术视野，而且也体现了卓越的学术穿透力、整合力与分析凝练能力。

复次，专著体现出著者具有理路清晰、思维敏锐的学术潜质与优势。著者对何谓战争小说进行了较为清晰的界定，并细致区分了与军事小说、军旅小说的异同。指出战争小说"既包括描写正面战场及其他具体战争过程的小说"，"亦包括描写围绕整体或局部具体战争所进行的其他战线（地下斗争、敌后战场等）战争的小说"，"还包括描写为战争所驱使的'人'之命运之展现的小说"②。著者对战争小说叙事模式的概括提炼的创新与分析阐发的尝试，无疑是专著中的重要亮点之一。这既显示出著者运用发散思维与聚合思维的卓越能力以及发现思维机制的强大，尤其是"实然应然：1949—1979 年战争小说情爱叙事的模式解读"与"幸福赋权：1949—1979 年战争小说情爱叙事策略的文化考察"二章，彰显其用心的独到与用力的专一。"'极限情境'的叙事策略设置""正反映照：'镜像人物'的政治表意效用"等节，观点明确犀利，分析阐发细腻入微，论证丝丝入扣，结论水到渠成，充分显示出著者在"知识结构、学术视野、理论思维、艺术感悟、发现机制、创新意识、整合能力、阐释技艺以及文字表达"等诸方面"具有独特优势"（朱德发先生语，参见该专著《序》）。

---

① 赵启鹏：《中国当代战争小说情爱叙事研究（1949—1979）》，人民出版社 2015 年版，第 24 页。

② 赵启鹏：《中国当代战争小说情爱叙事研究（1949—1979）》，人民出版社 2015 年版，第 14 页。

最后，专著体现出著者理性评判与心灵解读相结合的研究方法。文学史的研究要求研究主体既要"入乎其内"，又要"出乎其外"。入乎其内，方可真正感知自己的研究对象，出乎其外，方可做到客观审视。对于大多数研究主体而言，弱于把握"入乎其内"与"出乎其外"的辩证关系。常常陷入其中的一极而不自觉。但著者在理性思辨的基础之上，对所面对的研究对象尽量做出公允中立的评判，尽量不因个人的喜好而被研究对象所遮蔽或淹没。同时，著者一旦做出明确的理性选择之后，就会全神贯注地聚焦于研究对象，细察感知研究对象。在"人的文学"理念的统摄之下，用心去解读感悟所选择的研究对象。因此，著者对战争小说中的人物形象及其所承载的意义的解读与阐发也异常深刻与独到。"从特定意义上说，史家灵魂要获得一种圆融独到的'文学史理念'或'史识'，必须借助于主体思维的超越性和创造性、适应性与整合性，因为它不是从先验的理念出发将研究对象'削足适履'，也不是以二元对立思维将研究对象拆得支离破碎，而是以完整体悟与通达理解的姿态去感受、发现对象灵魂，使研究主体的灵魂与对象主体的灵魂相对应，相契合"。① 由于著者在研究过程中，时时提醒自我将"研究主体的灵魂与对象主体的灵魂相对应，相契合"，因此，对作品做到了阐释深刻而又灵动，一改小说叙事的研究每每给人的理性有余、感性不足的刻板印象。透过著者对战争小说文本的解读，亦能感受到其跃动不已的心灵之舞、独特的精神与审美的体验。

总之，赵启鹏博士的《中国当代战争小说情爱叙事研究（1949—1979）》，是晚近中国当代战争小说叙事研究成果中的佼佼者，更是创新趋优之作。

---

① 朱德发：《现代文学史书写的理论探索》，山东人民出版社 2010 年版，第 154 页。

佛教文学与地理研究的结合*
——评阳清、刘静《晋唐佛教行记考论》

杨宗红**

晋唐时期，佛教盛行，大德高僧们汲汲于求法和传法，"西域大德，络绎东来；东土释子，联袂西去。历游所至，著之篇章"①，佛教行记大兴。其中最为重要、数量最多的，当属汉地巡礼求法僧人的旅行笔记以及相关传记。李德辉先生指出："行记是中国古代特有的一种文类，专门记述古人出门远行的经历见闻。"② 佛教行记融汇传记与佛国地记乃至游记于一体，亦且关注地理交通与异域文明，具有历史、地理、交通、宗教、民俗、文学等多学科价值，是文学地理学研究的重要对象。当前，学界鲜有以文学地理学角度研究佛教行记。研究佛教行记，除了检读存世全帙，还应关注亡佚之作和相关文献，以尽力做全面系统地考察。阳清、刘静《晋唐佛教行记考论》（中华书局2021年版，以下简称《考论》）正是这方面的力作。从佛教文学地理学角度去考察，该著呈现出如下特点。

一　对晋唐佛教行记佚著的高度重视

晋唐佛教行记文献至少有 17 种别行于世。其他仅存辑本、节本或者

---

　*　[基金项目]：国家社科基金项目"文学地理学视域下明清白话短篇小说研究"（13XZW008）。

　**　[作者简介]：杨宗红（1969—　　），女，湖北恩施人，巴渝学者特聘教授，重庆师范大学文学院教授，文学博士，主要从事中国古代文学与文化研究。

　①　李德辉：《六朝行记二体论》，《文学遗产》2012 年第 3 期。

　②　李德辉：《论行记的内涵、范畴、体系、职能》，《绵阳师范学院学报》2019 年第 9 期。

残卷。一些史传、僧传虽略有记载，然而存世的少见，相关文献全帙仅有 4 种。晚清以降，不少学者虽曾涉及这方面的佚著佚文，但多散见于他书的专题文献整理中，譬如陈运溶《古海国遗书钞》、岑仲勉《晋宋间外国地理书辑略》、李德辉《晋唐两宋行记辑校》、郑炳林《敦煌地理文书汇辑校注》等。对其进行文献叙录者，譬如梁启超《中国印度之交通》、岑仲勉《唐以前之西域及南蕃地理书》、向达《汉唐间西域及海南诸国古地理书叙录》等，同样较为零散。迄今为止，未见有学者对晋唐佛教行记文献开展全面整理与深入考证。对于佚著或残卷不同程度的忽视，导致一部分很有价值的佛教行记，很少有人知其原貌，至于撰者的籍贯、活动以及如何描述地理交通，更是难以了解。《考论》上篇"佚著考说"考证佛教行记数种，亦即支僧载与《外国事》、竺法维与《佛国记》、释智猛与《游行外国传》、昙无竭与《外国传》、释昙景与《外国传》、释法盛与《历国传》、释常愍与《历游天竺记》、北魏慧生行记等。上述行记皆亡佚已久，《隋志》与两《唐志》或有著录，或未曾关注，中古类书与古注或有征引，其著者情况、作品内容究竟如何，都有待于全面考证。

《考论》通过仔细搜辑佚文，论证著者和原书的一些相关问题，力图还原佚著之前世今生，尤其是作为"行记"的本来面貌。譬如，竺法维《佛国记》有岑仲勉与李德辉两种辑本，其中岑本有佚文 7 条搜辑齐全，但征引文献未标注版本，且文字偶有脱讹，李本有佚文 6 条，然而相关校语不甚精准。《考论》以岑氏所辑为底本来梳理《佛国记》佚文，融合岑本、李本之长而补其不足。再如，释智猛、昙无竭、释昙景皆有同名《外国传》且佚，《考论》通过多方钩稽分析，指出《出三藏记》智猛附传所载，"实以智猛行记为材料依据并经删改而成"，附传多处叙及有关昙无竭之行径路线及绝域风光、旅途之艰难、释伽之遗迹等内容"必为《游行外国传》之应有内容"；同样，检读《出三藏记集》附传所记，"昙无竭之经行路线以及绝域之风情、旅途之艰难、释迦之遗迹、佛教之灵验等等，均为《外国传》中之应有内容"①。又如，释法盛《历国传》亦佚，向达《汉唐间西域及海南诸国古地理书叙录》逐一列举《翻梵语》所见《历国传》名物，仍有遗漏，亦无相关版本信息。《考论》补充并重新编序，然后整理成简表，得出《历国传》以时间为主线，以事理为辅助的文本框架。不难看出，《考论》注重对同名行记的辨析。前述昙无竭与释昙景同名《外国传》皆佚，而《翻梵语》却多处征引前者。作者在对两种《翻梵语》作出辨析之后，指出信行《翻梵语》征引《外国传》应为昙无竭行记，又据向达《叙录》，补充该著遗漏的《翻梵语》卷八村名，通过辑录《翻梵语》所见《外国传》名物，由此推断昙无竭行记的文本框架。在完成上述研究之后，《考论》再根据诸多文献，证明《翻梵语》所见《外国传》并非释昙景行记，可谓条纹缕析，令人信服。

晋唐佛教行记并不只有上述几种。为使读者对全帙和佚著有更加全面的掌握，《考论》除了在论述中以表格呈现相关文本材料，又在著作末尾特别附录相关文献资料。附录一为晋唐西行求法僧人，附录二则为晋唐佛教行记，附录三则为晋唐佛教行记文献叙录。这些附录文献不是简单地"搬运"，而是配合前文论证需要，务必让读者对晋唐西行求法僧人及其行记形成整体认识。

二　对僧人活动地理和行记描写地理的特别关注

梅新林先生指出，文学地理学中的"地理"，依次包括作家籍贯地理、作家活动地理、作品描写地理以及作品传播地理四个层面，其中作品描写地理是文学地理学研究的核心②。实际上，佛教行记撰者的活动地理，与行记本身对地理的描写直接相关。同样，由行记描写地理亦可反观僧人活动地理及其相关问题。晋唐佛教行记佚著已难见原貌，行记当中的"描写地理"自然也难为读者所知，乃至撰者的活动地理也难被了解。前人相关研究或许可以提供一定的支持，然而毕竟非常有限。《考

---

① 阳清、刘静：《晋唐佛教行记考论》，中华书局 2021 年版，第 77、89 页。
② 梅新林：《中国文学地理学导论》，《文艺报》2006 年 6 月 1 日。

论》则在考证和分析行记文献时，特别关注作者的籍贯及其行迹。

譬如支僧载《外国事》亡佚已久，中古类书与古注屡有征引。《考论》仔细搜辑残存文献，同时分析一些学者的观点，认为支僧载国籍"当以月氏之说为近"①。又如竺法维籍贯有"凉州说"与"高昌说"两种，《考论》认为二者无更多有效的证据，但竺法维东归以后曾活动于建康一带。抑又，根据所辑佚文 6 条，得见其游踪关联行记描述的具体内容，以证明"撰者的在场与记录的真实"②。再如依据《开元释教录》，释智猛的活动轨迹是：发迹长安—至凉州城—入于流沙—历鄯鄯、龟兹、于阗诸国—登葱岭—至波沦国—三渡雪山—至罽宾国—渡辛头河—至奇沙—至迦维罗卫国—至华氏城—返回凉州。正因如此，智猛行记多载西域及佛国之事，有利于促进西域与佛教文化的关系研究。昙无竭在佛国巡礼长达二十余年，其见闻相当丰富，故而记载西域以及佛国应极具地域特征。《考论》通过考察《翻梵语》征引《外国传》，得见诸多国土、城名、村名、山名，印证昙无竭行迹之复杂。又通过分析《外国传》四卷之框架结构，将昙无竭佛国巡礼分为四个阶段。同理，该著考察分析《翻梵语》征引《历国传》，遂见法盛佛国巡礼亦有四个阶段，每一阶段历经不同地区或国家，得见不同名物。当某一名物难以确知，《考论》于是依据汉译佛经和相关文献予以考证。作者认为，《历国传》中的伽沙国即佉沙国，亦即疏勒、沙勒、喀什噶尔；波卢国大师是波卢那国（或叵罗那国），大致处于葱岭附近；富那跋檀国亦即《大唐西域记》中的奔那伐弹那国，大致位于今孟加拉国；结论令人信服。

在诸篇考证文章中，《翻梵语》征引《外国传》与《历国传》，可谓本书中最具学术价值者。从所见名物看，既有山、河流、洲名、城、村、寺舍、国土等地理空间，也有比丘、比丘尼、外道、婆罗门、刹利、杂人等各色人等，虽然仅留只言片语，却可见僧人游历之丰富，见闻之广博，甚至可由此想见其游历之万般细节。此外，《历游天竺记》虽存有几

---

① 阳清、刘静：《晋唐佛教行记考论》，中华书局 2021 年版，第 43 页。
② 阳清、刘静：《晋唐佛教行记考论》，中华书局 2021 年版，第 68 页。

段故事,譬如佛升忉利天为母说法之际波斯匿王、优填王因思慕佛祖而首次造像之事,北印度僧伽补罗国刻檀释迦、弥勒坐像之渊源及其相关灵验,中印度鞞索迦国毗卢遮那像由来及其相关灵验等,都紧密关联地理背景,具有浓厚的佛国气息。从总体上看,佛教行记佚著所描述的地理固然有限,却也是研究西域和佛教不可多得重要文献资料,对于佛教文学地理研究具有特殊的作用。

三 对佛教行记地志性与文学性的双重阐释

依据史志目录,晋唐佛教行记多被著录于史部地理类或杂传类,这在很大程度上说明这类文献具有历史地理学和人物传记学属性,它一方面是僧人传记之别体,另一方面展示了求法僧人在西域与佛国的旅途见闻,内容涉及地理、疆域及域外风物,其地理线索明晰,地理学特征明显。正因如此,佛教行记融合作家地理与作品地理为一体,是研究文学地理学不可忽视的文类。《考论》下编为"文学阐释"篇,系统考察了晋唐佛教行记的文体属性、文学特征、叙事策略、人物塑造、情感抒写等,充分展示其地志性与文学性,这些都是前人相对忽略的内容。

《考论》详细考察了佛教行记文体与地记游记之关系,认为它在文本内容与文体形态上呈现出地记和游记的特征,且与方志文献类型的地记与图经产生关联,它所展示的方位、河山、风物、人文等内容,是读者了解西域与佛国文化的窗口。通言之,晋唐佛教行记"以传记为本质,以地记为内涵,以游记为特色",围绕汉地僧人的空间流动而自然行文,途中所见所闻的山川风物、名胜古迹、风土人情、历史掌故等,以及由此见闻而产生各种情感,构成了这种文类的写作机制;不仅如此,佛教行记"特别注重行程路线和地理位置的随手记载",时间与地点紧密相连,"文本随着时间的推移而延及地理位置和异域见闻,藉此彰显出丰富的地志内涵"。[①] 晋唐佛教行记高度重视游程与游观,重视描绘绝域自然

---

① 阳清、刘静:《晋唐佛教行记考论》,中华书局 2021 年版,第 216 页。

及社会奇观，或者某地遗迹相关传说，也着意表现撰者真实的地理情感，"彰显中古地记文化内涵"①。析言之，《慧生行传》以地理方位结合日程，并以地理距离取代时间的延续；法显《佛国记》在时间推移中衔接多个国家与地区，在特定时空中呈现主体的见闻，描述异国风情、佛教遗迹，或者是现世灵验，佛国风味独特。要之，晋唐佛教行记"以记录高僧前往佛国求经巡礼为核心内容，通过描写旅途之中罕见的自然现象、地理环境，展示某国或某地奇特的异域风情、佛教遗迹，穿插讲说诡谲的现世灵验，有意追记神幻的过往传说，表现人物交流并渲染僧人在特定环境中的真实情感"，表现出"某种独特的文学表征与人文内涵"②。这些结论均可谓视角独特、胜义纷纭。

抑又，《考论》特别强调佛教行记描写的文学意味，以及该类文献对西域和佛国独特地理风貌的展示。如阳关以西广漠的沙漠、高峻的雪山、冷酷的冰崖、湍急的江川等，无不奇绝壮美；又有佛国僧尼、幡盖、造像、寺刹等名物，庄严而又神圣。因为具有游记和传记的特征，故而佛教行记所叙几为亲历，具有生活在场感，叙人则真切传情，记事而神秘有验。佛教行记的地域审美特性因游历之地不同而有变化。如《佛国记》紧扣"佛国"，讲述故事与追忆传说，往往涉及佛陀、菩萨、沙弥、居士、罗汉、高僧、天众、仙人、龙族、鬼神等各类人物，与佛陀、佛陀弟子、伽蓝、佛像、舍利相关的遗迹及灵验记交错于文本中，以佛陀和佛教为核心的本生、诞生、成道、传法、诱化等相关故事比比皆是，充分体现了佛国的地域性与民族性。

行记亦即旅行记录。从中土经西域到天竺，再回归中土，在交通不发达、信息不灵通的古代社会，过程之艰难不言而喻。《考论》把晋唐佛教行记文学主题浓缩为"苦难"，可谓信而有征。佛教行记往往以异域他乡旅途空间的所历所闻为主要内容，对恶劣自然环境进行描绘，对亲身劫掠故事进行文学演绎，讲说严寒、酷暑、掠劫、野兽等诸多之苦、旅

① 阳清、刘静：《晋唐佛教行记考论》，中华书局 2021 年版，第 216 页。
② 阳清、刘静：《晋唐佛教行记考论》，中华书局 2021 年版，第 221 页。

途的灵验感应，展示磨难和西行之不易，渲染异乡人的思归情结，高僧求法旅途之苦亦可得见。撰者展示空间亲历及空间感受，还往往有直陈旅程艰险之语。《考论》特别提到慧超《往五天竺国传》五首抒怀诗都作于求法历程中，皆因"物感"而生；其他佛教行记亦大多通过具体场景描绘和地理事件叙述，融合了特定的地理元素和文学情感。

　　一言以蔽之，作为学术界首部研究佛教行记的专著，《晋唐佛教行记考论》一书对佛教行记佚著给予了高度重视，对僧人活动地理和行记描写地理加以特别关注，对佛教行记地志性与文学性进行双重阐释，该著并非着力于文学地理学研究，却成为文学地理研究尤其是佛教文学地理研究不可忽视的重要成果。

渐次清晰的风景

——《中国小说家庭伦理叙事的现代转型（1898—1927）》读后

庄生晓*

一

中国伦理观念的现代转型，是这一百多年来影响中国人情感与日常生活的大事。很难想象，曾经维系中国人伦理观念中心的"君为臣纲""父为子纲""男尊女卑"等儒家传统，竟然在这么短的时间内土崩瓦解。这种观念上的急剧变化，也在客观上带来了学术研究的困难。首先是一些基本问题需要厘清：它是如何发生的，又将走向哪里？由于道德伦理①观念在中国社会中所扮演的重要角色，经历这场转型的人都有深切的感受，往往争相发言、各抒己见；又因为道德具有很强的实践性，并不是简单的学理层面的研究，所以普通人也可以发表自己或粗浅或周全的看法，呈现出各种形态：报刊上的论辩文章、小说、日记，甚或是做演讲或私下谈话。一时间，公说公有理婆说婆有理，造成了一种众声喧哗的场面，而研究起来难免头绪繁杂。同时，伦理观念的现代转型，又与中国整个社会"数千年未有之变局"纠缠在一起，伦理观念与政治制度、

---

* ［作者简介］庄生晓（1974— ），男，山东文登人，文学博士，中国社会科学出版社编辑，研究方向为中国现当代文学及批评研究。

① 本文不对伦理（ethics）与道德（moral）做细微区别，在所探讨的话题内，两者可互换，参见［美］雅克·蒂洛、基思·克拉斯曼《伦理学与生活》（第9版中译本）中对此的探讨。

经济发展密切相关，要说清楚伦理观念的现代转型，不能只局限在伦理这一维度上而不顾其他，这又使得研究变得沉重而复杂。而雪上加霜的是，中国现代性的"未完成"状态，一切尚未尘埃落定，还在摸索之中，"君君臣臣"可以不考虑了，"父父子子"究竟该怎样？鲁迅的《我们现在怎样做父亲》发表有一百多年了，我每天早晨还能听到隔壁的那对父女在为上学的事高声吵架——哪怕道理都明白，也不能解决最基本的问题：父母想着为子女好要安排子女的方方面面生活，子女打着自由的旗号就不接受任何管束。实际上，以上这种研究困境，同样出现在诸如现代文学研究等领域，现代学术转型要求学者用"现代的"（很大程度上是借鉴西方的）研究方式来重审自身的变迁，而一切都在流变之中，又造成了言说上的困难，如何攥住那指缝中流动的沙子？

戴锦华教授曾以《雾中风景》为题形容身处其中、未能尽识庐山真面目的研究情景，我们不妨反其道而行之，相信不断积淀的学术研究就像不断驱散迷雾的清风，最终呈现一幅清晰而开阔的风景画卷。相较于当下聚焦特定专题比如爱情、父子关系等的研究，《中国小说家庭伦理叙事的现代转型（1898—1927）》[1] 的论述较为全面，特别是通过分期的形式对父子伦理与两性伦理进行探讨，较为完整地呈现了 1898—1927 年中国家庭伦理变迁的基本面貌，展示作者较为开阔的视野以及把握微观景致的能力。这种分期研究的方式很值得考察一番。

同样很有意思的是，这本书的封面图片，某种程度上呼应了转型期这种"众声喧哗"及"流变不居"的特点：封面上明明暗暗五个人的剪影，有男有女，有老人有大人有幼童，他们相对或背对[2]，仿佛在演说、在倾听，甚至在争辩，又仿佛因倦怠而陷入沉默。图片上这五个人仿佛都在说些什么，或者要说些什么，可惜我们什么都听不到。现在的研究者，或许只能回到当初的历史现场，从保存到今天的文献故纸堆中，仔

---

① 杨华丽：《中国小说家庭伦理叙事的现代转型（1898—1927）》，中国社会科学出版社 2021 年版。以下引用该书时只在文中标出页码。

② 封面上背靠背的一对成年男女，人物关系上类似丁聪为《围城》所画的封面。

细聆听他们的心声，传释他们现在已经沉默的声音。书中引述了大量的这一时期的论争文章和小说作为研究材料，在还原历史现场上做足了功夫。

当研究对象指向具体的人物与特定的情景时，就面临着选择不同的研究路径的问题。可以做纯粹的学理层面的伦理变迁研究，可以从思想史层面进行探讨，还可以从叙事伦理层面进行研究。作者杨华丽教授的此前一种专著《"打倒孔家店"研究》，基本采取的就是思想史的研究策略，除了探讨易卜生《娜拉》以及胡适《终身大事》的传播这样重头的文化事件外，也还原了一些历史中的真实事件，比如"李超事件"以及"赵五贞事件"，以及人们对于这些事件的反应——很多声援或声讨的文章通过报刊发表，构成了该书特别的话题式讨论风格。我们可以将《"打倒孔家店"研究》与本书看成两本具有内在关联性的系列研究，前一种更加重视伦理问题在现实层面的探讨，而《中国小说家庭伦理叙事的现代转型（1898—1927）》则加入了小说的伦理叙事来考察伦理变迁。这便生出了书名中"伦理叙事"中"伦理"与"叙事"关系的探讨。对于这个略带理论色彩的话题，书中开篇时没有展开讨论，只是借用此概念申明了作者的研究视角：

> 一般而言，伦理叙事（ethical narinate）指的是小说中被叙述出来的伦理故事，作者或叙述者在叙事情境中所传达的某种伦理思想和价值判断等等，都构成了现代小说的伦理叙事，它也可以被看作是一种"伦理文本"（ethical text）。①（第 3 页）

作者还特别声明"伦理叙事"与"叙事伦理"有所不同，后者偏向叙事学，"是作为伦理的叙事"，侧重研究叙事立场、叙事原则、叙事策略等（第 16 页）。或者可以说，"伦理叙事"探究的是讲述的内容，而叙

---

① 叶立文：《五四小说的伦理叙事》，《小说评论》2010 年第 1 期，narinate 似应为 narration。

事伦理探究如何讲。以《伤逝——涓生的手记》为例，涓生表述自己这段经历的"手记"形式以及文章中含有的反讽色彩的叙述，则属于叙事伦理。而子君冲破家庭束缚的"出走"，则属于伦理叙事。在书中，作者这样具体阐述的：

> "出走"无疑是五四一代青年最为流行的反抗方式，也是得到启蒙者充分认可与鼓励的反抗方式。（第215页）
>
> 《伤逝》中的子君是一个受到娜拉影响的现代女性，在听涓生谈了半年的家庭专制、易卜生等之后，当某一天涓生和她"又谈起她在这里的胞叔和在家的父亲时，她默想了一会之后，分明地，坚决地，沉静地说了出来的话"："我是我自己的，他们谁也没有干涉我的权利！"为此，子君和她的亲叔叔"闹开"，"至于使他气愤到不再认她做侄女"，她和她父亲间的关系只能更僵而不会有缓和的可能。为此，子君不再回她胞叔那里，更做好了不再回她父亲家的准备，因而她积极地和涓生租房子同居，实现了"出走"的愿望，也实现了向父亲胞叔的示威。（第218页）

"出走"也算古已有之，白居易《井底引银瓶》就记录了一位女子的"出走"。传统道德里将女子的这种"出走"，视为不要脸的"淫奔"；直到五四时期，才算赋予这种冲破束缚、争取个人权利的行为以完全正面的意义。

通过这样一个小例子，我们大致能够了解作者如何处理小说的伦理叙事。书中列出了许多小的专题，并进行深入细致的探讨。我们或许有些疑惑，鲁迅《伤逝》并不是一篇鼓励"出走"的小说那么简单，里面涉及非常复杂的情感与社会问题，这样的处理是否有简化之嫌？但这大概就是"伦理叙事"的风格，对于单篇作品来说，只取其中某个点而非做完整研究。而这些众多的点像"点彩画"一样绘制出较为开阔的画面来。

　　而在更大的范围里，像平等、自由这些外来的概念进入中国的伦理及叙事话语中，改变了中国原有的强调义务与尊卑差异的规范伦理，也带来了许多意想不到的故事。比如"婚姻自由"观念就带来了喜剧效果，小说《新孽海花》里强盗海里奔原本想强抢女子做压寨夫人，不料有留学生"英雄救美"，故而海里奔质问："却原来也知道婚姻自由是最尊贵不过，万万不能听人家侵害的。然则你为甚么来侵害我的婚姻自由？哼，哼！你可知罪么？"（第 116 页）他对自由的想象不禁让人莞尔。小说《黄绣球》里对自由也有批驳。黄通理对黄绣球说："你记得你梦见罗兰夫人吗？他临终时，有两句话道：'呜呼！自由自由，天下古今，几多之罪恶，假汝之名以行。'""如今号称志士的……却又错认了自由宗旨，只图做的事随心所欲，说的话称口而谈，受不得一毫拘束，忍不住一点苦恼，往往为了学堂里的饭食菲薄，争闹挟制。"（第 127 页）更不必提五四时"自由恋爱"成为风气，"浮荡少年"以此为借口骚扰异性，或者诱惑猎捉，女性小说家多有作品要女生对此警惕，要提防出了"旧礼教"的"火坑"，又掉入"新学理"的"水坑"（第 291—296 页）。反对旧礼教，欢迎新思想；新思想来了又要提防其弊端……这些线索构成回环往复的路径，引导人们遍览众多风景。

　　从本书的目录上，我们也能发现这种"伦理"与"叙事"的对应关系。第一章是"催化：1898—1915 年的家庭伦理观念"，主要从"民族国家话语"和"民主共和话语"两阶段谈当时舆论场对家庭伦理的探讨。与之对应的第二章"1898—1915：小说叙事中的父子伦理"、第三章"1898—1915：小说叙事中的两性伦理"，则从当时的小说叙事中发现当时伦理思想。同样，第四章"激变：1915—1927 年的家庭伦理观念"又与第五章"1915—1927：幼者的发现与父子伦理叙事"、第六章"1915—1927：女性的发现与两性伦理叙事"相对应。具体到书中，我们会发现这种"对应"的复杂性，既有借小说来宣扬新观念、抨击旧观念，与舆论场相呼应的；也有小说早于舆论探讨男女爱情（第 105 页），可以看成新观念萌芽①；还有一些五四时期的伦理观念，比如"非孝"，理论上似乎一两句话就能说明白，而在胡适的文学作品中，却有着剪不断理还乱的情感纠葛（第172—176页）。这些构成了作者考察现代转型期的伦理与小说的重要角度，在书中开篇时作者便开宗明义：

> 研究中国小说的家庭伦理叙事在此期间所发生的艰难转型及其思想特质、文学呈现，无疑有助于更有效地梳理伦理思想与小说家庭伦理叙事的嬗变历程，有助于更准确地辨析清末民初与五四时期在伦理观念及其文学表达上的承传与变异，有助于更细致地考量家庭伦理的近现代反思向纵深发展的曲折而缓慢的历程，也有助于探究文学如何参与当下伦理道德重建这一现实问题，因而是一个值得重视的研究角度。（第7—8页）

以上谈到了我对书名中两个"关键词"的理解，下文谈书中分期研究策略对我的启发。

二

在处理1898—1927年的伦理叙事的变迁上，作者采用了分期的研究策略，从而较为清晰地呈现出家庭伦理叙事的变迁。分期是以1915年为界将1898—1927分成两大段，前一段是"催化"期，后一段是"激变"期，而前一段又细分成"1898—1911：民族国家话语""1911—1915：民族共和话

---

① 书中指明，舆论上探讨爱情话题则要晚到五四时期，鲁迅的《随感录四十》不能不提（第272—273页）。鲁迅收到一位青年的来信，信中青年感叹："爱情！可怜我不知道你是什么！"父母包办的婚姻，让孩子没有任何选择婚姻对象的权利："仿佛两个牲口听着主人的命令：'咄，你们好好的住在一块儿罢！'"一下子打动了也是包办婚姻的鲁迅，他说："然而无爱情结婚的恶结果，却连续不断的进行。形式上的夫妇，既然都全不相关，少的另去姘人宿娼，老的再来买妾：麻痹了良心，各有妙法。"相较之下，张爱玲在《国语本海上花译后记》中揭示《海上花》中嫖客与高等妓女之间的爱情，多少是让人震撼的。而鲁迅对"姘人宿娼"的道德化理解，是否影响了他对《海上花列传》所蕴含的爱情的洞察？是他对爱情的定义很高，看不上因宿娼而生的爱情？还是如他所说："爱情是什么东西？我也不知道。"

语"两部分。熟悉中国现代历史或中国现代文学史的读者对于这种常见的分期，或许是熟而无感，而每个时间节点，基本上都对应大事件，比如1898 年是戊戌变法失败；1911 年辛亥革命推翻封建王朝；1915 年陈独秀创办《青年杂志》，后来它形成了新文化运动的中心；1927 年则是北伐胜利、国民党形式上统一中国。除了 1915 年，其他年份都带有很强的政治色彩，或许有人问，难道不应该以伦理叙事、哪怕是以伦理观念的变迁为分期依据吗？难道是因为它们如此"神同步"吗？我以为，对复杂的研究对象进行分期是一种写作上的方便之举，没有一种分期能够完美解决所有问题，或者能够得到研究者的一致认同。话语及价值立场转变大的，比如 1898—1915 年，宜于进一步细分；而立场较为统一的，则可以不必细分。其实杨华丽教授的这种分期法，一下子解决了我一个长期未解决困惑：以鲁迅先生的深思明断，何以在两个不同的时间节点，写出两篇意义截然相反的文章？

鲁迅 1903 年编译发表的小说《斯巴达之魂》，读起来颇有伦理叙事的味道。波斯大军进犯斯巴达，斯巴达勇士在温泉关拼死抵抗，军队中有一士兵亚里士多德因目疾没有参战，而后逃回家中，因为记挂他的爱妻涘烈娜。涘烈娜严斥其当逃兵的行为，并且自杀明其节。受到涘烈娜行为的激励，亚里士多德奋勇杀敌，最终血洒疆场。小说最后写人们为代表斯巴达爱国精神的涘烈娜立碑："此涘烈娜之碑也，亦即斯巴达之国！"而小说主旨，又出现在小说篇首鲁迅所写的序言中："世有不甘自下于巾帼之男子乎？必有掷笔而起者矣。"这种宣传女子守节死谏的故事，颇近于虞姬自杀以激励霸王的斗志，只是套上了爱国的框架。

而 1919 年鲁迅在《我之节烈观》中对女子守节的思想进行缜密有理的批判，指明借女子守节来激励男子这一方法的"鬼祟"及虚妄："想借女人守节的话，来鞭策男子……但旁敲侧击，方法本嫌鬼祟，其意也太难分明，后来因此多了几个节妇，虽未可知，然而吏民将卒，却仍然无所感动。"至于"节烈救世"，不过是男人不负责任的逃避之词："自己是被征服的国民，没有力量保护，没有勇气反抗了，只好别出心裁，鼓吹女人自杀"，真相是"国家"权柄操在男人手中，他们"不讲新道德新学问"，才造成了"世道日下"。

两篇文章如果放到一起，就会产生一种自己打脸的效果，更有违他当时新文化"战士"的人设，所以《斯巴达之魂》并没有收入他的文集《坟》里。鲁迅后来在《集外集》序言中言及文章失收的情形时说："例如最先的两篇，就是我故意删掉的。……一篇是斯巴达的尚武精神的描写""文章又多么古怪，尤其是那一篇《斯巴达之魂》，现在看起来，自己也不免耳朵发热。"鲁迅"悔其少作"，重要原因是因为伦理观念发生了"转型"。而放到本书中的分期里，两篇文章都能够得到很好的解释，第一篇与当时的"民族国家"话语相适应，第二篇则在五四时期"非节"思潮中占据了重要地位。当然，以鲁迅的敏锐，也许早就意识到"女子守节以激励男子坚守自己保卫国家的职责"的想法很是虚妄，从而促使他进行更深入的思考，并在另一种环境下发表出来。

从鲁迅的两篇文章，带出了另一个重要问题，就是中国的家庭伦理的现代转型并不是一个只发生在家庭内部观念变化的过程，外部的观念，特别是在辛亥革命前为纾国难而输入的众多政治观念，扮演了重要角色。书中论述这点时尤为精彩：

> "……奴隶无权利，而国民有权利；奴隶无责任，而国民有责任；奴隶甘压制，国民喜自由；奴隶尚尊卑，而国民言平等；奴隶好依傍，而国民尚独立"……知识分子们……在这种被迫打开的视野中，注入了平等、自由、权利、义务等新观念。
>
> 对于此期的家庭伦理观念变革来说，反对奴隶而强调国民，反对奴隶背后的不平等、不自由、无权利、单纯尽义务等旧有认知，而强调平等、自由、权利、义务这些新观念，其重要意义怎么强调都不过分。正是由于有了平等这个法宝，尊卑才被打破。……在指向平等的国民意识中，已无君/臣、父/子、夫/妻、男/女、长/幼、尊/卑之别，已无压迫与被压迫之存在，臣、子、妻从压迫中部分地解放出来，所有人既有权利同时也有义务，其存在及努力的目标都在于救国，在于富国强兵。这

是民族国家话语对于家庭伦理观念变革的积极意义。对于双重奴隶——女性来说，这一重观念的变革开启了近代女性解放之门，因而尤为重要。

但我们得注意到，民族国家话语一方面促成了家庭伦理观念的变革，但另一方面则限制了家庭伦理观念变革的程度。（第36—37页）

而冲破最后这层束缚的工作，又历史性地落到了五四一代知识分子身上。我们看到，地位被抬高到脱离地面的"女国民""国民母"在五四时期通过不断的伦理建构，恢复为"人""女人"（第225—267页），女性有了"为人"与"为女"的双重自觉。

家庭伦理的历史建构或许从来不是一个封闭的过程，原始社会只是"知母不知父"，但父权政治体制中，"上下""尊卑"观念的引入，或许只是为了更好服从政治上等级统治；"夫义贞"不过是为了维护家族血统纯正（第105—106页）。而在近现代以来，这种建构过程发生了激烈的"反转"，先是新的话语（比如为国牺牲）渗入旧的伦理框架里，并逐渐取代了旧的等级观念（辛亥革命的胜利，让这些新观念获得了合法性），最终是在家庭伦理的建构，剔除了新的旧的不合理的因素，新型伦理关系的确立。这大概就是"现代转型"的整体模样。或者说这是一个"回归自然"的过程，去除伦理发展过程中人为扭曲的观念，就像缠足应回归"天足"，就像"花匠"任花自然成长①。当然，这种"自然""天然"②，是经过现代文明洗

---

① 参看周作人的《天足》，俞平伯白话短篇小说处女作《花匠》被鲁迅选入《新文学大系小说卷二》中，在序言里鲁迅评价道："俞平伯的《花匠》以为人们应该屏绝矫揉造作，任其自然"。

② "自然""天然"为五四时期伦理建构的指归，本书中也有大量引用，聊举几例。胡适《我的儿子》"譬如树上开花，/花落天然结果。/那果便是你，/那树便是我……树本无心结子，/我也无恩于你。……我要你做一个堂堂的人，/不要你做我的孝顺儿子。"（第173页）施统存认为他对父的孝是一种"不自然的、单方的、不平等的道德"（第180页）。《赤裸裸的陈说一下》作者认为在教育儿童上，不是用威逼恐吓逼其就范，而主张用"天然的爱"去"感化"儿童（第248页）；周建人认为"节烈不是女子自然的欲求"（第200页），高德曼认为"两性间和个人间的和谐并不必靠着人类表面上的相等；也不必毁灭个人的个性。""她们以为母性的爱和快乐会妨害她们的职业的那种恐怖：——这些使解放了的近代妇女完全成了'不自然的贞女'"（第258页）。如高德曼所言，那种因为追求"表面的平等"而无视男女在生理、体质上的差异，造成的跟男子一样干重体力活的"铁姑娘"，是不是也是不自然的？

礼过的，与原始社会那种"自然"不相同。家庭伦理关系的发展就像回旋镖的行进路线一般，从自然出发，经过那么多"不自然"，又要回到自然的路径上。

分期演述的模式，好处是读者可以方便进入不同历史阶段的话语场中，从而获得较为清晰的特别景致。读者也需要在读完后站在山顶处纵览，从而获得一种整体性视野。

三

初读此书，给我最直观的感觉是"厚重"，本书不但谈论的是一个巨大的题目，而且涉及的材料也是异常繁复的：既有伦理层面的探究，也有搜集整理的一手的小说材料。单是这些清末民初而现已少人阅读的不甚有趣的小说，爬梳整理一下就是一项浩大的工程。而且这些材料又被分门别类，满当当放到书中，也多少显示出现在文科研究的特色。相对而言，像凯特·米利特《性政治》那样熔理论、历史与作家作品分析于一炉而且易上手的书，是仿佛可以坐在缆车上一览众山小。但在这本书中艰难跋涉之后，也庆幸自己看到了很多以前绝不会想到的问题，触发了新的思考。只是我自己的研究兴趣较窄，只能对书中一小部分内容进行了回应，总算是没有入宝山而空手回。

我的老师常提醒我们要从一手资料入手，因为历史远比我们想象的要丰富、复杂、真实。读过本书之后，让我重新审思以往接受的简单、乐观的理念，正如作者杨华丽教授在还原五四时期性道德讨论时说："我们时常听闻一种观点，认为五四运动之后中国的新思潮风起云涌，整个社会伦理道德观念为之一变，甚至常常不惜用日新月异来形容这种迅捷。但回到历史现场，我们当能发觉真相的残酷面容，历史发展的螺旋形甚至是进一步退三步的特征，再次让我们感慨万端。"（第202页）

稿　约

《区域文化与文学研究集刊》诚约稿件

　　《区域文化与文学研究集刊》是一本专门研究区域文化与文学的纯学术刊物（书代刊）。本刊以"区域"为理论视角审视文学及文化的构成和发展，展示推介相关研究成果；以促进文化学术的繁荣为宗旨，为当下的文学与文化研究提供新思维和新方向；坚持"双百方针"，强调社会责任，服务学术事业和区域经济文化发展建设。本刊暂定一年两期，由中国社会科学出版社出版，全国发行。

　　为此，本刊向学界同仁诚约稿件，欢迎选题独特精当、内容充实、思想深刻、观点新颖、具有前沿性和前瞻性的学术论文。敬请关注，不吝赐稿，并予以批评指正。

　　为联系方便和技术处理，来稿要求如下：

　　（一）论文篇幅最好不超过 15000 字。书评不超过 3500 字。

　　（二）论文若系课题阶段性成果，请在标题后添加脚注，说明课题来源、名称及编号。

　　（三）作者名后请以脚注方式添加作者简介，说明作者姓名、出生年月、职称（或学位）、研究方向及工作单位等信息。

　　（四）论文请附 300 字以内的中文提要，并附 3—5 个中文关键词。

　　（五）注释格式及规范

　　1. 一律采用脚注，注释序号用 123 格式标示，每页重新编号。

　　2. 中文注释具体格式如下列例子：

例 1：

余东华：《论智慧》，中国社会科学出版社 2005 年版，第 35 页。

同上书，第 37 页。

同上。

《马克思恩格斯选集》第 2 卷上册，人民出版社 1972 年版，第 25 页。

刘少奇：《论共产党员的修养》，人民出版社 1962 年第 2 版，第 76 页。

例 2：

［美］弗朗西斯·福山：《历史的终结及最后之人》，黄胜强等译，中国社会科学出版社 2003 年版，第 7 页。

例 3：

刘民权等：《地区间发展不平衡与农村地区资金外流的关系分析》，姚洋主编《转轨中国：审视社会公正和平等》，中国人民大学出版社 2004 年版，第 138—139 页。

例 4：

茅盾：《记"孩子剧团"》，《少年先锋》第 1 卷第 2 期。

杨侠：《品牌房企两极分化 中小企业"危""机"并存》，《参考消息》2009 年 4 月 3 日第 8 版。

例 5：

费孝通：《城乡和边区发展的思考》，转引自魏宏聚《偏失与匡正——义务教育经费投入政策失真现象研究》，中国社会科学出版社 2008 年版，第 44 页。

参见江帆《生态民俗学》，黑龙江人民出版社 2003 年版，第 60 页。

例 6：

赵可：《市政改革与城市发展》，博士学位论文，四川大学，2000 年，第 21 页。

任东来：《对国际体制和国际制度的理解和翻译》，全球化与亚太区域化国际研讨会论文，天津，2006 年 6 月，第 9 页。

《汉口各街市行道树报告》，1929 年，武汉市档案馆藏，资料号：Bb1122/3。

例 7：

陈旭阳：《关于区域旅游产业发展环境及其战略的研究》，2003 年 11 月，中国知网（http：//www. cnki. net/index. htm）。

李向平：《大寨造大庙，信仰大转型》（http//xschina. org/show. php? id = 10672）。

例 8：

《太平寰宇记》卷 36《关西道·夏州》，清金陵书局线装本。

姚际恒：《古今伪书考》卷 3，光绪三年苏州文学山房活字本，第 9 页 a（指 a 面）。

（汉）班固：《汉书》，中华书局 1983 年标点本，第 xx 页。

《太平御览》卷 690《服章部七》引《魏台访议》，中华书局 1985 年影印本，第 3 册，第 3080 页下栏。

乾隆《嘉定县志》卷 12《风俗》，第 7 页 b。

《旧唐书》卷 9《玄宗纪下》，中华书局 1975 年标点本，第 233 页。

3. 外文注释如下列例子：

例 1：

Seymou Matin Lipset and Cay Maks，*It Didn't Happen Hee*：*Why Socialism Failed in the United States*，New York：W. W. Norton & Company，2000，p. 266.

例 2：

Christophe Roux-Dufort，"Is Crisis Management（Only）a Management of Exceptions?"，*Journal of Contingencies and Crisis Management* ，Vol. 15，No. 2，June 2007.

（六）来稿一律采用电子版，请在文末注明作者联系电话、电子邮件、详细通信地址及邮编，以便联系有关事宜。

（七）切勿一稿多投。

本刊同意被中国知网（CNKI）收录，并许可其以数字化方式复制、汇编、发行、网络传播本刊全文，文章作者版权使用费和稿酬本刊将一次性给付。如作者不同意文章被收录，请在来稿时向本刊声明，本刊将作适当处理。

本刊地址：重庆市沙坪坝区大学城重庆师范大学文学院《区域文化与文学研究集刊》编辑部

邮政编码：401331

电子邮箱：qywxjk@163.com

重庆师范大学区域文化与文学研究中心

《区域文化与文学研究集刊》编辑部

后　记

　　到目前为止,《区域文化与文学研究集刊》已经有了十辑,每一辑的栏目略有不同,但都紧扣"区域""地理""地域"而设置。本辑依照以往经验,设置了"南方文化与古代文学研究""区域文化与抗战文学研究""区域文化与比较文学研究""区域文化与现代中国文艺""巴渝学人""书评"6个专题栏目,刊文凡19篇。

　　在专题性研究的栏目中,古代文学与现代文学的研究各有侧重。古代文学的研究者不约而同地将视野投向南方,但各自又有所侧重。周甲辰与梁冬丽两位学者关注岭南早期及近代的文化与文学,前者依据苍梧之野及南方多地考古遗址挖掘出的新近成果,考察了舜帝南行的真实原因及古苍梧开发情况,后者分析了岭南报刊小说的署名问题及意义,指出了研究岭南报刊小说的思路。何亮、彭淑慧则关注《荆楚岁时记》中的楚地节气与节日文化,胡海义、陈熙雨、张雨顺之文则集中于江浙地区的文化与文学,重点分析了杭州的科举盛况与明清西湖小说的功名书写,清代"扬州梦"小说的兴衰及其与扬州地理环境之关系。与古代文学研究者相比,现当代文学研究者则重视抗战大后方文学。姜彩燕、李晨希梳理了夏照滨在西北联大的戏剧活动,分析了这一时期的戏剧活动对他后来的影响;李笑、付冬生将视线投射到抗战时的重庆,关注慰劳信运动、川渝地区少年儿童的抗日救亡运动;林沁馨、张全之以冰心《关于女人》为中心考察女性群像与抗战叙事的关系,何瑶透过《抗战文艺》这一刊物探究大后方小说艺术表达的阶段性特征。比较文学与现当代文学文艺方面，则多关注海外学者的中国书写与内地边地学者的边地叙事。刘静、夏爽、鲜力黎《论芥川龙之介〈中国游记〉中的中国形象》与陶凤《竹内实的毛泽东诗词研究》皆是考察日本作家及学者的中国书写对中国文学的研究，王太军、颜同林《贵州经验的文学书写——论欧阳黔森小说的边地叙事》则致力于边地作家的边地叙事研究；此外，颜青运用符号学理论探讨有效跨文化传播新模式，胡秋岩对中国小号作品的民族音乐风格细致研究，都为栏目增添了特色。

"巴渝学人"是对上一辑栏目的继承。在此辑之前，"巴渝学人"推出了重庆师范大学校内三位学人，此辑则"走出去"，推出西南大学著名学者吕进先生。吕先生出生于成都，求学于重庆，任教于重庆，是"国家级有突出贡献专家"，国务院政府特殊津贴获得者，西南大学二级教授，博士生导师。学者本色是诗人，先生笔耕不辍，诗歌创作成就非凡，在我国诗学界有"南吕北谢"的说法。先生在 1993 年 7 月获第七届世界诗歌黄金王冠，成为获此殊荣的第一位中国人，2021 年荣获国际华文诗人笔会授予的"中国当代诗魂金奖"。其"颁奖词"说："吕进在传统诗学现代化和外国诗学本土化上做出了突出贡献，建立了中国现代诗学完整的学术体系，其独创性的诗学理论和当代诗歌批评对国内外诗坛保持了权威的影响力和持久而深远的推动力，近作《提升自由诗》等切中了当前诗歌创作的要害，具有扭转乾坤的导向作用。"先生在文艺研究方面也卓有成就，他的《新诗的创作与鉴赏》《一得诗话》《中国现代诗学》《文化转型与中国新诗》等著作，多次获得省部级优秀社科著作奖。杨东伟、熊辉《吕进学术年谱（1939——2021）》对吕进先生的文学创作与学术研究进行了梳理。阅读此文，我们不禁有"高山仰止，景行行止"之感。"虽不能至，然心向往之"，更多的学人亦会受其激励而努力前行。

书评为了加深读者对作品的理解。沈从文指出，书评"沟通了作者与读者的间隔，缩短了作者与读者的距离。对作者言它是一个诤发，对读者言它是一个良友"。设置"书评"，乃是为了将更多新成果推介给读者，以便使他们快速了解相关研究动向。本辑的三篇书评，一评赵启鹏的《中国当代战争小说情爱叙事研究（1949—1979）》，一评阳清、刘静的《晋唐佛教行记考论》，一评杨华丽的《中国小说家庭伦理叙事的现代转型（1898—1927）》。三篇书评，可飨读者。

组稿、审稿、核稿，整个流程看似简单，却是初夏与寒冬的牵连。特别感谢湖南师范大学胡海义教授对"南方文化与古代文学研究"栏目的组稿，也非常感谢本校的杨华丽、熊飞宇两位教授，他们除了组稿、写主持人语，并以其丰富的经验指导本辑的每一个流程，感谢各个作者在每一个环节的配合，一并感谢在整个过程中耐心细致、认真负责的中国社会科学出版社的慈明亮编辑。

疫情肆虐，寒冬已至。冬天到了，春天还会远么？"羊"不能扫荡一切，"羊"过之后，将是蓬勃生机、风光明媚。

我们等待着。

杨宗红

2022. 11. 16